有效社交

Effective Social
How to Build More
Valuable Relationships

如何建立更有价值的人际关系

林一清◎著

中国商业出版社

图书在版编目（CIP）数据

有效社交：如何建立更有价值的人际关系 / 林一清著. -- 北京：中国商业出版社，2019.1
ISBN 978-7-5208-0679-4

Ⅰ.①有… Ⅱ.①林… Ⅲ.①心理交往–通俗读物 Ⅳ.①C912.11-49

中国版本图书馆CIP数据核字(2019)第028505号

全程策划：利沃文化　笔画生活
责任编辑：蔡　凯

中国商业出版社出版发行
010-63180647　www.c-cbook.com
（100053　北京广安门内报国寺1号）
新华书店经销
北京艾普海德印刷有限公司印刷

710毫米×1000毫米　1/16开　20.5印张　270千字
2019年3月第1版　2019年3月第1次印刷
定价：58.00元

（如有印装质量问题可更换）

自序　现在开始，重新挖掘人际价值

盲目拓展人脉圈，会让你陷入人际困境

"我的微信通讯录里都有将近一千个人了，可是我发现似乎没什么太大的作用。不是说，朋友越多越好吗？"

"我总是抓住所有的机会拓展人脉。参加各种饭局、酒会、沙龙、交流会，跟大家交换名片、互加微信，逢年过节，也会群发祝福信息。我以为我掌握了所有的社交技巧，但当我遇到麻烦需要帮助时，我辛苦打造的人脉圈却并没有人向我伸出援助之手。我只感觉到累得喘不过气来……"

"我觉得我是个'透明人'，除了几个密友，在别的地方很难体现存在感，这让我觉得很失败。"

……

在我的咨询中心，很多来访者都向我询问过人际关系方面的问题，上面的这些只是冰山一角。

有人说："人脉就是生产力。"你一定也曾经有过这种想法，认为认识的人越多越好，社交生活越丰富越好。于是，你往来于各种社交场合，不愿错过任何一个饭局，在各种社交平台中展示自己，疯狂地添加微信好

友，与各种认识或不认识的人聊天……

为了谋求更丰富的人脉资源，你用尽一切办法想要扩大人脉圈，却毫无防备地陷入各种麻烦之中。这是因为，你进入了无效低能的社交中。社交人脉的盲目扩张，让你的生活正在陷入一种虚妄的"人海战术"中，你自以为的人脉，却不过是通讯录里长长的名单。你的人脉结构杂乱无章，弄不清哪些是你的核心人脉，哪些是"弱联系"。

浮躁膨胀的"社交生活"，让你像一只忙碌而没有方向的陀螺，不仅没能达到积累人脉的目的，还有可能让自己遭遇人际困境。

在摆脱盲目社交之前，我们必须重新认识人脉的真正含义——你妄图与每个人都建立稳定的联系，本身就是不现实的。

人际悖论："六度人脉"与"邓巴理论"

人际关系学中有一个著名的六度分隔理论：你和任何一个陌生人之间，所间隔的人不会超过六个。也就是说，最多通过六个人，你就能够认识任何一个陌生人。

这个理论本身没有问题，但它常常会令人产生误解：很多人误认为人脉圈是很容易拓展的，好像朋友的朋友，都能纳入自己的人际关系中。

但事实上六度人脉理论并不会让你的稳定人脉圈变得更大。它最多只能给你带来更多的"弱联系"而已。

能否让人们在维系老朋友的同时，结交新朋友，从而扩大整个社交圈子？牛津大学的心理学专家罗宾·邓巴（Robin Dunbar）给出了他的答案——NO！

邓巴曾经发布过一份关于社交亲密度的研究报告。他通过调查3375名英国用户得出一个结论：人的平均认知能力仅能使一个人与大约150人保持稳定的人际关系。人们希望拥有大量的好友，但事实上他们真正的好友数量不可能超过这个数字。

这150人中，大约50人是"亲密人脉"，对于这些人，你可能会经常邀请他们共进晚餐；50人中，大约有15个人属于"相互信赖的人"，你会与他们互诉衷肠，进行深度的情感交流；15人中，有5个人属于"密切依赖的人"，他们大都是你最亲密的亲友，你们之间几乎可以毫无保留。

超出这个150人的圈子，其他人都属于你的"弱联系"，而并不属于你的朋友。很多人的问题，都是太过执着于与这些"弱联系"发生深度交流，以为吃几次饭、聊几次天，就能被对方认可。在人际关系中，由于空间有限，我们都在相互筛选，所以情况通常是：尽管你热情满满，对方却不一定会与你进行互动。

另外，你也可能会发现，你的稳定人脉圈也并不是固定不变的，它只是相对稳定而已。事实上，你的好友是"流动性"的，当你把新的朋友纳入你的这个圈子时，相应地，另一些朋友也会自然"出局"。

其实，六度分隔理论和邓巴定律并非完全相悖，只不过邓巴定律更强调人脉的亲密度，而六度分隔理论更倾向于扩大"弱联系"。这两个理论，对你运作人际资本都很有帮助，但前提是，你需要重新梳理你对人际关系的认知，别试图将所有的"弱联系"变为你的朋友。

了解邓巴理论之后，你必须重新梳理一下自己的社交圈，分清哪些是核心关系，哪些是"弱联系"，该删减的删减，该维系的维系。衡量一个人的人际交往能力，并不是看他朋友圈里人的数量，而是看交往的质量。

无效的社交模式，会让你产生社交无力感

社交是人的本能，给我们带来归属感、安全感和愉悦感。然而，并不是所有的社交都会让我们感到轻松、愉快，相反，我们总会在社交中感觉受到压迫和侵犯，不知不觉变得被动。我们带着诚挚的热情去维持人际关系,却经常被冷漠地对待。在人际交往中,并不是真诚就能换来真诚,友善就能换来友善,很多人付出再大的努力,也无法获得同等的回报,从而产生一种社交无力感。

许多来访者都曾经对我抱怨自己遇到的人际障碍:

"我总是尽量地讨好别人,为的是让自己更受欢迎,可为什么别人都不领情?"

"我一直真诚待人,可总会发现一些朋友敷衍我,甚至利用我,这让我怀疑人际关系的价值。"

"自从进入职场后,我就感觉压力越来越大。我的压力不只来自工作本身,更多的是来自五花八门的职场关系。同事、领导、客户、合作方……我不知道怎样跟他们打交道,大家表面上关系很好,背地里却都在钩心斗角。"

……

为什么会出现这种情况呢?因为他们对人际关系的本质没有正确的认知,没有找到人际交往的关键切入点,社交模式是单方面的"索取式"或者"给予式",无法形成有效的互动,这就是典型的无效社交模式。

在人际交往中,每个人都在进行价值互换,同时也在进行心理博弈。而无效低能的社交模式,会让你成为人际关系中的被动方,产生各种矛盾和冲突,陷入人际危机,导致人际焦虑。并且,这些危机通常是在不知不觉中产生的,令你一点一点地在无意识中丧失主动权。

如何轻松地进行社交,如何得心应手地运作社交圈,是当下的许多人亟待解决的问题,也是本书的写作初衷。

建立有效社交模式，挖掘最大的人际资本

作为一个心理咨询师和公关从业者，我的职业核心就是与人打交道。来访者提出的这些问题，对我来说确实不算什么难题，但我从来不敢自信地向来访者打包票——"我绝对可以帮你解决"。

为什么？因为人心原本就是复杂、多变的，即便是单纯的心理治疗、精神分析等领域，都存在着重重困难尚未解决，何况是人际交往中的心理问题。人的心理，一旦与外界发生多重交换，就会衍生出更加丰富多彩的状态。即使同样的心理，遇到不同的人，也可能会有完全不同的表现。在人际交往中，人的心理状况是动态的，并且是相互影响、相互渗透的。它如此难以捉摸，如此神秘而深邃。

所以，当我受邀写作本书时，最初下意识地拒绝了。这是一个浩大的工程，我知道我必须做很多复杂的准备工作——调查、采访、研究、记录等。不过，我的不少来访者都建议我写一写关于这方面的文章，作为他们在人际交往中的指导。考虑再三之后，我最终接受了写作邀请。

我希望，这本书能够帮助更多的人走出人际交往的困局。

本书运用了心理学、行为学、人际交往学等多方面的研究理论，并结合了大量我在从事心理咨询、危机公关、沟通管理时所得出的经验，力求帮助读者解决在人际交往中遇到的各种问题，重建社交思维，培养高层次的社交认知，调整社交结构，走出无效社交模式。

本书主要从"放弃无效社交"和"构建有价值的社交"两个方面进行阐述。本书在对人际交往的本质进行深度研究之后，提出了"放弃无效社交模式""切断无效人脉""提高自我价值""衡量利益契合点""设立人际界限""培养关键沟通力"等一系列新颖、实用的策略。

这些策略构成了本书的核心内容。这些策略我曾经在我的公关培训课上分享过，反馈良好。我的大部分学员能够更加得心应手地在工作和生活中处理各种关系，建立更优质的联系。尤其是一些从事公关、营销、品牌推广等工作的学员，在我的指导下，他们的事业都有了不小的进步。

我提供的是一种选择，一种与你现在的社交策略不太一样的选择。我所提出的新的社交模式，可能会颠覆你以往对人际交往的认识。但你必须清楚，想要有所收获，首先必须从思维模式、认知层次、行为方式等方面做出改变。你需要打破传统的社交概念，重新站在心理学的角度解读社交规律，建立更科学、更实用的社交模式。

本书运用的策略，主要是为了达到以下（包括但不限于）目的：

提升个人价值，与优质的人脉进行等值交换；

增强社交洞察力，找准最精确的切入点；

理性地维系亲密关系；

正确处理复杂的职场关系；

有效地化解冲突，突破人际困境，掌握主导权；

增强人际关系中的影响力，有效地调动人际资本。

掌握本书所提出的多种社交思维和人际法则，能够让读者更加客观、全面地看待社交，无论是在工作中面对领导、同事、客户，还是在家庭中面对父母、伴侣、亲戚，又或者是与朋友、对手和陌生人相处，都能巧妙地利用本书中提供的技巧和方法，建立高效能社交模式，让人际资本发挥最大的价值。

目录
Contents

自序　现在开始，重新挖掘人际价值　/1

PART 1
重新审视你的人际关系，停止无效社交

第1章　审视你的人际关系，放弃无效的人际交往模式

001 讲　人脉圈的虚假繁荣：社交越便利，人脉越空虚　/5

002 讲　小心！无效低能的社交正在消耗你的时间成本　/9

003 讲　为什么你的许多"友情"会毫无预兆地结束　/13

004 讲　自己没有本事，认识的人再牛也没用　/15

005 讲　真正有效的社交，永远是平等的"价值互换"　/18

006 讲　为什么比你优秀的人不愿与你交朋友　/21

007 讲　为什么你很难挤进更加优质的人脉圈　/23

008 讲　为什么你对人再好，对方也不领情　/27

009 讲　移动社交时代的信息焦虑：朋友圈很大，朋友很少　/31

010 讲 什么是社交默契——付出越多,人际关系越差 /34

011 讲 不要去攀附和你没关联、也不会对你感兴趣的人 /37

012 讲 在"社交爆炸"的时代,高质量地独处 /40

第2章 摆脱无价值的人脉,停止低效社交

013 讲 人脉价值,拼的是眼光和层次 /47

014 讲 洞察品格:揭开人性的阴暗面,当心小人设立的"结界" /50

015 讲 分析性格:远离情绪易失控的人,就是远离麻烦 /53

016 讲 把握动机,从每一个行为中看出对方的真实目的 /56

017 讲 感受态度:过分亲昵,也可能是"暗藏杀机" /60

018 讲 判断契合度:交一个"负价值"的朋友,等于白奋斗十年 /63

019 讲 衡量可信度:所有不重视承诺的人,都会自私地侵吞你的利益 /65

第3章 核心人脉的困境:失控的亲密关系会产生人际焦虑

020 讲 适度依赖:最稳定的人际模式 /71

021 讲 我们是怎样毁掉亲密关系的 /74

022 讲 过度依赖:当心人际关系中的陷阱 /76

023 讲 "权力的游戏":越亲密的人,矛盾和冲突越复杂 /78

024 讲 你在扮演什么角色:牺牲者和放纵者之间的博弈 /81

025 讲 为什么你的好意会让他人避之不及 /83

026 讲 障碍性疏离:为什么越渴望亲密,反而越疏远 /86

027 讲 无助型依恋关系:安全感!我需要安全感 /88

028 讲 控制型依恋关系:你要按我说的做 /90

029 讲 隐藏型控制关系:你是怎样在不知不觉中改变初衷的 /92

030 讲　"巨婴" + "高冷" = 失控的关系　/94

031 讲　如何摆脱亲密关系带来的焦虑感　/97

032 讲　如何找到"尊重自我"和"迎合他人"的平衡点　/100

033 讲　界限不明带来的社交困境：情分还是本分　/104

第 4 章　关键沟通：解决人际交往中的矛盾和冲突

034 讲　破坏性沟通模式：冲突的本质是什么　/111

035 讲　遭遇人际危机时，如何用有效的对话避免冲突　/114

036 讲　正向沟通原则 1：不要只听攻击性语言，理解背后的意思　/116

037 讲　正向沟通原则 2：停止"暴力表述"　/119

038 讲　正向沟通原则 3：放下隐性偏见，多元化看问题　/122

039 讲　改变认知，区分"自我意识"和客观事实　/125

040 讲　转换立场：别太相信自己的视角　/128

041 讲　如何巧妙应对别人的贬低与诘难　/132

042 讲　如何恰到好处地表达不满情绪　/134

043 讲　解决冲突的 9 个关键技巧：让事情的发展都在你的掌控中　/137

第 5 章　重建社交：将无效社交转化为有效社交

044 讲　有效社交的关键：将弱联系变强　/143

045 讲　痛点思维——将"需求点"转化为"痛点"　/145

046 讲　找准共鸣点，促成有效合作　/148

047 讲　从一个行为看出：你是"讨人嫌"还是"招人爱"　/150

048 讲　如何让陌生人也能产生亲密的联系　/152

049 讲　在看似无意义的社交中，挖掘利用价值　/154

PART 2
构建高质量社交模式,开启有效社交

第6章 揭露社交心理,找到最精准的突破口

050 讲 人类天生爱社交,但问题是:我们为什么渴望交际 /161

051 讲 如果没有观众,人们还会那么努力吗 /163

052 讲 对被认可的迫切需求:人人都需要被肯定、被认同 /166

053 讲 社交仪式:我们彼此认同,我们"抱团取暖" /168

054 讲 过度的仪式感,会让人际关系失控 /170

055 讲 "付出者"隐藏的私心:帮你是为了我自己 /172

056 讲 警惕!讨好背后是"利他"还是"利己" /174

057 讲 如果人性是自私的,那么我们应该怎样合作 /176

058 讲 一个有趣的博弈模式:其实人并不像想象中那么自私 /178

059 讲 不要挑战一个人的底线,不要试探一个人的阴暗面 /181

第7章 挖掘社交动机,让人际关系的价值最大化

060 讲 把握动机:他到底为什么和你来往 /185

061 讲 社交中的隐性规则:如果你是人脉里的那个"牛人" /188

062 讲 人际压力:小心"鸡汤"中的陷阱 /190

063 讲 功利型社交的筛选规则:利用与被利用 /193

064 讲 曲线法则:看似没有目的的社交,能够给我们带来什么 /195

065 讲　人际沟通中最重要的技能——共情力　/197

066 讲　别陷入"吸引力法则"的谬误　/200

067 讲　内向、不善交际的人怎样挖掘自己的社交价值　/203

第 8 章　如何与优秀的人做朋友

068 讲　人际交往中的"阶层固化"和社交偏见　/209

069 讲　残酷的"鄙视链":多数人会看不起比自己差的人　/211

070 讲　找准目标人脉:拿到高层次人脉圈的"入场券"　/213

071 讲　怎样让比你厉害的人愿意"带你玩"　/217

072 讲　如何用最低的成本,获得最优质的社交　/220

073 讲　底气不够?想办法向有声望的人借势　/223

074 讲　高段位社交策略:悉心谋划,打造优质人脉圈　/226

第 9 章　提升自我价值,与比你强的人进行"等值交换"

075 讲　从来没有完美的原生家庭　/233

076 讲　挖掘自己的可利用价值:没人会无条件认可你　/235

077 讲　如何在强者面前出色地展示价值　/237

078 讲　提高认知阶层,累积思维资本　/242

079 讲　丢掉"弱者逻辑":别给自己的价值设限　/246

080 讲　解决内心冲突的能力,决定了人际层次的高下　/250

第 10 章　做高情商的人,构建高质量社交模式

081 讲　如何挣脱低情商带来的"社交无力感"　/255

082 讲　当我们说一个人情商低时，我们指的是什么　/257

083 讲　情商高低，决定了你的社交竞争力　/260

084 讲　情绪自控力：优质的社交圈不接纳管不住情绪的人　/263

085 讲　情绪感知力：别踩到"雷区"　/267

086 讲　人际表达力：用有效沟通促成有效社交　/270

087 讲　人际吸引力：没有莫名其妙的吸引，没有无缘无故的魅力　/272

第 11 章　突破困局：在任何场合把握主导权

088 讲　人际关系中的"防御体系"：请不要触及我的底线　/277

089 讲　摆正位置：社交目的不同，关系会失控　/281

090 讲　强调界限：对不起，我跟你没那么熟　/284

091 讲　拒绝迎合：拥有好的人缘，不代表拥有好的人脉　/290

092 讲　危机应变：没有被动的处境，只有不懂周旋的人　/293

第 12 章　高效运作：彻底升级人际资本

093 讲　单一的人际结构，会将你困在"社交牢笼"　/299

094 讲　别太信赖"强联系"，核心人脉有可能带来更大的风险　/302

095 讲　策略性地累积人际资源，实现朋友圈的"自动升级"　/307

096 讲　抢占中心位置，高效运作人际资本　/310

有效社交：
如何建立更有价值的人际关系

PART 1

重新审视你的人际关系，停止无效社交

第 1 章

审视你的人际关系，放弃无效的人际交往模式

无价值的人脉和盲目的社交方式是大多数人陷入人际困境的最主要原因。人们用尽一切办法想要扩大人脉圈，却将大量的时间和精力浪费在无效低能的社交上。

尤其在社交爆炸的时代，人们乐此不疲地利用各种社交媒体拓展朋友圈，却在不知不觉中陷入挥之不去的焦虑和烦恼中，而对于真正有效的核心人脉，却又无法以正确的方式去维系。

这种"盲目社交模式"不仅不能达到积累人脉的目的，还有可能让人们面临各种各样的麻烦和困境。

 **001讲　人脉圈的虚假繁荣：社交越便利，人脉越空虚**

社交依赖：社交软件能帮助你构建核心人脉吗

L君搬家了，这真是一个大工程，尤其对于一个单身的平面设计师来说。不过他一点都不着急，他的手机里有无数的APP，可以让他在一堆没有收拾好的杂物中依然精彩地生活下去。

早上，他在彻底醒来之前已经熟练地把手伸到了枕头旁边，打开手机的同时，他才慢悠悠地睁开眼睛。社交软件的信息"叮叮咚咚"响起，提醒着他新一天的到来。眯缝着眼睛，他看到了朋友圈中的早晨问候、广告信息、新闻资讯，还有各种抚慰人心的心灵鸡汤。

"哇，这家伙又去保加利亚了，那儿漂亮妞真不少啊。不过这照片修得一点都不像他了。"

他慢腾腾地起身，一边嘟囔着，一边用点餐软件为自己叫外卖。

他发现房间里一切都很安静，没有冰箱的嗡嗡噪声，微波炉、电水壶、电话都杂乱地堆在地上。他可来不及理会这些，当务之急，还是要先给手机充上电！他找到最近的插座，连上线，"嗯？怎么没反应？"又试了其他几个，还是没反应。

"该死的！难道停电了？"

很快，电工告诉L君，是电表出了问题，必须向电力公司报修。而电力公司的人告诉他，他们会在中午到下午之间过来，具体时间不好说。

L君觉得自己成了难民：电脑没法用，电视看不成，连设计稿都没法做了。他又拿着手机躺回床上，幸好还有手机陪着他，他暗自庆幸："否则，这日子没法过了！"他把自己的状态发到朋友圈上，瞬间引来众多点赞和评论，他暗暗感到得意，甚至觉得今天发生的这个突发事件也挺好，否则哪能这么快引起大家的关注呢。他一边窃喜一边兴奋地在评论中写道："点赞的，我都要和你们绝交！"他忘我地刷屏，身体里的每个细胞都在呐喊："让点赞和点评来得更多一点吧！"之后的两个小时，他时而玩游戏，时而打开微信聊天，时而刷微博，浑然不觉时间的流逝。

"嘟嘟……"手机响起了电量不足的提示音。"完了！没电了！"L君慌了，他不再敢悠游自在地聊天了，他怕错过客户的来电，只好小心翼翼地退出社交平台，恢复成待机状态。几乎是同时，房间里无边的安静笼罩住了他，刚刚的喧嚣全都离他而去，一切戛然而止。

L君手足无措地望着变黑的手机屏幕，感到了一种难以描述的空虚。

对于L君来说，独居的生活似乎并不寂寞，互联网把他与朋友们连接到了一起，跨越了时间和空间的局限。他有很多朋友，在无数个网络聊天群里，在热闹的微信朋友圈中。所有的寒暄和调侃都让他兴趣盎然，每一个点赞和评论都能够让他感觉自己过得很充实。

然而，真的是这样吗？

一群人的孤单：社交成本越低廉，人与人的关系却越远

在信息科技高度发达的今天，越来越多的人选择独居，人类社会已经逐渐步入了独居时代。对此，社会学家在全世界范围内进行了调查：据统计，在美国，有将近28%的人选择独居；在英国，34%的家庭只有一个家庭成员；在瑞典斯德哥尔摩，独居者的比例达到了惊人的60%；在挪威、芬兰和丹麦，几乎40%~45%的房子只有一个人居住；就连自古注重家庭观念的中国，如今也有将近6000万人一个人生活。

很难说这究竟是好事还是坏事，但不可否认的是，这种趋势与科技带来的生活便利是分不开的。当一部智能手机就可以使我们的基本生活需求得到满足时，必然会让很多人投向"独居主义"的怀抱。

然而，当我们的生活过于依赖科技时，一种与背井离乡不一样的孤独感就随之产生了。我们即使可以在社交平台上吸引数万人关注，在互联网上声色犬马、交游四方，在各大社交媒体上聊得热火朝天，但众声喧嚣中，我们始终是"局外人"。

我曾经在美国麻省理工学院教授雪莉·图克尔的著作《一起孤独》中看到这样一句话："我们好像是一个陌生人，处于一个陌生的世界。"这句话曾经让我心生触动，每当我看到身边的人们沉醉于社交平台而忽略现实关系时，我的脑子里都会冒出这句话。

为什么我们更愿意在虚拟的平台上与大家交流呢？社交平台的热闹恰恰是由于"局外人"互相之间没有负担地"付出"，因为彼此之间隔着网络、隔着屏幕，所以我们可以毫无压力地秀旅行、秀美食、晒幸福，在微信、微博里我们都活得像传奇。

心理学家称这种炫耀为"演示焦虑"，没有人会把自己的阴暗面暴露出来，于是大家竞相发布自己的"幸福"，我们在观看别人的同时也在被

观看。在这个过程中，"羡慕""嫉妒""怀疑"等诸多负面情绪也随之产生，而最重要的一点就在于，只能"看"而无法切身融入其中，使我们产生了一种被排斥、被抛弃的感觉，这种情况会更多地发生在关系比较亲密的人之间。

当孤独感持续加剧，可能演化成孤独症甚至抑郁症。据统计，全世界有6700万孤独症患者。在过去20年里，发达国家的孤独症病例呈现爆发式上涨趋势。在现实世界不如意的人很容易陷入虚拟世界之中，并形成所谓的自我满足感很好的状态。对科技的依赖加深了他们的孤独感，并使之无法自拔。

其实，每个人都像开篇案例里的L君。我们不断使用着各种软件使生活更丰富、更便捷。依托于网络社交媒体的社交成本十分低廉，我们可以同时和一万个人发生联系。我们的朋友圈很大，却很难得到真实、有意义的情感反馈，也难以建立稳定、有效的人际关系。我们在过度的网络社交中日复一日地延续着生活，谁也不再去考虑多久没有好好和朋友面对面说话，多久没有认真地表达出自己内心真正想说的话。

当然，社交媒体本身并不是无效社交的直接原因，它只是恰好将许多人的盲目社交状态放大了而已。我们不能否认这种便捷的社交方式，但看起来越容易的事情，想要做好，往往要花费更多心思。要想在网络社交时代找到自己的核心人脉，就必须建立更加清晰的社交思维，找准社交目标，利用现代社交模式的便利性，有目的地构建有效人脉关系，切勿将朋友圈变成一团乱麻。

002讲 小心！无效低能的社交正在消耗你的时间成本

停止盲目社交：你建立的是人脉资源，还是人际泡沫

每个人的朋友圈里都有这样一个人：他是公认的大好人，热心肠，没脾气，他好像跟谁的关系都挺好，谁的忙都愿意帮。但奇怪的是，他又没什么"存在感"，谁都不会主动想起他。

我的朋友圈也有这样一个人，我们称他为老赵。下面是老赵微信群的日常互动：

"这周末咱们群组团去钓鱼吧，我来负责后勤保障、联络，大家只要出人就行，怎么样？"

"……"

"嗯，也是，水库太远了，那就去公园野餐吧，同意的举个手呗。"

"……"

"大家都睡了吗？这才10点半，不会都这么早吧。"

"……"

"看来大家都累了，工作辛苦啊，我给大家发红包买饮料喝。"

"赵哥威武！""谢主隆恩！""赵哥不好意思啊，刚没注意短信来着。""赵哥出手就是大方啊。"

"果然还是红包比我更有吸引力！那咱们这周末去哪里聚聚啊，哥儿几个多久没碰头了啊。"

"老是让赵哥费心真是太过意不去了,要不以后再说吧。不早了,休息了哦。"

老赵看着重新恢复平静的微信群,默默地发呆。

老赵是个特别热心的人,而且"自来熟",跟谁都能聊上几句,所以朋友不少。他建了一个微信群,把所有朋友,不管是否熟悉,都拉进了这个群里。一开始这个群挺热闹,老赵特有成就感,只要谁提出想去哪里玩,必然是鞍前马后地忙碌。有人遇到什么困难,他也不遗余力地帮忙解决。

奇怪的是,真要遇到点什么事,他在朋友圈请求支援时,却无人搭理。他感到很纳闷,沮丧地问我:"林老师,你说我这么辛苦地累积的人脉资源,怎么到头来一点用都没有?"

我没有正面回答他,只提出了三点:第一,不是所有他以为的朋友,都能转化为人脉资源;第二,盲目的付出,必然不可能得到回报;第三,真正的人脉并不是靠单方面的付出来维系的。

我们都渴望在人群中体现自己的"存在感"。尤其在社交成本低廉的网络社交时代,我们有着更加便利的渠道结交更多的朋友。但是,为什么社交圈子越来越大,反而内心越来越空虚?

我们花看似碎片化实则大量的时间来搞社交,以为能够拓展人脉圈,却总是收获寥寥。许多自以为十分擅长交际的人,往往错误地将"认识"等同于"认可"。他们点开社交平台上通讯录里长长的名单,误认为那就是人脉。

事实上,很多人并没有搞清楚自己交友的原因。他们仅仅是从小就被灌输了这样的理念:"朋友多了路好走""一定要多和其他人搞好关系"等。

人际交往可以分为两类:情感型社交和功利型社交。情感型社交指的是为了获得好的情感体验,因为共同的兴趣点而产生的社交行为。这种社交不涉及利益的交换，而且源自人的天性。我们从小产生的社交行为，都是源自这种需求。功利型社交指的是为了达到某一目的，从对方身上获取信息或者利益而产生的交往。这种类型的社交，出发点在于双方的利益，是一种合作模式。

要建立有效社交，先得判断自己的社交目的。比如，你想要拉拢客户，自然是从功利型社交模式入手，找准对方的利益点，形成恰当的利益互换；想要和同学、邻居等保持良好的关系，则可以考虑从情感上入手。

这样，我们就能解释老赵的疑惑了。他之所以付出再多也是做无用功，就是因为他没有搞清楚自己交友的目的。把所有的朋友都拉在一起，用同样的方式去对待，即使付出一切，也没有人会认可他。

你敢不敢拒绝那些浪费时间的职场社交

按理说，纯粹功利的职场社交应该是我们所提倡的"有效社交"。但事实上真的如此吗？

我的公关培训课上有个学员——乐小姐。乐小姐在一家互联网公司的公关部工作。由于工作性质，隔三岔五就会有来自同事、客户的饭局、酒会和沙龙。刚工作时，对于这种社交她还是很感兴趣的，她可以穿着光鲜亮丽的衣服，精神焕发地出现在人群中，与大家觥筹交错、相谈甚欢，对年轻的乐小姐来说，这叫是积累人脉的好机会。但是，久而久之，她开始越来越抵触类似的交际，因为她发现这种场合大多数情况下都很无聊，如果只是占用自己正常的工作时间，她心理上还能接受，但这些饭局已经占用了她很多私人时间。

她不止一次地向我抱怨，因为工作而产生的过度社交让她喘不过气来。

据我所知，跟乐小姐一样为大量无用的社交而头疼的人不在少数。我曾经注意到《中国青年报》上的一份调查，调查显示，56.6%的受访者感叹自己的饭局很多，已经到了影响个人生活的地步。

职场社交多少带有功利的色彩，有一些职场人趁势借力使力将这类社交分为有效社交和无效社交，在此基础上，尽可能精简自己的社交时间。

我的一位合作伙伴G先生近几年就在刻意减少自己的无效社交。今年32岁的G先生是一家传媒公司的主管，他的女同事很多，每逢周末和节假日总会有人出来张罗聚餐。一开始，G先生为了增进同事之间的感情，每次都去，后来则渐渐去得少了。

G先生告诉我："这些女同事喜欢聊八卦、化妆品、衣服和孩子之类的话题；剩下的几个男同事，也就是聊聊游戏和一些不着边际的国际大事，我觉得整个聚会下来，没什么实际作用。事实上，我觉得人数较少的'深度社交'比广泛而盲目的社交有用得多。因为我可以跟别人有针对性地深聊，共享资源，发掘出更多合作的可能性。随着年龄的增大，人脉就应该精简，找重要的深度发展，而不是求多。"

减少出席同事聚会之后，G先生并没有担心会影响自己和同事之间的关系，他相信自己的选择是成熟而理性的。事实也的确如此。

对待功利型社交的正确方法很简单，那就是用自己的理性思维去衡量其价值——你的付出和收获是否对等，你参加的这些饭局、酒会、沙龙等，是否会产生相应的信息交换或者利益往来。

跟G先生一样，在被这些职场社交压榨了大量私人时间后，乐小姐终于做出了改变。

她告诉我，她知道自己不可能将这些饭局都推掉，所以她根据自己的需求，将它们分为了"重要的""可去可不去的""浪费时间的"。对于"重要的"饭局，她都会认真对待，做好准备，欣然前往；"可去可不去的"，她则根据自己的日程和心情来衡量；那些"浪费时间的"，她则一律委婉地拒绝。

第 1 章
审视你的人际关系，放弃无效的人际交往模式

003 讲　为什么你的许多"友情"会毫无预兆地结束

我曾经看过一部这样的动画片，故事讲述的是一个小姑娘和四个妹妹的日常生活。里面有一个片段很有趣，小姑娘美羽一遍遍问自己的好朋友千佳："我们是朋友，还是挚友？"为了这两个词，小姑娘突然变得执着起来。她通过各种手段来向千佳证明一件事情："我们是最要好的朋友，不是普通的朋友，是挚友，最好的、唯一的朋友。"

或许，我们每个人都可以在美羽身上找到自己的影子。小时候，老师最喜欢出的作文题目就是《我最好的朋友》。"我该写谁呢？"如果你是老师，你就会发现座位上的孩子们咬着笔杆子，眼神在班级里扫来扫去，就是没法子确定写谁。到下一次作文课上，老师"坏心眼"地要求大家朗读自己的作文，好多孩子会互相指来指去，小声嘀咕："为什么写的不是我？"是啊，为什么不是我呢？我们不是最要好的朋友吗？

或许在成年人眼中，美羽对于友情的态度过于执着，但是为什么随着年龄的增长，我们的朋友却越来越少，友谊的保质期也越来越短呢？佛罗里达大西洋大学的心理学家 Brett Laursen 的研究表明，青少年时期，两个好朋友之间相似度越高，友情持续时间就越长。但在 Laursen 看来，现在更多的是快餐消费式的友谊，同龄人之间，即使有着相似的个性与兴趣，也不能保证一定可以建立长久的友情。毕竟，对于大多数人而言，一段友情的结束，意味着新友情的开始。

我们都有这样的体会，在某一个时间段，我们会和某些人走得很近。这些人或许是因为共同参加一个商业资讯会，或者正巧参加了同一个讲

座，在现场感觉很谈得来，于是互相留了联系方式。在接下来的日子里，大家互相联络密切，甚至可能再次相约聚餐、旅行。但随着交往的深入，许多实际问题暴露出来，比如生活习惯、人生理念、个人爱好的差异等。随后，你又参加了新的社交活动，认识了新的朋友，与原来的这位伙伴也就自然而然地疏远了。

然而，事情真的就这么简单吗？归根到底，我们对一段友谊是否值得发展下去的判断，究竟立足于什么呢？

小时候，我们的活动范围小，邻居或者同学就会成为我们的好朋友，原因很简单：两个人玩比一个人玩有趣多了。长大后，可以一起玩的人有很多，你就会开始试着结交一些朋友，然后从中筛选是否能给我提供必要的资源、知识、经验，而不再仅仅是这个人是否有趣、是否谈得来。本质上，我们都是通过对方的"满足力"来考虑亲密度的。我们总是很清楚，对自己来说，最重要的东西是什么。

另外，人际关系心理学认为，随着年龄的增长，人的情感型社交会越来越少，功利型社交比例则会大大增加。这就是很多人会觉得越长大朋友越少，越长大越难和别人交心，以及原本的好朋友，一方发达了就会疏远另一方的原因。

成年后的我们始终有一种紧迫感、焦虑感，因为我们的时间是有限的、无法失而复得的，所以我们必须把这有限的资源效益发挥到最大化。邓巴的研究成果也证明了这一点：我们大脑皮层的能力上限是同时维护150人的社交关系，在这个前提下，我们就会下意识地把社会关系分出等级。人际交往的价值也符合著名的"二八定律"：社交关系中，我们80%的时间和精力要投入与20%最重要的人的交往中去。然而，我们的工作和生活不可能一成不变，这就无法避免地造成有些人在不知不觉间淡出我们的生活。因此，不必太执着于维持更大的人脉圈，在任何特定的群体中，重要的人只占少数,你只需要花费较大的精力去控制这些"重要的少数人"。

你或许能够随意列出好几百个朋友的名单,但你会发现,这些人中往往只有少数几个对你影响较大。既然每个人对你的价值是不一样的,你自然不需要花费同样的精力、用同样的方法去对待他们。你应该考虑如何恰当地分配自己在不同关系上的投入成本。对于关系较密切或者你打算纳入核心人脉圈的朋友,不妨多花一些心思。

004讲　自己没有本事,认识的人再牛也没用

那年,他孤身一人来到北京,带着简单的行囊和父亲的一句话:"多交点朋友好办事。"

于是,他广泛参加社交活动,同时参加了好几个社团,只要有活动他就去参加,他觉得哪怕混个脸熟也好啊,总能派上用处的。他酷爱创作,渴望能够见到有名的作家或者编剧,有一次好不容易有了接近一位大作家的机会,彼此聊得很投机。他感动极了,尤其对方说以后有什么问题都可以打电话问他时,他激动地连连点头。可是后来,当他打电话过去,说自己有些问题想要请教时,作家却冷冷地回了一句:"我没空,抱歉。"

这件事情对他刺激很大,以至于有一段时间他都不愿意出去参加活动了。

后来,网络社交流行起来,他试着加入了很多文学沙龙群、大型的传媒群等,看着众多编辑、作家的名字,他再次心潮澎湃起来。他给每一个人留言,介绍自己的情况,有的人友好地回复他,有的人则始终没有回音。他一直很留意群里的公告,只要有创作任务他就会去尝试。渐渐地,他把重心转

移到了创作上。一次、两次，他在不断的磨炼中得到了成长，也逐渐意识到，在自己没有任何建树的时候，最重要的不是交际，而是学习。

幸运的是，他在群里认识了后来合作多年的编辑。这个编辑认为他虽然并不算十分出色，但还算有写作天赋。后来，在这个编辑的打磨下，他的写作能力得到了很大的提升。

几年以后，他已经是一名资深传媒人，在业界很有影响力。一天，他接到了曾经拒绝过他的那个大作家的电话。意外之余，彼此客气地寒暄之后，就聊到了正题。原来作家的儿子想进入他所在的那个传媒集团工作，希望能够通过他的关系，帮忙疏通一下。当时，他感到了深深的讽刺。

那么，他最后帮助了那个大作家吗？

不要怪这个世界残酷，这就是游戏规则

其实，在业界打拼多年后，他早已理解当年那个大作家为什么不肯接受他的请教。答案很简单，在几乎没有什么感情基础的两个陌生人之间，要让对方帮自己的根本条件，在于是否能够提供对等的回报。当年的他既不是作家的学生，也不是作家的亲戚，作家为什么要浪费时间在他身上呢？这些时间，作家需要用在更重要的人身上。同样，在人际交往中，尤其是当下各种社交活动，大部分人之间也是没有情感基础的，只有一点是共同的：都带着某种意图。在这种情况下，我们怎么能奢望通过一个电话，就得到别人无私的帮助呢？

所以，不要怪这个世界残酷，这就是游戏规则。只有当你足够优秀时，才能吸引同样优秀的人来到你身边，我们追求的交流、合作、双赢也才有可能实现。当然，也别对这个世界过于失去信心，还是有人会看重你、帮助你，比如他后来合作的那个编辑，看到了他的天赋，所以才愿意花时间打造他。

第 1 章
审视你的人际关系，放弃无效的人际交往模式

某种意义上，尽管绝大多数人不愿意承认，但事实上，我们的"友谊"很大程度上只不过是一种你来我往的"交换关系"——无论是在情感还是物质方面。这种"你刚好要，我刚好有"的平衡是一段关系的基本保障。如果你的能力不够强，资源不够好，就有可能在这段关系中变成索取方，这种公平互换的平衡就无法形成，你则会变成对方的负担。这时，你们原本的关系就会慢慢结束。地位再悬殊，这种交换也是存在的。电影《教父》里，棺材铺的老板亚美利哥·勃纳瑟拉找到教父考利昂诉说自己的委屈和愤怒，并请教父替自己的女儿讨回公道。这个时候，亚美利哥只是单纯的索取方。但是许多年后，考利昂在一个深夜敲开了亚美利哥的门，请他帮自己的忙，这段关系也就达成了平衡。

所以，资源丰富的人自然更希望与另一个实力相当的人进行价值互换。因为，在这样的情况下，才能更好地产生对等的交换。

你是什么样的人，才能有什么样的人脉。看看齐天大圣孙悟空的奋斗史。当孙悟空只是一只普通的猴子时，跟他打交道的就是一群猴子。当他拜师学了一身本领之后，他就能跟牛魔王称兄道弟，还能跑到东海龙宫去找龙王抢宝贝。大闹天宫前，天宫里的小兵都看不起他；大闹天宫后，连天兵天将的首领托塔天王都要敬他三分。后来，他的名号响彻三界，他才得以在取经路上成功地借助各方势力。

没有足够的底气，再多的社交技巧也都是徒劳。我们要做的只是放弃那些低效、无价值的社交，尽力提升自己的内在价值，以获得与比我们更强的人进行等值交换的资本。

回到最开头的故事。那么，他最后帮了那个大作家的忙吗？

他还是为大作家的儿子疏通了一下。是他想通了吗？当然不是。因为大作家提出：只要他愿意帮儿子，作家就会介绍他给自己朋友的传媒公司写专栏。这样的条件，当然值得他为之一试了。

005讲　真正有效的社交，永远是平等的"价值互换"

付出不对等，心理会失衡

三个高中同学聚餐，各自聊着自己大学里的室友，露露说："你们不知道，我遇到了一个多么奇葩的室友。"另外两个一听，立刻支起了两只耳朵，表示洗耳恭听。她说："刚分到寝室的时候，我觉得那女孩还挺好相处的，人也文文静静的。你们是知道我的，女汉子一个，最会照顾人了……"雪莉点点头，表示十分赞同，露露满意地继续说："所以说啊，比如上次她中暑，我特意给她做了蔬菜沙拉，还做了雪梨苹果汁，你们猜她怎么说？"

说到这里，露露还故意卖关子，丽丽打趣道："她肯定觉得你的手艺不怎么样吧？哈哈！"露露被老同学揭短也不生气，只是一字一顿地说："她说，我——不——爱——吃——牛——油——果，以后记得沙拉里别放这东西，味道太奇怪。天哪！我好心好意给她做了吃的，她还挑三拣四，我当时真是气蒙了！"

"这算什么，你们知道我的室友是怎样的吗？"雪莉摆摆手，表示见怪不怪了。"我那个室友已经不知道用掉我几瓶沐浴露和洗面奶了，她自己从来不买，而且最喜欢蹭吃蹭喝……"雪莉还没有说完，就被丽丽打断了："哎，说到蹭吃蹭喝，我告诉你们，我们班长那才叫绝！他有个女友，对他特别严格，他身上的钱从来不超过100块。但是每次的社交聚会里，他又要充大款，结果到了结账的时候，他总会装模作样地打开钱包，再表示自己带的钱不够,只能打电话让女友送钱过来。大家听他这么说,还怎么好意思让他掏钱,所以每次都是我们付钱,事后他也从来不记得还钱。"

三个姑娘一齐叹气:这样麻烦的朋友,以后还是少打交道为妙。

心理学家霍曼斯曾经说:"人与人的交往,本质上是一种社会交换,这如同任何一种商品交换所遵循的原则一样。所得,不少于所付出。如果,所得少于所付出的,或者所得大于所付出的,都会导致人的心理失衡。"

在这个世界上,谁都不亏欠谁的。无论是物质还是感情,你不投入、不付出,而是把别人的投入和付出当作理所当然的事情,那就不要怪别人心存芥蒂了。

比如,小说《三生三世十里桃花》里的女主角白浅:她还没和夜华相爱时,她能耐着性子陪夜华散步、下棋,是因为夜华为她打理家务,做饭给她吃。这就是所谓的有来有往、有去有回,"你投过来一个桃,我自然要回报你一个李子,没李子的话也得拿个枇杷果来替着"。但恰恰还有人会对彼此的付出做精准的计算:别人扔来一个桃子,自己在扔出去李子或者枇杷果的时候,最好拿小秤称一下,务必保证自己的付出小于或等于那颗桃子。这种时候,虽然付出是等值等量了,但就心态而言,还是失衡的。

所有的关系,都是通过"价值互换"得来的

若干年前,英国《泰晤士报》曾出了一个谜题,公开征求答案,题目是:"从伦敦到罗马,最短的道路是什么?"很多人拿着地图研究,试着从地理位置上找答案,结果都落选了。获奖答案是:"一个好朋友。"

正像一句老话说的那样:"一个人走,走得快,但是一群人走,走得远。"如果你遇到的人只是把自己局限在计算他和你付出的多与少上,那么你就可以和他说"拜拜"了,这样的人不值得你花那么多精力和时间在

上面。总有人和你一样，愿意付出，愿意分享，愿意和你在人生路上走得更远。

小时候，我和小伙伴们最喜欢到罗叔叔家玩。罗家有教养是出了名的，说起来，他们家不是北方人，是后搬来我们巷子里的。一开始，大家对罗家人并不熟悉，只是觉得罗家男人为人谦和，女主人也温婉善良，每次来客人，她都会准备茶水，大夏天的也会特意烧壶水来泡茶；除了茶水，还会准备些水果，比如西瓜或者洗干净的嫩黄瓜。他们家待客的西瓜，不仅是搁井水泮凉的，还切成整整齐齐的三角块儿拿上来，绿皮红瓤黑子，怎么看怎么招人喜欢，吃到嘴里就是觉得比自家的甜。其实，这些东西是平常人家都有的，但就是因为这份郑重的态度，就显得金贵了些。

让罗家这样一招待，做客的乡里乡亲都觉得人家这是拿自己当正经客款待了，受了人家的款待，一来二去也不好意思总是空手，有什么好吃的都会送一碗过去。罗家人总是乐呵呵地收下，过两天后上门还碗道谢，但他们从来不是把空碗归还，碗里永远是满满的。有时是花生、瓜子、核桃，有时是自家做的点心，时间久了，传开了罗家人的待客之道，一时成为美谈。罗家在这里不再是没有根基的外来户，而是人人尊敬的有礼之家。

罗叔叔一家待人接物的方式对我影响很深。以至于在之后的求学、工作、创业的过程中，无论与谁打交道，我都讲究"慎重"二字——态度上的慎重和资本上的慎重。所以我常常提醒自己：我有什么？我凭什么让别人愿意与我维系关系？

如果你总觉得自己身边没有什么有价值的人脉，可能就是因为你没有等值交换的意识和资本。有一个银行客户经理，一年能拉4亿元的储蓄，他是怎么做到的呢？有一次，他和一个酒店老总谈业务，表达了想要合作的意向，老总说自己要考虑考虑。

这个经理怎么做的呢？他并没有催着老总做决定，他立即买了几张这家酒店的 VIP 卡。买完后，他对酒店老板说："这些卡我用来孝敬我父母，送给我的一些合作伙伴了。以后他们度假时就到您的酒店来住，您把钱存我们银行吧。"老总当场拍板："好！"

在平等互换的模式中，一项合作就这样促成了。

 006 讲　为什么比你优秀的人不愿与你交朋友

安迪的噩梦

天刚亮，安迪就接到了老板的首席助理的电话："现在？没错，拿纸笔把这个记下来，我要一份大杯无泡的低脂拿铁咖啡和三杯冲泡的咖啡。咖啡要加奶，一定要滚烫的……"在安迪还没有听清楚的时候，电话挂了。

安迪是一家高级时尚杂志的小助理，虽然她毕业于名牌大学，有着非常漂亮的履历，但是进入了公司才发现，自己这点儿资历在这个业界顶级公司根本没有竞争力。在衣香鬓影环绕的时尚界，她显得那么格格不入。不过，一开始她并不在意，她的梦想是做一名记者，助理工作只是一个跳板而已，她给自己设定的时间是一年，熬过去就跳槽。

然而，现实并不如她想象的那么美好，别说一年，一个月都快熬不过去了。各种压力接踵而来，让她措手不及。当她穿着被同事嘲笑为"外婆的裙子"的服装去餐厅用餐时，遇到了资深编辑奈秋。不巧的是，安迪一紧张，将汤汁洒在了衣服上，正好被这个毒舌的家伙看到了。奈秋安慰道："你一定还有很多其他化纤衣服。"安迪不爽地回击他："你知道我不会一直留在时尚界，我不想为了这个工作改变自己。"

不愿意改变自己的安迪在之后的时装挑选会上，因为表现出了对两件相似配饰的嘲笑，遭到了自己的顶头上司——大老板马琳达冷酷无情的批评。可怕的噩梦似乎不愿意放过安迪，尽管她努力完成上级的要求，但他们从来不愿意正眼看她，马琳达甚至用之前助理的名字称呼她。直到因为恶劣的天气，马琳达错过了双胞胎的演奏会而迁怒于安迪时，她终于爆发了！她以为时间长了一切都会变好，可是为什么大家还是都不喜欢她？

她不甘心，她终于想要改变了。

安迪是电影《穿Prada的女魔头》里的女主角。电影的前半段，安迪过得着实憋屈，劳心劳力地付出，希望能够得到上司的青睐，可却一直在做无用功。这一切对安迪来说就像一场噩梦，还是奈秋一语道破其中的关键："你根本没有努力，你只是在抱怨。"

是的，既然进了这个圈子，就要遵守这个圈子的游戏规则，穿着一身土里土气的衣服，怎么能与时尚大咖们进行交流呢？奈秋很早就告诫过这个懵懵懂懂的小姑娘，这个价值几十亿的产业只追求一样："外在美。"安迪的自负与清高，使她在最初的日子里处处碰壁。

你的认知系统更新了吗

故事的"逆转"从安迪决定进行自我更新开始。

多亏毒舌但善心的奈秋，对安迪进行了外表上的"大刷新"，但更重要的是安迪自己对时尚不再排斥。心里的坎一旦跨过去，她的聪明才智马上就显现出来。她能够迅速明白上司的意图，在上司发话之前已经考虑周全。聪明的她很快获得了上司的好感，并被委以重任，安迪成功了。

我们每个人都需要对自己的认知系统进行更新。设想，586系统怎么能与Win8系统进行沟通呢？显然完全不在一个层级上。很多时候，不要怪比你优秀的人过于清高、冷漠，其实人家哪有那么多时间来考虑你的感受呢？想要和他们产生联系，关键就在于你有没有足够的价值能够吸引他们。一旦他们发现你的思维、视角和看待问题的方式、处理事情的技巧与他们是一个层次的，他们自然就会对你感兴趣，然后主动接纳你。安迪一开始就是局限于自己的层次，固执地坚持自我，所以无论她原来多么优秀，在新的"语境"中，她都无法获得话语权。

当安迪完成了认知系统的飞跃，她很快就发现了其中的乐趣，并且得到了她梦寐以求的人脉：传媒公司的合伙人、杰出的设计师、优秀的出版人。这些原来看似不可能接触到的人物一个个出现在安迪的世界里，而这些人其实并不那么好打交道，有的甚至还会出其不意地考验她一下。好在安迪做足了功课，有惊无险地通过了考试，立刻就被他们划到"自己人"的范围里了。

007讲　为什么你很难挤进更加优质的人脉圈

不是有钱就能进的"高级人脉圈"

上学的时候，一个班级的同学之间会有意无意地分成几个团体，这种团体的划分要么是成绩好的学生一群，要么是有共同爱好的学生一群，但很少会见到成绩好的学生和成绩差的学生在一起玩儿。老师们为了打破这种格局，还喜欢用"结对子"之类的手段，使得好学生和差学生"被迫"进入一个圈子。

然而，进入社会以后，在社交自由的环境下，就不会有被迫进入一个"小圈子"这样的情况了。成功人士们有自己的圈子，如比较熟悉的社交形式——"名校校友群""精英俱乐部"等。

那么,这些"精英社交圈"是靠什么建立起来的呢?单靠金钱,就能拥有高端社交联结点吗?

有这样一个例子:一名做房地产生意的商人,揣着50万欧元想要加入洛杉矶的某个知名的高级俱乐部。俱乐部经过严格审查后发现,这个商人既没有会员推荐,也不是社会名流,到俱乐部来纯粹只是想要拓展人脉,以便接到大的生意订单。由于他的意愿表现得太过"赤裸",所以俱乐部拒绝了这个商人的申请。结果,商人得知自己被拒绝了异常生气,直接把钱甩到了俱乐部前台工作人员的脸上——之后,他再也没有做成功一笔房地产生意,直接被业界拉入了黑名单。

俱乐部的交际圈是老板们用自己的人脉搭建起的一个平台,"圈内主人"的层次决定了出入宾客的层次。之所以要建立这样的圈子,看重的已经不仅仅是钱了,他们希望能够在私密、舒适的环境里,与自己同等层次的精英达成思想、思维、人脉等方面的交流与分享。所以,如果你没有足够的社会地位,没有与之建立联结的关键性价值,这些优质人脉圈的大门就不可能向你敞开。

最牛的人脉是世袭制的

美国最知名的名校联盟莫过于常春藤联盟,其中哈佛大学的录取名额50%给了"大学资源委员会"的成员子女。这个委员会成员是由数百名华尔街校友组成的,个个都是身价不菲,同时给母校捐款从不眨眼的社会名流。比如,美国最大烟草公司前副总经理詹姆斯·威尔奇,他的六个儿子全都进了哈佛。还有一位大佬曾经宣布,他有三个哈佛毕业的女儿以及女婿。

这就是美国上流社会的家庭教育,他们的优质人脉通过优质学校得以世袭。所以，正如《华尔街日报》所说的那样，这些世家子弟们"削尖脑袋"也要挤进常春藤名校，为的就是有一个高的起点，这样才能保证不会被排除在精英人脉圈之外。

那么，生在一个普通家庭的人，就永无出头之日了吗？

当然不是。虽然绝大多数时候，自身不够强大的人没有资格向牛人抛出友谊的橄榄枝，但在这个万事皆有可能的年代，我们还有无数的机会通过自身的努力改变一切，包括进入高层次的人脉圈。

对于中国来说，大学教育同样正在成为不同阶层的分水岭。如果你没有足够优渥的家庭背景，那么进入好的学校深造确实是一个改变命运的非常重要的渠道，也是获取进入优质人脉圈的捷径。在好的高校，你将能够有机会接触到优质人脉，你可以结识很多优秀的专家学者和各行各业的领军人物。相信任何不甘于平庸的人都会把握一切机会，为自己的未来铺路。

即使错过了进入优秀院校的机会，也没关系。不要抱怨自己生不逢时，也不必感叹社会的不公平。好的人脉圈是不容易进，但也并非完全不可能。有一些人，他们懂得抓住有限的时间为自己累积资本；当你上课时只顾着刷朋友圈、聊微信，连 CET－4 都只能勉强通过的时候，他们已经把 TEM－8 的证书拿到手，甚至在准备中级口译了；当你下课后只是沉湎于网络游戏，或者在网购中、肥皂剧里消磨时光时，有人早已玩转于学校精英俱乐部，认识了许多"牛哄哄"的人物。

不要以为一切都是唾手可得的，常春藤名校联盟也不会仅仅因为申请者的父母都是哈佛毕业生，就轻易录取他。你看到的只是光鲜亮丽的一面，而没有看到他们背后所付出的心血。

越优质的人脉圈，有越严苛的"游戏规则"

恭喜你！你终于有足够的资本进入优质人脉圈了，然后你以为万事大吉了？NO！你想得太简单了。

大家应该知道，在公关公司，人际关系处理能力是至关重要的。不过，即使是受过专业训练的公关人员，也难免因为内心浮躁而得意忘形，陷入人际危机。我管理的公司就出现过这样的事情。

一开始，公关部的策划专员李琳在公司里见到谁都笑脸相迎，让人感觉永远充满干劲。两个月前，她终于获得了新的工作证，这个工作证被赋予了更高的权限：她升任了高级公关经理，可以打开只有公司高层才被允许进入的会议室和办公室。当然，伴随着这个职位的，除了更优渥的待遇，还有金钱买不到的东西，比如社交层面的升级。

如同许多被好运眷顾的人一样，李琳开始得意忘形了。很快，下属发现她的工作风格变了：说话的语气从原来的舒缓温柔变成了颐指气使；在茶水间遇到以前一起奋斗的同伴们也不再亲切，而是刻意保持距离；她对需要担责任的事情变得非常敏感，尤其不允许自己在上级面前出现一丝一毫的偏差，这就苦了她的下属们，功劳全是她的，错误全是别人的。

所有人都感受到了她的变化，包括高层们，唯独她觉得这样才是对的。因为她总是不给下属好脸色，大家都不愿意认真配合她，有几个性格倔强的，还公然与她唱反调，她所带领的公关团队人心涣散，导致她在之后好几次处理舆情危机的事情上屡次失利。由于不得人心，走马上任才两个月的李琳，被迫递交了辞职信。

看到了吧，没有足够的素养，你即使进入了优质的人脉圈里也玩不长。维护人脉圈是一个人毕生的课题。越优秀的圈子，对每个人的要求也就越严格，甚至可以说时刻在审核你的自身素养。你不能因为进入了梦寐以求的朋友圈，就放任自己。一个真正能玩转优质朋友圈的人，拼的不仅仅是知识、能力，而是品质。所以，"优质"包含了"优秀"和"高品质"两层含义，前者是说技术层面的内容，而后者则说的是你为人处世的方式、理念。

真正强大的人，不必费尽心机进行外部的筹划，他能够通过提高自身的素养，让优秀的人感知到他，并不自觉地被他所吸引。当你能够靠实力做成的事情和举手投足之间的气场感召起一个人脉圈，那么，你就是终极版的 Boss！

008 讲　为什么你对人再好，对方也不领情

因为你的好，是别人眼里的"讨好"

我公司的宣传部门曾经有一个职员，大家私底下都叫她"女魔头"。"女魔头"才一个多月时间就搞得部门鸡飞狗跳。原因无他，这个职员仗着有点儿后台，平时非常强势，别人还拿她没办法。

由于她主管对外宣传的口子，无论是网络平台公众号，还是与媒体交接都要通过她，很多人都已经领教过她的强势了。

当然，她也不是不学无术的人，肚子里还是有点墨水的，所以对什么都要批判，动不动就发火。

最惨的莫过于她部门里的小实习生了，大家经常听到她批评实习生的声音：

"我的时间那么宝贵，还要帮你校对这种狗屁不通的文章。拿回去，把逻辑理顺了再交过来！"

或者"是谁给你的权力让你上这篇文章的？你不知道对外宣传只能经过我吗？不管是哪个部门的，都必须照这个章程做！"

其实，稿子并不是小实习生写的，推送那篇文章是上级领导的意思，但她知道，越争辩只会被骂得越惨。于是，她只能去和各部门负责人协调，请大家务必提交材料前仔细审核。但很少有人愿意听她的，一来她只是个实习生，说话没分量；二来大家都不愿意帮"女魔头"做本该她做的事情。实习生看着大家交来的材料，很是苦恼，因为她再也不敢把这个稿子直接给"女魔头"。

怎么办呢？实习生决定，她自己来改！于是，所有推送的文章、新闻统发稿她都认真修改，她觉得这样她就可以不用挨骂了。这样做确实挺有用的，"女魔头"看着规整的稿子，以为大家都买她账了。于是，她虽然还是经常骂实习生，却不再针对其他部门的人了。

几个月过去，领导对"女魔头"的工作很满意，觉得她能力强，而且也妥善解决了与各部门的协调问题，还给她涨了工资。可是小实习生呢？她只能默默地继续做着"女魔头"分内的工作，她对自己说："熬到转正就好了！熬到转正就好了！"

后来呢？被折磨了大半年之后，小实习生终于转正了。而转正之后的她日子并没有比之前好过一点，最后，她还是向人事部递交了辞呈。直到这时，经理才了解了事情的原委，在多方面了解事实真相之后，开除了"女魔头"，留下了这个小实习生。

事情圆满结束了。当人事经理向我汇报此事时，我产生了这样一个疑问：小实习生的遭遇，其实不少人都经历过，那么大家是怎么处理的呢？

在职场中，我们都可能遇到过为了讨好别人而让自己活得非常痛苦的情况。最可怕的是，我们还无法拒绝别人施加给我们的这种痛苦。为什么？因为我们并非毫无所求，就像实习生那样，她为了能够转正，必须承受职位比自己高的人对自己的压迫。她甚至是认同这种压迫的，在她看来，为了平安度过考察期，就必须委屈自己，规避冲突。

第1章
审视你的人际关系，放弃无效的人际交往模式

心理学上认为，讨好是内在无价值感的外在投射。换言之，我们会不自觉地通过迎合他人来削弱我们自身的价值缺乏感。这一点我们在儿童身上都会发现。孩子其实很会察言观色，比如你说："叫一声好听的，我就给你吃糖。"为了能够吃上糖，他们即使不愿意，也会压抑自己真实的感受，乖乖叫一声"叔叔"或者"阿姨"。当这种机制第一次有效之后，久而久之就形成了一个"人格面具"——好孩子。随着年龄的递增，这种模式在反复"操练"中就变成了习惯，在权威面前，在上司面前，在领导面前，在自己的伴侣和朋友面前，我们一直在讨好他人。

一旦别人发现了你的这种"讨好"心理，就存在被有心人利用的危险，比如下面这个案例。

"因为你好，所以我才来找你啊"

你要时刻当心，你的好，正是别人利用你的理由。不要傻乎乎地被人用几句甜言蜜语就哄得团团转，因为这个世上总有一些人喜欢不劳而获。有事情找你时就千好万好，恨不得贴到你身上来撒娇，当你帮她做好了以后，就一边鼓掌一边心安理得地坐享其成。而你呢？费时费力不说，别人还不知道这一切都是你的功劳。

小樱是个90后的姑娘，一双圆圆的大眼睛水汪汪的，见了谁都爱撒娇。和她一个部门的姑娘小静，无论是外表上还是行动上都显得平常而木讷。领导很喜欢小樱，给她布置工作时，她也总是低眉顺眼地答应，显得温顺而乖巧，让领导觉得无比放心。

然而……

你绝对想不到，小樱绝对不是职场上的乖乖女，装萌卖乖是她的强项。而一同入职的小静，则成了小樱利用的绝佳对象。

新的部门领导走马上任，直接给她俩派了工作，让她们一起完成。小樱马上主动建议：由两人做不同的方案，然后汇总出一个完整版给领导过目。领导很满意，同意按照小樱的想法去做。

小静对于这样的安排没有意见，坐到自己的工位上开始制订方案，每一个细节都认真推敲、考虑。等到她觉得差不多时，小樱已经笑眯眯地凑过来："静姐，你好厉害啊，这么快就把方案做好啦！我就说嘛，你能力比我强多了。"小樱双手交握，露出一副非常崇拜的表情。小静被夸得脸都红了，只好顺便问小樱："你也做好了吧？拿出来一起看下吧。"

"哎呀，我还没有想好呢，我知道你肯定愿意帮我的，让我看看你的方案好不好？要不就跟领导说这个方案是我们一起做的吧。你看，这样我们还节约了领导的时间了呢！"小樱鼓起腮帮子，用那双无辜的眼睛瞅着小静。

"你不能每次都这样啊，万一被领导发现了呢？"小静无奈地说。

"没事儿，你的方案肯定是最棒的，每次都能顺利通过。"小樱深知小静的脾气，不仅不会在领导面前说穿，甚至会帮自己打掩护。小静就是这样一个人，经不住别人的请求，只要说几句好话，她身上就会焕发出"慈母"的光辉，愿意保护任何人。这一点，被小樱完全吃透了。

小静就是我们常说的那种有着"圣母情结"的人。英国咨询师雅基·马森在《爱自己的人自带光芒》中，就曾经谈到过这种强迫心理。心理学家认为，有"圣母情结"的人，大部分无法面对他人对自己的任何批评，如果得不到认可，就会活得非常惶恐。所以，在这种心态的驱使下，他们会不管事情是否是自己的责任，总是把别人的需求放在最前面，害怕做任何伤害别人的事情。为了得到他人的认可，他们会被动接受他人无礼的请求，而且不敢表达自己内心真实的想法。这样的人缺乏"社交边界"，任何人都可以对他予取予求。其实，他们也是虚伪的，不仅欺骗别人，更是

第1章
审视你的人际关系，放弃无效的人际交往模式

欺骗自己。他们把自己困在不能做自己的处境中，不得不一个人陷入焦虑、悔恨和低价值感中不能自拔。

 009 讲　移动社交时代的信息焦虑：朋友圈很大，朋友很少

你的朋友圈，"不给谁看"

我的老同学老王最近遇到了一件"乌龙"事情，这件事情让他现在不敢随便在微信朋友圈发布消息了。

老王决定去三亚旅游，但直到坐上了飞机，关闭了手机，他还是觉得哪里不太对劲：明明新发了很好玩的东西在微信朋友圈，照理应该有好多人会给自己点赞和评论的，但等了半个小时，居然一个点赞的都没有！

飞机起飞了，老王干脆把这些都抛到脑后，闭目养神。忽然，他猛地睁开了眼睛："哎呀！不好！"他想到了一种可能：难道在选择"给谁看"时选错了，把"部分可见"和"不给谁看"给勾反了？他从来没有那么渴望能够打开手机。"对！肯定是这样！所以才没有人给我点赞！"

好不容易熬到飞机降落，老王第一时间拿出手机上网，一看，果然是自己失误了。"这下麻烦了，该看的没有看到，不该看的都看到了。"

"唉……失误啊……"老王懊恼不已，但一切已经无法挽回了。他这次旅游的时机不太好，正好赶上部门临时要加班，但他车票旅馆都订好了，只好硬着头皮去请假，还好领导批准了。他本来想得很好，朋友圈还是要发的，但会屏蔽领导和同事们。谁知道，人算不如天算，一个手误，在发布消息的时候选择了只给"领导和同事"看，这下弄巧成拙了。

31

你是否遭遇过这样尴尬的时刻呢？我们每个人打开自己的微信看看，通讯录里动不动就有几百个朋友，还有些业务繁忙的，好友数量甚至达到好几千。有人的地方就有江湖，网络社交中也是这样，身处这样一个移动社群，我们不得不在发布动态时小心翼翼，反复斟酌。有些人就会像老王那样，把朋友分组，比如"领导组""密友组""客户组""不可见组"等。分组还只是第一步，发布信息时，还要反复提醒自己一定要选择给谁看、不给谁看。在这样一个人多口杂的地方，一个不小心就会成为众矢之的。

瞧，不知道从什么时候开始，本来是为了方便我们沟通、分享的平台，被复杂的人际关系搅得面目全非了。

不要再被移动社交牵着鼻子走了

Facebook、Twitter、Instagram、微信、QQ……我们每天都会登录这些移动社交平台，与各式各样的人建立联系。在这些平台上，我们可以快乐地与长期未联络的同学、朋友毫无障碍地交流，也可以获取来自世界各地的资讯。社交网络的普遍应用正在深刻影响和改变着我们的心理和行为方式。

让我们看一组数据：根据 Adwwek、inc.com 和 New York Times 统计，全球有超过 2 亿的社交网络活跃用户，占全球人口总数的 28%。其中，15~19 岁的用户平均每天至少在社交网络上花费 3 小时，而对 20~29 岁的人来说，这一数据为 2 小时。

心理学研究者认为社交媒体的过度使用与自恋倾向有关联，如加拿大约克大学的一项研究追踪了 18~25 岁的 Facebook 用户，发现他们普遍有自恋倾向，以及缺乏安全感。美国密苏里大学、夏威夷大学以及圣玛丽大学的另一项研究表明，如果一对夫妻的日常生活中，移动社交使用频繁，将会导致严重的家庭矛盾，比如遭遇背叛、分手和离婚。斯坦福大学的研究表明，移动社交会使人产生一种错觉：人人都过得比自己好。

这些研究提出的说法可能有些夸张，但不得不说，过多地将时间花在社交媒体上，只能让自己陷入焦虑，而不会让你收获什么人脉资源和有用的资讯。

如果你有机会去德国柏林，一定要去一个很特别的公园。这个公园最有趣的地方在于，里面有十几条表面布满了锥形钢刺的长椅。

这些椅子难道不是用来坐的，只是摆着好看？公园管理员法比安·布伦森在退休以前是名设计师，在公园工作时间长了，就能经常看到一个有趣的场景：两个人即使坐在一条长椅上，可却如同身处不同的世界，唯一的共同点就是都看着手机。一个安静地浏览着手机页面，一个则不停地对着手机屏幕嘀嘀咕咕说着什么。

这样的场景几乎每天都会上演，一次次让布伦森感受着"世间最远又最近的距离"。

作为一名设计师，他有着不同于常人的敏感度。他通过园方向当地政府申请，由他来重新设计公园长椅，在每条椅子上安装钢刺。当然，这些钢刺不是一直存在的，只要人们向投币孔投入钱，钢刺会缩回到椅子里，以便人们休息。

不过，在这样的椅子上你还想忘我地刷屏就有点困难了，因为10分钟以后，屁股下重新冒出来的钢刺就会提醒你：是时候把眼睛从手机里面拔出来了！每条长椅上都有一条相同的标语：请别让每天在此走路的距离小于手指滑动屏幕的距离。

布伦森希望通过这样的"暗黑"长椅告诉越来越沉湎于移动社交软件的人们：放下冰冷的手机吧，与家人、朋友多一点面对面的交流和拥抱，那是我们久违的温暖。

010讲 什么是社交默契——付出越多，人际关系越差

场景1

"方总，咱们今年的重点项目总算圆满完成了。我听说，董事会对咱们产品部这次的成绩很满意啊。"助理一进办公室，就笑着说道。

"是啊，市场反馈不错。这次的收获也离不开大家的努力啊。"

"这几个月来，大家伙儿天天加班加点，真是够辛苦的。前端设计师小顾已经在公司打地铺整整一个月了；策划组的黎组长，为了咱们的项目，婚期都推迟了两个月呢。方总，您看看，要不要犒劳犒劳大家？我看，这次可不是一顿饭就能解决的哦。"助理一脸的坏笑，压低了声音，往楼上指了指，继续说："市场部昨晚已经开了庆功宴了，就在隔壁的三星级酒店，还包了个大的宴会厅呢。而且我听说，是喻总一个人请的客！"

这个喻总，是市场部的总经理，跟方总是同一批进公司的。他们曾经在产品部共事，关系很好。后来，喻总被调到了市场部。由于产品部和市场部在工作的沟通中总会发生一些大大小小的矛盾，两人虽然表面上和和气气，却还是免不了心生芥蒂。尤其在他们都升任各自部门的总经理之后，关系也就更加微妙了。

"开庆功宴是自然的。这样吧，你通知一下大家，这周末咱们去近郊的度假山庄玩两天，带上家属，一切费用都由我来承担！"方总想了想说。

"我没听错吧，方总？您说的是那个有跑马场的豪华度假山庄？那也太奢侈了！要不您也去隔壁酒店包个厅得了。您要是太大方了，没准儿喻

总那边会不高兴呢……"

"我犒劳我部门的员工,他哪来的意见?总之,大家玩得高兴,以后也能更加卖力地工作嘛!你快去通知大家吧。"

场景2

1201和1202请了同一个木工队为新房子定制家具。

1201的李先生和李太太经营着一家大公司,是小区里数得上的殷实人家。1202的靳家条件则就一般了,他们两口子都是普通职员,买这套房子已经花光了积蓄。

这天,李太太和靳太太在电梯里遇见了。

"靳姐,我给你推荐的木工队怎么样?"

"还是很专业的。不过我总感觉他们态度不好,说话冷言冷语的。"

"是吗?我倒觉得还不错。对我和老李都挺客气的,还想办法在材料上为我们省钱呢。"

"我们家定制的是普通家具,档次不高。哪像你们呀,我听说你们的家具是全套红木的,他们态度自然好啦。你们给他们的待遇也很不错吧?"

听靳太太的语气有点儿酸,李太太想了想,回答道:"跟你们一样,按合同上付给他们工钱就行。"

"那,红包呢?我听说,现在都要私底下给木匠师傅一些感谢费的。"

"总共给了800块,让师傅们自己分。我也是问的楼上王太太,她说给800块就够了。"

"伙食呢?"靳太太追问道。

"就中午一顿,四菜一汤。"

"哎哟,你们家那么有钱,怎么不多做点菜?"

"你不知道,我们家老李可抠门儿了,过日子一分钱是一分钱。他说,四个菜就够了,别人家都是这样的。"

听了李太太的话,靳太太心满意足地笑了,乐呵呵地挎着李太太的胳膊走出了电梯——她每天中午给木匠师傅们准备六个菜和一个汤,而且之前还给了他们一千块红包呢!

我们所处的社会关系网其实是一个人情社会,在这个圈子里,有需要遵守的交往准则。"场景1"中,方总就忽略了这样一个规则。可以想象,虽然他大方地掏腰包请员工们到山庄度假会调动他们的积极性,但也肯定会使自己和喻总,甚至和所有其他部门经理的关系更加紧张。

而"场景2"中的李太太则十分懂得把握尺度。我们身边就不乏靳太太这样的人,他们自己其实实力一般,却生怕别人的条件超过自己。虽然李太太家里并不缺招待木匠师傅的钱,也完全可以让师傅们吃香的喝辣的,但这样一来,她就把自己放在社群的对立面了。要知道,雇人做活的可不是一家两家,作为雇人者,在对这些人的待遇上,必须与其他雇工的人家保持一定的默契才行,否则小则被人说"爱显摆",严重的还会被人怨恨上。因此,李太太懂得在各个方面收敛自己的实力,维护这种默契。

最好的关系,是与任何人都建立一种"社交平衡"

李太太之所以有这样的处世智慧,就是懂得了什么叫"社交平衡"。每个人、每个家庭都要好好把握这个平衡,不要过度付出,否则就会发生"斗米养恩,担米养仇"的事情。

我们与别人建立交往关系时,都需要进行投资,这种投资包括物质和情感两个层面。事实上,对他人付出太多,对方未必会心存感激。每个人心里都有一本账,除非是故意要贪图别人好处,否则一般人都不愿意接受他人太多恩惠。这种难以回报的感觉并不好,会引发被施与者心中的惶恐和愧疚感，这样一来，彼此之间的关系就失衡了。

那么，该如何把握这种平衡呢？记住一个口诀：有来有去。不要过度彰显自己拥有的东西，也不要在一段关系中过度投入。当你的投资达到一定程度时，可以想办法给别人提供一个能够帮你的机会。你可以尝试着向对方提出适当的请求。

我小时候居住在一个很老的街道，邻居是一位中学老师，我们两家的关系非常好。由于我父母常年在外经商，就常常拜托隔壁的老师照看我。每逢周末，隔壁的老师就会帮我补习功课。一开始并不收取授课费，因为他觉得这完全是因为喜欢我，他教我是心甘情愿的。但是日子久了，我父母却反而不肯再让他帮忙了，就连我也觉得不好意思长期麻烦他。后来，隔壁中学老师想了一个办法，就是请我定期帮他打扫屋子，或者帮他买点日用品。逢年过节，我们家会送给他一些礼品和年货；父母每次出差回来，也会给他带一些土特产，他都会收下。这才消除了我们的不安。

就这样，初中三年，隔壁的老师都是尽心尽力地辅导我的功课。虽然后来我们搬家了，还是同他保持着不错的关系。

人际交往中，真正的体贴就是消除别人因你的好而产生的心理负担，当你的慷慨付出让别人可以坦然接受时，你们的关系才是刚刚好。

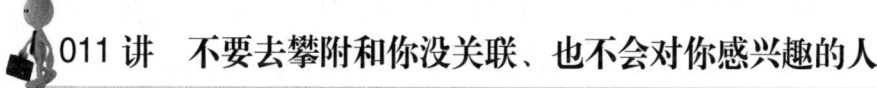

011讲　不要去攀附和你没关联、也不会对你感兴趣的人

如何判断对方对你是否有兴趣

"呵呵"曾经被网络调查评为年度最伤人网络聊天词汇之一，这个词

汇的杀伤力简直横扫一切社会关系——无论你是处于男女恋爱关系、上下级关系、朋友关系还是其他什么关系，如果你发现此招被多次"祭出"，那么好，你可以掉转头，不用再多费心思了。

除了"呵呵"，多次用单音节词"哦"来回应，也能表达出对方对你的敷衍和不耐烦，因为这些词都不能作为一个正式的回应。

人与人之间面对面地交流，我们多少还能从对方的语气、面部表情、肢体语言等来判断其内心真实的想法。身处移动社交时代，对方的不及时回应，或者用"呵呵""哦"来回应，就是很明显的信号——"对不起，不要再说了，我对你不感兴趣"。

你可能会问，遇到这种情况，我该怎么办呢？

很简单，由外转向内，向自身寻求突破口。

在闯荡江湖前，打通自己的"任督二脉"

武侠世界里，大家很熟悉的一个桥段就是某个少侠经过一段时间的闭关，终于打通了自己的"任督二脉"，使自己的武艺又修炼到了一个新的境界。我们的社会交往同样需要修炼内功，尤其是处于瓶颈期时，如产品卖不出去、上司看不中自己、办公室人际关系紧张等，这些都不是靠耍耍嘴皮子和小聪明就能够改变的。如果说人际交往有什么秘诀的话，那也是在认真踏实做好自己的基础上，锦上添花的一些小技巧而已。始终记住，良性的人际关系不是靠纯感情来维护的，而是靠互利互助成全的。不成为别人的负担，这包括了不成为别人心理和时间上的负担。所以，在功夫还没修炼到家之前，别急于展示自己。

不想去参加聚会？那就不去！不想假装热情去搭讪？那就不做！不想看那些"心灵鸡汤"？那就不看！你越是强迫自己去做自己不擅长、不喜欢的事情，就越是焦虑、自责、无助。与其为了迎合目前对你不感兴趣的人,不如先安心停留在自己的舒适圈里,做好那些不会让自己烦躁、抑郁、焦虑和自责的事情。

我十分欣赏《傲慢与偏见》里的女主人公伊丽莎白·班纳特,她活得多么洒脱、明白!尤其是在贵妇人、达西先生的姨妈咖苔琳夫人面前,依然不卑不亢,让一脸奴相的柯林斯牧师瞠目结舌。

伊丽莎白受邀去咖苔琳夫人的庄园做客书中写道:

"他们踏上台阶走进穿堂的时候,玛丽亚一分钟比一分钟来得惶恐,连威廉爵士也不能完全保持镇定。倒是伊丽莎白不畏缩。无论是论才论德,她都没有听到咖苔琳夫人有什么了不起的地方足以引起她敬畏,光凭着有钱有势,还不会叫她见到了就胆战心惊。"

用过餐以后,咖苔琳夫人开始对客人们指手画脚,尤其是柯林斯牧师的太太、伊丽莎白的挚友夏洛特。咖苔琳夫人对于伊丽莎白并不熟悉,问了不少很唐突的问题:

"你的妹妹们有没有哪一个已经出来交际了,班纳特小姐?"
"有,太太,全都出来交际了。"
"什么?全都出来交际了!五个姐妹同时出来交际?真奇怪!你不过是第二个!姐姐还没有嫁人,妹妹居然就出来交际了!你的妹妹们一定还很小吧?"

面对这位夫人的诘问,伊丽莎白清楚地表达了自己的看法,那就是她认为妹妹年纪虽小,但不能因此剥夺了她们享受快乐人生的权利。这番回答着实惊到了咖苔琳夫人,不过伊丽莎白才无所谓呢。咖苔琳夫人并不是真的对她感兴趣，只是觉得这个女孩胆子很大，自己的权威被挑战了，心里不自在而已。伊丽莎白呢？她才不屑于像柯林斯牧师那样匍匐着舔她的鞋呢。

讽刺的是，咖苔琳夫人肯定很后悔没有把伊丽莎白放在眼里，因为后来的一切太超出她能承受的范围了。她心爱的侄子、傲慢的达西先生偏偏被伊丽莎白的智慧和特立独行所吸引，两人成就了一段良缘。所以说，每个人都有自己存在的价值，我们需要的正是伊丽莎白的这份自信和潇洒。

还是回到开头的话题，当对方说"呵呵"以后，你要说什么呢？

答：【自动回复】您好，我现在有事不在，一会儿再和您联系。

012 讲 在"社交爆炸"的时代，高质量地独处

在谈论如何建立有效社交之前，我们必须正视与社交平行并且同样重要的另一种生活状态——独处。

当两个大脑在一起，会产生什么样反应

在群体决策中，有一个很流行的方式，叫"头脑风暴"：让一群人产生激烈的思想碰撞，从而得出新观点和解决问题的办法。

"头脑风暴"反映了人与人协作的正面作用，它的确能够帮助我们解决很多问题。但在实际操作过程中，"头脑风暴"法的条件是十分严苛的——它要求参与者保持高度自由的思想和独立的意志，在发表自己意见的同时，完全不考虑他人的感受。所以实际情况可能恰好相反：许多在"头脑风暴"中无法解决的问题，往往在决策成员们单独思考时得以攻破。

这个现象也让许多心理学家注意到独处对于人的心理和大脑的积极意义。

以往，独处通常被人们贴上"内向""病态"等标签。然而，心理学的最新研究表明，适度的独处对人的心理发展和心理健康都有积极意义。研究者认为独处具有诸多好处，如促进心理健康、重塑自我、控制情绪、提升创造力等。卡尔顿大学的罗伯特·克普兰教授在对儿童的独处行为进行了观察后认为，许多孩子在独自玩耍时展现的才能，要远远超过与小伙伴们玩耍时展现出来的才能。

那么，当一个人独处时，他的想法和认知究竟发生了什么？

在讨论这个论题时，我注意到哈佛大学的心理学教授丹尼尔·吉尔伯特进行了一项研究，这项研究十分有趣。

这个研究项目是由丹尼尔教授的研究生贝森尼·布鲁姆主导的：

在实验的一开始，布鲁姆将参与者们分为两人一组，每组人分配到同一个房间，让他们花几分钟时间彼此了解，相互熟悉。然后，让参与者背靠背坐着，每个人的面前都有一个电脑屏幕，对方无法看到。

参与者必须听从布鲁姆的命令，比如记下电脑屏幕上滚动的一些常见的物体的图片——吉他、笔记本、闹钟等，或者识别并记住一段声音。他们有时候会被告知做同样的任务，有时候则被告知做不同的事情。几天后，布鲁姆将所有参与者召回，并让他们回忆在实验中见到的照片。布鲁姆发现，他们的记忆效果呈现这样的规律：所有参与者都能更好地记住那些在实验中被告知做不同的任务的内容。比如，当同一小组的参与者A和B被告知一个人浏览图片，而另一个人在识别声音时，他们对任务的完成度更高；而A和B被告知同时在浏览图片或者识别声音时，他们很难记下任务的内容。

丹尼尔教授和布鲁姆由此得出了初步结论：当人们认为自己正在独自做一件事情时，会更加投入，潜力也会得到更大程度的挖掘。

社会心理学中有一个经典理论，叫作"社会惰化"，也叫"群体懈怠"。也就是说，当一群人共同去完成同一件事情时，群体中的每个人都会产生懈怠，都想要依靠其他人的力量去达到目的。

对于这个现象我也给出了一个不同的解释：对他人产生依赖，仅仅是出现"群体懈怠"的一个方面；我们之所以在与别人协作时执行力反而下降，很大原因在于我们渴望与别人产生互动，而与他人分享经验本身是劳神费力的事情，这要求我们花费不必要的时间和精力去关注别人的感受，不由自主地思考别人正在想什么。

喜欢独处，不等于人际交往能力不足

同样是哈佛大学心理学专业的艾达姆·沃兹，也有一项研究表明，过于热衷社交的人，反而会产生社交认知盲点——他们很难认同跟他们不太熟悉的人。相反，花费一定的时间独处，可以让我们更少地考虑与别人的关联，仅仅依从自己的内心去体验外界情感。而这种状态又能够使我们加强同理心，更好地与他人产生情感互动。

艾达姆认为，喜欢独处的人，也许不是社交的活跃分子，但他们的人际关系反而更稳定——换句话说，独处并不等于放弃社交；相反，它会促使我们维系更好的人际关系，将自己有限的人脉发挥出无限的价值。

关于独处价值的研究，还有一个有趣的实验。

澳大利亚的一名动物学家从亚马孙河流域带回了两只猴子，一只壮硕无比，一只瘦小羸弱。他将这两只猴子分别关在不同的笼子里，每天精心喂养，并且观察、记录它们的生活习性。一年后，大猴子莫名其妙地死了。为了研究的继续，动物学家又从亚马孙河流域带回来一只比之前更健

壮的猴子，可是不到半年，这只大猴子又死了，而那只小猴子虽然依旧看起来弱不禁风，却还是顽强地"蹦跶"着。

为了查清楚大猴子的死亡原因，动物学家对两只猴子的尸体都进行了解剖，但并没有找到死因——两只猴子一切正常。

无奈之下，动物学家只好返回亚马孙河流域，对那里的猴群进行研究。经过长期的观察后，他得出一个规律：凡是健壮的大猴子，"人际关系"都比较好，它们在猴群中的威望很高，其他小猴子觅到食物，总会分给它们。并且，这类大猴子一般非常活跃，很少有独处的时候，它们总是在猴群中穿梭、跳跃，一有空就和其他猴子嬉戏追逐，一刻也安静不下来。这样的大猴子在群体中生活时如鱼得水，但是一旦被抓到，单独关在笼子里，就无法生存了。

那些羸弱的小猴子就不同了，它们的"人际关系"相对差很多，没有猴子愿意分给它们食物。它们的性格也比较"内向"，不合群，喜欢安静地闭目养神。它们习惯了独处，所以即使被抓到，也能继续活下来。

对猴子而言，缺乏交往虽然会给它们带来不便，但缺乏独处的能力则会带来灾难。

将独处的时间，转化为最好的增值期

上面这个实验的研究对象虽然是猴子，但实验得出的结论对于人类来说也同样适用。脱离了清醒和独立的过度社交，不仅没有价值，反而会让自己陷入困境。想要和全世界都产生联系的人，最后跟谁都玩不好。

我在阅读菲利普·吉尔伯特·哈默尔顿的著作《知性人际关系》时，注意到这样一句话，这句话被我誊写到了我的笔记本中：

"我们需要社交，我们同样需要独处，就如我们需要夏天和冬天，白天和黑夜，运动和休息。"

如果你发现自己处在各种无效社交中，或者对自己的人际关系还没有明确的认识，那么建议你先不要急着改变什么——在找到适合自己的社交模式前，不妨先静下来，好好审视自己。与其浪费时间精力，去做一些无用的社交，倒不如给自己一些独处的时间。因为能够在独处中寻找自我价值的人，才能在人群中保持独立的人格和思想，客观看待每一段关系，不至于因为急于拓展人脉而用力过猛。

这是一个功利的世界，你缺乏能力，社交技巧再高明，也会被人弃如敝屣。所以，集中精力改变那些能够改变的，专心打造自己，把自己打造成一个优秀的人，一个有利用价值的人。

当然，独处并不意味着不与任何人打交道。只是，在找到适合自己的社交模式之前，别太高估自己，误以为自己会有无比充足的时间可以妥善地处理好所有的人际关系。不妨看看你的通讯录吧——有多少是只存在于社交平台的虚假人脉？

在建立有效社交模式之前，先为人脉做减法。利用独处的时间，专心做可以提升自己的事情，学习更多的技能，成为一个值得交往的人。

第 2 章

摆脱无价值的人脉，停止低效社交

  交朋友虽然不能完全带着功利之心，但绝对不能"来者不拒"。因为许多人不仅不会给你带来帮助，反而会让你陷入麻烦中。远离低效社交的第一步，就是培养社交洞察力，远离无价值的人脉。

  衡量一个人是否有交往的价值，并非以常规的"金钱""地位""才能"等表面条件为标准。西方心理学家在分析人际关系时，常常会提到个概念——"情绪价值"。情绪价值就是你与对方交往时，他是否能够给你带来愉悦感、安全感和被肯定感。

  所以，在选择朋友时，先想想一个问题：这个人是否能够给你的生活和精神带来愉悦和进步？

  如果你在和一个人交往时总是觉得累，又说不上为什么，不妨综合分析一下这段关系，然后再认真考虑一下——你还要不要去消耗自己，维持这段无效社交。

 013讲　人脉价值，拼的是眼光和层次

底层小人物的逆袭

在《红楼梦》纷繁复杂的人际关系里，谁玩得最得心应手？凤姐吗？NO！

在我看来，是两个看似不起眼的人——贾芸和他的女朋友小红。这两个在豪门贵胄的夹缝里求生存的小人物，十分懂得借势。貌似不经意间的显山露水，却能恰到好处地引起"上层人"的注意，得到他们的欣赏，并给予二人高度的信任。

同样是贾府子孙，贾芸的日子远远不能和贾宝玉相比。他年幼丧父，母亲本分老实，如此身世，导致他连私塾都进不了。然而，就是这样一个贾府的底层人物，却在日后成为了大观园的管事，他靠的是什么呢？

贾芸的成功，还要感谢他的势利眼舅舅。一开始，天真的贾芸想让舅舅帮忙，却被一口拒绝了。走投无路之下，他终于意识到：与其找奴才帮忙，不如直接接近主子谋机会。所以，才有了他向贾府的实际掌权人王熙

凤奉送冰片和麝香的一场戏，引得凤姐都说他"有眼色，会说话"。聪明如他，知道凤姐是雷厉风行的性子，不喜人一脸奴相，故而表现得不卑不亢、言语得当。几个回合下来，他终于获得凤姐的信任，拿下了园子负责花草树木的职务。如果他一味地与舅舅、管事们周旋，天知道何年何月才有出头之日呢！

贾府大管家林之孝的女儿小红，可以说是丫鬟中少有的清醒之人。她同样从掌权主子入手，在众多丫头拼命想挤到贾宝玉身边时，她却凭着自己的才干和胆识，成为了王熙凤的左膀右臂，为自己争取到了另一条可靠的未来之路。与之形成鲜明对比的是厨娘柳嫂子，她一心想通过戏子芳官，把女儿柳五儿弄进大观园里当丫头。结果不但没成功，差点连自己也丢了饭碗。

平庸之人缺的是什么？眼光！小红和贾芸都不拘泥于底层小小的天地，也不屑于与周围鼠目寸光之辈为伍。想要获得成功，根本没必要把精力浪费在与"低层次/同层次"之人的纠缠上。因为大家层次一样，谁都没有多余的力量来拉你一把，不拖你下水就算厚道了。所以，要想成为 B 等级的人，就必须向 A 等级的人靠拢，否则就只能与 C 等级的人为伍了。

择高处立，方能向宽处行

我的一位项目合伙人老罗是一家公司的中层管理人员。几个月前，因为一个重大的投资项目，他和上司以及其他参与者产生了分歧。

上司本想把老罗踢出这个项目，不让他参与。老罗考虑了一夜，第二天找到上司："我还是保留我的意见，但请让我留在这个项目里。这是个难得的好项目，我想知道我的问题在哪里。"上司见他态度诚恳，就同意了。整整三个月，他像个摆设一样，没有人过问他的意见，也没有人理会他，甚至提成也没有他的份儿，但他还是认认真真地做着各种方案，参与各项会议。有些关系比较好的同事背地里劝说："你赶紧退出吧，浪费啥时间呢？有大把能赚钱的好项目等着你做。"他摇摇头，却什么也不说。

当老罗和我说这件事的时候，我也没有搞清楚他想干什么。他是一个极度精明的人，绝对不可能花费整整三个月的时间干毫无意义的事情。我没有直接问他，我想看看他到底打算怎么做。

老罗足足当了三个月的"旁听生"，他的认真和坚持让项目参与者们再难忽视他的存在。正好，项目在一个环节遇到了瓶颈，大家都没有头绪。上司破天荒地找到老罗，想问问他的意见。老罗在这段时间里，已经厘清了头绪，专业水平也因为这三个月的"充电"有了很大的提高。于是，他从一个旁观者的角度，提出了自己的看法，让上司不得不心生佩服，请他重新正式回归到项目的参与中来。

眼光的高低取决于你的心性，心性的高低决定了你层次的深浅。什么是眼光？眼光是你认识事物的宽度和广度，层次是你思维上所能达到的深度与高度。一个人的层次，反映在他对客观事物的见识、理解与认知上，同时也蕴含在为人处世、工作生活和待人接物之中。你是什么样的人决定了你所交往的人是处于何种层次的，反过来，当你努力让自己处于优秀者的行列中时，他们也会改变你、完善你。

曾经有过一个共振实验，科学家发现：一个物体的振动频率，能够让另一个物体产生相同频率的振动。

如果你让自己整天处于抱怨诋毁的人群中，那么你的生活也会变得暗无天日；如果你的朋友充满正能量，那么你也会不自觉地想要完善、调整自我。就像老罗那样，坚持以一个学习者的身份留在好项目中，与优秀者一起参与头脑风暴，不仅让自己意识到了之前的不足，更让自己的专业水准得到极大的提升，这种收获是很难用金钱去衡量的。

014讲　洞察品格：揭开人性的阴暗面，当心小人设立的"结界"

有人的地方就是江湖。在这个"江湖"中，武功盖世如你，有时候偏偏会困在某些人设立的"结界"中无法突围，比如小人。小人的结界就像一个黑洞，总会有办法吞噬掉光芒，让本来积极的你，在结界里无法施展你的战斗力。

暗中破坏型结界

前不久，有读者给我留言问我："我明明待人很真诚，把对方当作好朋友，为什么他们不但不用善意回报我，还总是伤害我？"

这个问题，让我想到了曾经发生的一件事。

一次周末同学小聚时，我问老同学小艾为什么没有叫上小米，她们可是从大学时候开始就形影不离的好姐妹。

小艾摇了摇头，告诉我她们闹翻了。原来，小艾准备跳槽到小米所在的公司，那家公司的职位和待遇都很不错，所以她决定放手一试。简历投过去之后，小米还特地发短信来说老板对她挺感兴趣，肯定会有面试机会。但是过了很久，依然没有音讯，小艾就向小米咨询情况。小米告诉小艾，她也不清楚，并惋惜道："你的情况应该挺合适我们单位的，不过我想可能是老板改变主意了吧。"

一次偶然的机会，在新公司上班的小艾遇到了小米所在公司的HR。聊天中，那个HR提到之前的招聘："你的好姐妹小米挺受领导器重的，老板就从她那里了解你的情况，她说你并不适合这个岗位，所以老板就没有

第 2 章
摆脱无价值的人脉，停止低效社交

让我给你面试的机会。"

小艾告诉我，听了 HR 的话，她觉得内心在淌血："我到现在都不敢想象，我这么多年的好朋友会做这样的事情。"

生活中确实有这样的人：你对他以诚相待，他回应你的却是猜忌、怨恨，甚至陷害。

在我特别喜欢的日本作家东野圭吾的小说《恶意》里，就讲述了一个令人心生寒意的故事：野野口和日高从小就是最好的同学。日高家境优越，才华横溢，为人热情、善良，对出身不够好的野野口不仅没有丝毫嫌弃，还不遗余力地给予帮助，帮野野口保守见不得光的秘密，连野野口的工作，也是他帮忙联系的。

那么，野野口是怎么"回报"日高的呢？

他设计了一个极其阴险的阴谋，杀死了日高，还让外界认为是日高剽窃自己的作品。他不仅冷漠地夺走了日高的生命，还极力抹黑日高的人品！

看，在许多人友善的外表下，隐藏着令人生畏的黑暗面。如果你不能从对方的行为上进行判断，那么迟早有一天会成为他的攻击对象。

毒舌打击型结界

"你穿得这样怎么好意思出门？就跟个村姑一样。"当你打扮得漂漂亮亮准备出门时，合租的朋友给你来上这样一句，是不是觉得一口"老血"堵在胸口？

在银行里，你去柜台上填错了单子需要重新填，身边人就给你来一句："你看看，你看看，我就知道你又搞砸了，你脑子进水啦？"

出去旅游，全程的攻略都是你做的，好友做全职甩手掌柜不说，一旦有地方没有衔接好，就在一边说风凉话："所以说，还是要跟懂得安排的聪明人出来比较省心。"

……

在生活中，你可能常碰到这样的人。他们常常标榜自己"直肠子""真性情"，仿佛所有脱口而出的伤人话都是无心的，并且还打着这样的旗号："我跟你关系好才坦言相告，换作其他人，才懒得说你呢！"

这一类人行走江湖最擅长的招式就是"毒舌功"——以最让你不快的语言批评你，字字"诛心"。毒舌的人总是要显得比你老练，经常用冷嘲热讽的方式来宣泄情绪，而你如果不能及时突破恶语的结界，就做好被坏心情吞没的准备吧。

爱占便宜型结界

"老赵，你家离那个特卖会很近吧，帮我买几双鞋吧。"——你眉头一皱，喃喃自语道："买一双就算了，你还要我买几双！"

"哎呀，我支付宝里又没钱了。这顿午饭你帮我付一下，我回去就给你钱。"——你想说的是："老兄，我已经帮你垫付了N次钱了，你先给我把之前的钱还了再说！"

"小王，今天再帮我带个饭吧，我实在没空去买了，真是太忙了。"——你想说的是："就你没空，我闲着没事干天天替你免费充当外卖小哥咯！"

……

是的，你很不乐意，但终究没有说出口。

你是不是觉得自己特别没用？每次碰到这样的事情，为什么不能拒绝？那是因为爱占便宜型小人的结界力量很大，他们让你帮忙的都不是大事，全是举手之劳，以至于你很难迅速想出合理拒绝的理由。进一步说，我们从小就被父母长辈灌输"乖孩子"的顺从思维模式，这种思维模式加强了小人结界的力量，所以我们虽然厌恶这种禁锢，却无力打破它。

情感操控型结界

这种结界的段数更高,尤其是自恋者爱用的手段。比如,一个没有什么背景的小职员初进职场,不巧又遇到喜欢倾轧新人的老员工,正不知如何是好时,上司伸出了援助之手。手法老辣的上司帮小职员解决了一个又一个难题,小职员自然感激不尽。后来,上司把小职员安排在掌管财务大权的职位上,并用恩情来操控,以为自己牟取私利。虽然小职员知道这不对,但当上司说出"我为你付出这么多,你却总是让我失望"时,他就狠不下心来拒绝。

这种结界很可怕,因为这类操控者往往有一定的社会地位,且有很强的洞察力,总是会在别人最需要帮助的时候出现,然后用别人的内疚感来达到目的。

当你发现,身边正环绕着这些"负能量发散体"时该怎么办呢?答案只有一个:增强自身正能量以突破结界。当然,远离这些人并不是让你憎恨他们,最好的回馈就是:更好地修炼自己身心的同时,结交那些能够让你变得更智慧、更阳光的朋友,用正面力量来塑造自己不可侵犯的形象。当你的气场足够强大、性格足够坚忍时,负能量的小人们自然而然会绕过你,去寻找下一个侵蚀目标了。

015 讲 分析性格:远离情绪易失控的人,就是远离麻烦

在警察老费的眼里,小亚是个标准宅女。她的房间里最醒目的就是一台电脑,电脑上贴满了便签纸,"记得打电话给干洗店""电视机要修了,

要打电话给修理工""晚上11点要在微信上和爸爸联系"。桌上摆放着的是各种外卖电话、电话导购目录，上面用笔圈圈画画。

老费一边往屋子里走，一边仔细搜索着信息，还得时刻留意地上的各种拖线板和电线，以及散落一地的玫瑰花瓣。他抬起头来，窗边的帘子被风吹起来，帘子上的带子似乎有些异常。他凑上前去观察片刻，嘴角露出了一丝微笑。回过身来，尼克尔看着地上小亚的尸体，轻声说："我知道你是被什么勒死的了。"

通过对小亚电脑里的聊天记录进行分析，老费发现她与一名有暴力前科的男人交往甚密。两人最近一个月几乎每天都聊天，根据前天的记录推测，这个男人昨天应该就在现场。没过多久，男人被抓捕归案，证据确凿之下男人坦言，是他杀了小亚。

这个男人名叫阿C，目前是无业游民，他和小亚在网上认识。他表示，自己还是挺喜欢小亚的，觉得她很单纯，而且很孤独。前天是他们第四次见面，就在小亚家里，两人一开始聊得挺愉快，但慢慢地，阿C觉得小亚有点看不起他，这令他恼羞成怒。

"为什么这样说？"老费问道。

"因为她不肯和我出去吃饭，总是让我吃些难吃的外卖。"阿C撇撇嘴，抱怨道。

"所以你就杀了她？"老费难以置信。

"我们后来争吵了起来，我只是想让她好好地看着我说，但她就是不肯……就是不肯……"

"你知道吗？小亚从来不出去吃饭，她愿意请你在家里吃饭，就是因为她把你当成她真正的朋友。"老费怜悯地看着面前双手抱头的男人。

萨特曾经说过："情绪像是介于人和其所处环境间的转换器，对一个伤心的男人来说，天空总是在下雨。"

表面上看起来，这个男人是出于一时的冲动杀了小亚，但真的可以仅仅用他当时缺乏理性来说明他的行为吗？

如果将他的情绪置于特定的情境下，就会发现任何一种情绪的产生都不是毫无道理的，情绪与性格息息相关，甚至可以说就是性格的产物。心理研究表明，任何人都会有意或无意地表现出自己的性格特征，这些性格特征会明示他（她）是什么样的人。我们的性格特点、情感表达和人际关系模式多半来自成长经历和家庭环境的影响。案例中的阿 C 与小亚在网络上交往，他可以自由自在、毫无拘束，因为小亚并不清楚他的过往，也不需要知道他是怎样的一个人。然而，阿 C 压抑在深层次的自卑感随着两人的见面显露出来，因为他长期的不自信，使得两人现实中的交往成为了激发他情绪爆发的诱因。

那么，究竟有哪些性格类型？我们在人际交往中，又该如何通过分析性格来辨别哪类人的情绪容易失控呢？心理学家们提出了 A、B、C、D 四种性格类型。

A 型：个性好强而独立

他们天生自负，缺乏耐心，容易对权威产生挑衅心理，处理事情毫不拖泥带水，有很强的决断性，高层领导和企业家往往会是这样的性格，对他们来说，浪费时间就是浪费生命。这个类型的人，一般不会因为小事而产生不良情绪，他们懂得就事论事，偶尔的情绪失控也是为了解决当下的问题，或者是展示自己的权力。

B 型：个性乐观而富有耐心

这类人一般很难与人产生争执，因为再紧迫的事情在他们眼里也并没有那么紧急,他们崇尚安逸的生活方式。这样的人往往朋友很多,活泼风趣的性格让他们很容易就能与他人建立起感情纽带。这样的人,情绪一般较为平稳,即使遇到矛盾,也没有攻击性。

C型:抑郁内向型

这类人比较喜欢关注细枝末节的事情,对事物很敏感,喜欢独自一人,平时沉默寡言,一旦需要与人互动就容易退缩。对自己和他人都很严苛,但一般不会轻易对别人的行为指手画脚,可是,如果超过了自己可以承受的底线,就会发生极大的情绪波动。

D型:冲动型

这类人崇尚权威,是经验主义论者。这类人占人口总数的21%,内心并不自信,也很难敞开心扉与他人产生愉快的交流。常常被压力困扰的他们,是情绪容易失控的人群。

通过对交往对象进行简单的性格分析,有助于我们避免踩到对方情绪反应的"地雷"。当然,这并不是让我们随意地给他人的性格贴标签。了解一个人的基本性格,只是帮助我们判断交往对象情感表达的一个辅助手段,而情绪本身就具有社交性,如果能够掌握其中暗含的密码,将能在我们与他人的沟通互动中,起到十分积极的作用。

016讲 把握动机,从每一个行为中看出对方的真实目的

有的人不善表达,却是冷面热心;有的人看似热情友善,却未必真的

第 2 章
摆脱无价值的人脉，停止低效社交

愿意与你交流；有的人虽然喜欢批评你，事实上内心对你欣赏有加；有的人对你连连夸赞，背地里却不一定认可你。人与人的交流并不是"1+1=2"的算术题，在社交场上，人的语言、行为很容易与内心想法背道而驰——伪装，是大多数人的社交艺术。

心理学家荣格曾提出了"人格面具"一说，他认为每个人都有无数个侧面，而且人们很擅长利用各种面具掩盖自己的内心，以获得某种利益。在各种"面具"的"掩盖"之下，我们很难简单地根据表面行为来判断一个人的真实目的。

善于掩饰，是成年人的生存法则，却也是我们在社交中洞察一个人的阻碍。那么，如何通过可行的方法判断一个人与你交往时的真实意图呢？

一个人的语言和行为，都取决于他的动机，再高明的人，也无法完全隐藏自己的动机。所以，要想看透一个人，别听他说什么，也别光看他做什么，要透过一些难以察觉的细节，看他为什么这么做。

电影《伊丽莎白》中有这样经典的一幕：

沃辛厄姆爵士走上前，抱起面前的男孩，柔声问道："知道爸爸在哪里吗？"懵懵懂懂的小男孩睁着大大的眼睛，摇了摇头，但在低下头之前，眼睛向左边瞥了一下。

沃辛厄姆放下男孩，不动声色地走到左边的壁炉前，转动了炉台上唯一的装饰品——花瓶。轰隆一声，壁炉移开，男孩的父亲、伊丽莎白女王亲自下令通缉的要犯和他的属下，都惊恐地看着站在壁炉外面的沃辛厄姆爵士，一脸绝望。

在现实生活中，你是否也想能够像沃辛厄姆爵士那样，把握住对方一闪即逝的面部表情，从而识别出其真实的心理活动呢？

其实，即使再会伪装的人，也总是会通过某些无法掩饰的反应来泄露真实想法，这些反应不仅仅局限在面部表情上。一般来说，微妙的反应包括三方面的内容：微表情、微动作和微语义，微表情和微动作又被统称为微行为。

微表情，顾名思义，主要是指不易察觉的面部表情，这种表情往往不受当事人控制，是一种下意识的反应。心理学研究表明，微表情是内心流露与掩饰，通常发生在五分之一秒的时间之内。比如，当你对着朋友滔滔不绝地介绍着自己新买的手机时，发现对方嘴角一侧抬起，似乎是在笑，然而他此时的心理活动应该是："这有什么好炫耀的。"

我有一个当刑警的朋友，他曾研究过一段时间的犯罪动机心理学，他发现，这对他在破案时十分有利。比如有一次，他一直找不到突破口。在梳理案情时，突然想起那个犯罪嫌疑人的母亲在回忆女儿的行踪时，没有出现眼球向左下方转动的表情，而只有撒谎时才不需要这个回忆的过程。另外，整个过程中，这位母亲一直盯着警察看，她是为了判断警察是否相信她所说的话，而如果她确实是陷入回忆中，是不会出现这种情况的。由此，警察判断，嫌疑人的母亲是女儿的共犯，口供都是事先就商量定的。

最后的调查结果表明，他的推断完全正确。

微动作是一种身体语言，同样能让我们发现蛛丝马迹。微动作包括身体的姿势、手势，甚至粗重的呼吸。我们可以试着了解各种肢体语言——包括手、脚、脖子等身体各个部位的细微变化所分别代表的具体含义。比如，当一个男人和你交流时，突然把手指放在鼻子上揉，很有可能他就是在撒谎，因为生理学表明，当男人撒谎或者心虚时，鼻子里的海绵体会发痒。

又比如，一个人双手合拢，从上往下压，表示他想让自己平静下来；双手交叉在脑后，双肘向外，表示他在跟你交谈时很自负；双手平静地放在背后，表示他具有优越感；两个食指并在一起放在嘴边，与其余手指形成一个锥体，表示在你说话时，他已做好了拒绝的准备。

微语义被认为是更准确的判断原则，因为大量研究表明，无论是微表情和微动作，通常会有猜测之嫌，但语义则不然，因为它是被直接表达出来的。因此，我们第一步需要做的就是学会聆听，从词语的选用、音调、语序的排列上面，都有值得我们注意的地方。

举例来说，如果你问同事："查理，你帮我预订了明天飞往洛杉矶的机票了吗？"如果查理的回答是："你是问明天你飞洛杉矶的机票有没有预订吗？"那么你就可以知道，他没有预订。重复问题是一种试图通过拖延时间来思考应对答案的常见手段，完全是下意识的。再比如，如果你的朋友并不想对你说真话，那么他在对你描述时，只能按照虚构的顺序说，如果你突然问他其中某个细节，他就必须从头描述起，而无法倒叙，也无法从中间开始进行。

"冰冻三尺，非一日之寒。"一个人的洞察力和判断力不是一朝一夕能够练成的。想要练就这样的能力，就要在日常交往中习惯性地去留意一些别人意识不到的细节。

历史上许多厉害的人，都具有识人之才。比如曾国藩，他很早就断言，自己的学生罗泽南可以委以重任。后来，罗泽南果然不负众望，成了战功赫赫的一代儒将。

曾国藩具有怎样的"异能"？他怎么能如此笃定地判断罗泽南是经天纬地的大才呢？

事情是这样的：他的三名弟子在新上任时曾去拜访他，经过一番交谈后，曾国藩立即通过各自的言谈举止对三个人进行了评价：第一个弟子，低眉顺眼，言辞谨慎，温和耐心，看得出来十分细心，适合文书工作；第二个弟子，极善诡辩，言辞犀利，但是目光游移不定，曾国藩判断他虽然才气尚可，但为人诡诈，不可重用；第三个弟子，说话铿锵有力，眼神坚定，气度不凡，举止儒雅，看得出为人才高而持重，是值得托付重任的人才。这第三个弟子，就是后来功勋彪炳的湘军名将罗泽南。

曾国藩的识人技巧其实十分简单，他只不过格外留意细节，在交谈中不只用耳朵听，还用眼睛看，用心琢磨、判断。

他非常清楚，那些别人说给他听的内容，未必是完全真实的，要判断一个人，还得结合言外之意、话外之音：他的语言是谨慎还是诡辩，他的语气是坦然还是怀疑，他的眼神是坚定还是飘忽，他的动作是坦荡还是闪躲。结合"听"与"看"，就能对对方的性格有个综合性的初步了解。

017讲　感受态度：过分亲昵，也可能是"暗藏杀机"

深夜，泛古堂。

伙计二奎和老板佟奉全一左一右站在沈老板后面，两人互相对视了一眼，又同时看向沈老板。

"二奎！你说你，也不知道给沈老板掌灯，快去！"佟老板招呼自己的伙计。沈老板不耐烦地抿了下嘴，没说什么，继续小心翼翼地审视着手中的龙泉青瓷小尊。二奎举着明晃晃的油灯站在一旁，大气也不敢喘。

当沈老板的眼神对准了其中一个角落时，佟老板一个眼神，二奎立马上前："沈老板，您看仔细了，我给您掌个灯。"沈老板被强烈的光线晃得直眨眼，但人家一片好意，也不好说什么。

故事发展到这里，大家是不是已经猜到佟老板为什么要这么做了？

第 2 章
摆脱无价值的人脉，停止低效社交

是的，这件古董是残品。精于高仿的佟老板亲自把这件东西给复原如初，为的就是报复沈老板曾经对自己的陷害。接下来，这场博弈就到了关键时刻。

就在沈老板凝神静气准备再看时，佟老板突然又凑上前，笑着说："沈老板，要说这个东西完好无瑕呀，那也不全是，这里就有点小毛病。您看这里头有块釉啊，有点儿薄。"

"哪儿呢？"沈老板仔细打量。

"哎，还真是，哪儿呢？一到晚上还真瞧不清楚了。不过您哪，还是瞧仔细了啊。"

沈老板连连点头，继续看。

3秒钟后，"沈老板，要不，您先喝口茶？二奎，倒茶！"

放下了手中的龙泉尊，沈老板沉思片刻，拿定了主意。

"沈老板，说实话，如果您这时候说不要，我心里才高兴呢。"佟老板压低了嗓子说。

"一万三，我要了。"沈老板坚定地打断了佟老板的话。

沈老板由于得物心切，结果陷入了佟老板精心设计的骗局里。后来，日本老板来看过货后，一句话没说就离开了。沈老板觉得事情不对，于是又拿着这个龙泉尊仔仔细细查看，这一次他终于发现，原来龙泉尊的一个爪是被人为粘上去的。这下，沈老板彻底绝望了。

心理学研究表明：在正式的谈话中，由于人处于紧张状态，注意力高度集中，思维也很活跃，此时的心理防御级别是最高的。佟老板的殷勤伺候、软语相迎，为的就是打破这种严肃沉默的气氛，降低沈老板的警惕性和戒备心；又用掌灯、倒茶等看似讨好的手段达到分散沈老板注意力的目的。

适度迎合和讨好是心理咨询上的惯用方法。我在做心理咨询时，会遇到许多防御性特别强的来访者，这时候，就必须采取一些相应的手段，否则，咨询很难顺利进行下去。为了降低来访者的抵抗心理，我会有意地配合对方所说的话。这样亲昵的态度通常十分有效，它会使来访者逐渐卸下紧张感，愿意敞开心扉，配合我的引导、干预和治疗。

换个角度来讲，在日常交往中，那些对你极力赞美或是随声附和的人，不一定真的打心底里认可你，他们极有可能是想让你接受他的某种观点或是顺从他的某种意愿，以达到自己的目的。这种目的是好是坏暂且不论，但只要你的注意力从对他人的关注上被分散，就很容易丧失理性的判断，改变原有的坚持。

比如，你去商场买衣服，导购小姐肯定会对你百依百顺，又是夸你长得漂亮，又是说你气质出众；无论你试穿哪件衣服，无论衣服是否适合你，她们都会表现得十分惊喜："这件衣服简直是为你量身定制的，完全展现了你身材的优点！"很显然，对方的迎合和赞美的目的就是为了把衣服推销出去。这时，你不妨在表面上接受赞美，但绝对不能因为"耳根太软"而昏了头。否则的话，你就只能因此而买一大堆完全不适合自己的衣服回家。

没有无缘无故的爱，没有毫无理由的赞美。不要被别人的表象所迷惑，大多数的殷勤都有着深层次的原因。在人际交往中，随时保持清醒，对自己有个客观的认知，再结合具体的情况，分析对方的亲昵是出自何种目的。

018讲 判断契合度：交一个"负价值"的朋友，等于白奋斗十年

为什么我们总是计划得很完美，但永远无法执行？

为什么我们总是告诉自己要抵抗诱惑，但永远无法做到？

为什么我们很想努力，却还是站在原点？

原因很简单，看看你身边的人——他们是在帮你还是在拖累你？

我常跟身边的朋友说一句话：不会选择朋友，还不如不交朋友，因为交一个拖后腿的朋友，你可能会白奋斗十年。这句话可能有些夸张，但并不是毫无道理。有些朋友是带给我们正面价值的，这样的朋友能够支持我们的理想，陪伴我们一起进步；有些朋友虽然不一定能带给我们多大的帮助，但会带给我们"情绪价值"，让我们感到愉悦和满足。但我们的身边总有一些人，不仅没能带给我们正面的启示，还有可能让我们退步，这样的人，我们称为"负价值"朋友。

我公司的公关部经理杨小姐就深刻地体会到了什么叫"损友拖后腿"。

每天早上，袁小姐见到杨小姐的第一句话就是："今天中午吃什么啊？"或者"周末去哪儿嗨？"她俩是一个办公室的同事兼闺密，杨小姐由于产后肥胖，一直暗自下决心要减肥。但只要袁小姐一说："听说旁边又开了一家火锅店啊，看起来不错哦，要不下班后一起去尝尝？"杨小姐就克制不住自己的口水，两人便一拍即合，冲过去大吃一顿。吃完，杨小姐就开始后悔："一定要管住嘴，再也不能动摇了。"她每次都这样对自己说，但每次都输给了身为吃货的袁小姐。

美国权威神经学家研究发现，我们的大脑每天都会有两个声音在博

弈：一个受欲望驱使，叫嚣着要及时行乐、任性妄为；另一个则很理性地告诉我们要克服冲动、目光长远。理性和欲望就在我们大脑的天平两端，时刻地抗衡着。

对于每一个个体，诱惑都会让人摇摆不定：即使知道自己很胖，该减肥了，但看到美味的食物时，这两股力量又会开始互相对抗。如果这个情境中没有任何"外力"的干涉，理性还是能够偶尔战胜欲望的，而且从概率学来讲，胜率大概有50%。但是，一旦像杨小姐一样，有人替你在"欲望"的一端加上砝码，那么这一瞬间，理性就会毫无胜算。

在这个时候，你身边朋友的态度就至关重要。

最近，杨小姐终于减肥成功了，于是大家都向她请教方法。

原来，她下定决心，去一家以瘦身效果显著而出名的SPA店办了卡。店长接待她的第一天就告诉她："如果你能完全按照我们说的方法去做，我保证你可以减10公斤！"杨小姐表示，自己一定照办。

接下来的日子，店长安排了两位美体师专门为她服务，并为她制订了严格的减肥计划。美体师会关注她的一日三餐，她必须每天汇报自己吃了什么，每三天要到店一次，测体重、量脂肪率，同时做普拉提、健美操等运动，以及按摩、瘦身SPA等美体项目。同时，店长还介绍了几位与杨小姐身材状况相近的顾客，一起组团，成为减肥队友，相互鼓励。

美体师会经常发送短信提醒她不要吃高热量的食物，"队友"会每天跟她交流卡路里摄入量和运动量，相互督促。两周过去，在SPA店工作人员的严密"监视"和队友的陪伴下，她已经减掉3公斤。每当她减掉1公斤，会员墙上她的头像下面就会贴一朵红花。看着墙上众多胖女孩的照片，杨小姐感到了强大的动力。虽然袁小姐还是一如既往地在她旁边品尝美食，但她已经可以克制住自己的食欲了。

两个月后，她成功甩掉11公斤，成为了当季的明星会员。

美国斯坦福大学心理学家凯利·麦格尼格尔教授在《自控力》这本书里给出了增加意志力的方法。包括明确动机、确定目标，以及知道自己"不要"什么。那么，我们在这里就可以说，"不要与没有自制力的人"交友，这点至关重要！

我在国外做调查时发现一个现象：一些世界名校还把人际交往中的契合度考虑到了学生的宿舍分配上，新生在入学时，会填写一张表格，里面的问题包括"有什么兴趣爱好""生活作息如何"，这样就可以让新生按照兴趣爱好和生活习惯选择室友、分配宿舍，而不是单纯地按照学号、专业来编排宿舍。据调查，被这样分配宿舍的学生之间很少发生矛盾，相处得非常融洽。

如果你是一个有奋斗目标的人，那么就不要选择一个贪图生活安逸的人做朋友，因为那样只会让你逐渐丧失斗志，变得贪恋享乐。杨小姐在 SPA 店能够减肥成功的原因是：她到了一个只以减肥为终极目标的群体里，无论是店长、店员还是顾客，都在向着这个目标奋斗。在 SPA 店里，杨小姐从有着共同目标的人群中获得了归属感和凝聚力，因此她才有足够的力量可以对抗外界的诱惑。

019 讲 衡量可信度：所有不重视承诺的人，都会自私地侵吞你的利益

如果让我和我的同伴们对半年前的日本之旅给个评价的话，我们会异口同声地说："等张小姐！"

我们都非常后悔，结伴出游时居然叫上了她！

是的，这个张小姐在整个行程中没有一次是按照规定集合时间出现

的,不是在景点拍照迟迟不肯出来,就是在购物店忘我地买东西。很多团友都向导游抱怨张小姐浪费了大家的时间,但无论导游怎么和张小姐沟通,她总是口头上答应,行为上仍然我行我素。

回程的日子终于到了,拎着大包小包的张小姐已然成了孤家寡人,没有人愿意搭理这个只顾自己开心的女人。安检前,导游反复叮嘱大家一定要把无法随身携带的东西托运,否则会很麻烦,大家纷纷检查自己的物品。导游特意绕到张小姐面前,问她是否还有需要托运的物品,赶紧拿出来,她表示已经都托运了。导游心想应该不会有什么问题了,结果就听到安检人员指着一个小行李箱问是谁的。导游脑袋"嗡"的一声:"天哪,是张小姐的行李!"他赶紧冲过去询问情况,原来张小姐的行李箱里有规定不能携带的充电设备,只能安排托运或邮寄。

导游来不及质问张小姐。他看了看手表,已经没有时间托运了,只能抓紧去办理邮寄手续。大家都用责备的眼光看向张小姐,她却满脸不愉快地说:"为什么不能帮我去办托运?我下飞机还要用呢!这是什么规定?"时间一分一秒地过去,大家都紧张地看着安检口,就盼着导游赶快回来。

终于,临到飞机即将关门时,导游才满头大汗地赶回来。

当然,这次旅行也让我更加深刻地明白了一个道理:衡量一个人是否值得结交有许多方面的因素,而"信用"是最关键的一条。现在的人常说的一个词,就是"靠谱"。没人会愿意和不靠谱的人发生任何联系。在人际交往中,即使你一无所有,至少要做到不给别人添麻烦。

古人提出"急与之期而观其信",就是一种识人方法——给对方设定一个紧急期限,以考验他是否守信。真正遵守承诺的人,即使事态再紧迫,他也会努力履践自己的诺言,而这样的人才是值得信赖、值得托付的。

在我的公关培训课程上,我给学员们分享过这样一个故事:

第 2 章
摆脱无价值的人脉，停止低效社交

有一个已经通过面试的求职者，向一所世界级知名企业递交了自己的入职申请，所有材料都审核通过了。招聘方给男孩发来一封邮件，里面是关于是否愿意参加网络测试的询问书。这个测试是由招聘方发来试题，男孩直接在电脑上做题，然后提交即可。男孩回复说自己愿意接受测试，于是第二天一早就收到了邮件。这是一份专业技能方面的试卷，男孩花了90分钟完成了试卷，提交后发现没有收到确认信息。他反复点击"确认"按钮，但系统都没有反应。

男孩的女朋友提出了质疑："这个测试该不会是假的吧？哪有通过了审核还需要再测试的？"谁知第二天，男孩又收到了一封邮件，招聘方为昨天的事情表示道歉，说可能是系统出了故障，希望男孩今天再做一次试卷。

男孩回复说自己愿意再试一次，于是一切都和昨天一样，做题、提交，可是还是不成功。男孩的女朋友已经有些生气了，觉得招聘方在要弄自己的男朋友，不同意男朋友继续做题。但是男孩表示，自己既然答应了对方，就一定要做到成功提交为止。接下来，整整6个小时，男孩又做了4张试卷，直到最后一张做完，已经是晚上6点，试卷终于递交成功。

第二天早上8时，招聘方打来电话："恭喜您通过了我们对您综合素养的测试，您被录取了，并获得了成为我们企业管理储备生的资格。"

试想，一家世界名企的测试系统怎么会反复出问题呢？这个测试的设计就是要考察申请者是否能够在逆境中依然遵守自己的承诺，是否有这份责任心一再地尝试，直至成功。

后来才知道，当年这个企业只给出了两个"管理储备生"的名额，男孩是其中之一。

这家企业的入职测试系统通过衡量一个人的可信度来安排人才资源，同样，我们在与人的交往中，也应该在心里植入一套"社交检测系统"，用于评价所有与你打交道的人——对方是否值得信赖，适合成为你的酒肉朋友还是莫逆之交？当你结交的朋友能够重视承诺，有着忘我的精神，他们将会对你的精神、品质、思想、眼界带来巨大的影响，使你从骨子里变得更加优秀。

第 3 章

核心人脉的困境：失控的亲密关系会产生人际焦虑

无效的交往模式一旦开启，会让你最亲密的人际关系最先产生危机——而这些亲密关系，往往是你的核心人脉。

如果你没有意识到这一点，那么这些原本在你的人脉圈担任"核心角色"的人，反而会成为你最大的困扰。家人、情侣、朋友、闺密、同事……这些我们朝夕相处、毫无戒备的人，反而可能会成为我们烦恼的根源。

在亲密关系中，我们既扮演着受害者，也可能是施压者。情感绑架、过度依赖、越界干涉、人际操纵……这些都会让亲密关系陷入烦恼之中，令人无法摆脱，难以疏解。

我们不可能像远离无效人脉一样斩断亲密关系。在处理亲密关系时，我们需要更谨慎的态度、更周全的技巧，才能使关系不失控，维系更稳定、更具价值的核心人脉。

020 讲　适度依赖：最稳定的人际模式

"林老师，您说，为什么我明明是为他好，但他却离我越来越远？"

"林老师，我感到很迷茫。为什么我明明想要融入大家，最后却依然是一个不合群的人？"

"为什么我总是充满了不安全感和无助感，常常患得患失？"

……

在来找我进行心理咨询的来访者中，每个人都会碰到种种不知所措、疑惑不解的情况和问题。他们总以为是自己的沟通出了问题，于是学习各种沟通技巧，也学着从他人的角度考虑问题。但是，这些问题却依然如影随形。

问题的根源究竟在哪里？

其实，无论是沟通方式也好，换位思考也罢，都并不能从根本上帮我们解决人际关系中存在的问题。我们与他人相处的方式，都带有原生家庭的烙印，尤其在较亲密的人际关系中，我们的相处方式取决于双方的依恋模式，而依恋模式又与我们成长的环境、心理状态息息相关。

接下来，让我们看看你属于哪种依恋模式？

在心理学中，依恋模式是以回避和焦虑两个维度进行划分的。所谓回避，就是指人们在建立依恋关系时，彼此之间所能相互接纳的程度，这个程度会直接影响亲密关系，决定双方是否能够有足够的信任度，是否能在相处时感到轻松自在。如果回避程度高，那么这段关系的焦虑度就会高，容易让人感到不安，比如害怕伴侣、朋友、亲人会离开自己；如果回避程度低，那么这段关系让人产生的焦虑感也较低，舒适度自然会更高。

根据回避和焦虑这两个维度的变化，可以分为四种依恋模式：

安全型——回避和焦虑指数均低；

疏离型——回避指数高、焦虑指数低；

无助型——回避指数低、焦虑指数高；

恐惧型——回避和焦虑指数均高。

这四种模式中，除了安全型以外，其他三种类型都不是积极、健康的关系模式，都充满了焦虑和不安。比如无助型，往往是那些"痴情人"的交往模式，他们非常渴望与人建立亲密关系，但由于内心充满了不信任感，导致自己总是"想太多"。陷入这种依恋关系的人会十分多疑，会因为自己的付出与回报不对等而情绪失控。

疏离型模式正好与无助型模式相反，这种模式的人对亲密关系十分排斥，导致关系的僵化；恐惧型模式则是兼而有之，在亲密关系中既渴望得到，又患得患失。

在一段关系中，如果你总是对负面情绪采取拒绝和回避的态度，那么很有可能建立的就是疏离型依恋关系；如果你太过关注对方对自己的态度，过度寻求认同，那么你已经陷入无助型依恋关系之中了。当你内心十分渴望对方的认可和关注，却又因为害怕得不到回应而故意对其冷漠、无视，那么你就要考虑是否需要改变一下你的恐惧型的依恋方式了。

第 3 章
核心人脉的困境：失控的亲密关系会产生人际焦虑

无论是无助型、疏离型还是恐惧型依恋模式，都意味着不稳定、不安全的社交关系。

与我进行远程合作的一家美国的心理咨询中心，进行了一项针对亲密关系的研究。研究选取了 90 对夫妇作为样本。研究发现，当丈夫和妻子建立的是高度非安全型依恋模式时，出现家庭暴力的比例最高。

我们在对这些样本的依恋类型、行为模式和各项数据进行比对之后得出了结论：这是因为当在一段亲密关系中极度缺乏安全感时，往往会使人产生强烈的占有欲，渴望通过控制对方来获取内心的安宁。因此，要防范冲突和暴力的发生，安全型的交往模式是唯一的出路。

那么，我们该如何回归安全型的依恋模式，如何建立既亲密又相互依恋的人际关系呢？

看看自己与父母的关系如何。父母是最早与我们建立亲密关系的对象，我们与父母之间建立的依恋模式会极大地影响我们成年后的交往模式。如果一个人在儿时得到了父母足够的关注和照料，那么他很少会将自己的喜怒过度地托付给他人，也很少会有被抛弃的恐惧。与之相反的是，那些和父母关系疏离的人，往往有着不怎么愉快的童年经历，他们很难对他人产生适度的依赖和信任，不是过度疏离，就是过度依赖。

因此，我们想要建立积极稳固的依恋关系，首先就要解决我们与父母之间存在的问题。只有在源头上打开我们的心结，我们才有可能找到真正解决人际交往障碍的"金钥匙"。

 021讲 我们是怎样毁掉亲密关系的

火车上，母亲和孩子。

孩子跪坐在位子上，整个人趴在窗沿上，看着窗外飞驰而过的景色，水杉、田野、山脉。他歪着脑袋靠在自己的小手臂上，用另一只手在窗上画着，孩子嘴里咿咿呀呀地说着什么。

孩子的母亲手里紧紧抱着旅行包，两眼无神地望着窗外，眉间紧紧地纠结在一起。

这时，孩子转过身来，拉了拉母亲的衣袖，说道："妈妈，你快看啊，山上的太阳好红啊，云都是红的。"母亲回过神来，懒懒地抬起眼帘扫了一眼红得惊心的太阳，没有出声。

过了一会儿，孩子又转过头来说："妈妈，看呀，那边水塘里有头牛呢，它在喝水吧。"母亲这次终于有了反应，她把孩子一把拉下窗台："你给我端端正正坐好。"她拍了孩子一下，不耐烦地抿了抿嘴。

孩子噘起嘴，眼睛盯着地上。可是过了一会儿，他又轻轻地哼起了儿歌。母亲终于侧转过身子对他嚷道："你给我安静会儿行不行？我烦都烦死了，你真是和你那个没用的爸爸一样，只会用些莫名其妙的事情来烦我！"

孩子被母亲吼叫的声音吓住了，眼眶红红地说："呜呜，我要爸爸，我不要妈妈了，我要爸爸！"母亲彻底发狂了："你还叫！我让你叫，让你叫！"母亲把孩子一把拉下座位，让他趴在位子上，手狠狠地打在孩子的屁股上。

一时间，只听到母亲歇斯底里的骂声和孩子痛苦的哭喊声。旁边的乘

第 3 章
核心人脉的困境：失控的亲密关系会产生人际焦虑

客看不下去，纷纷来劝解，可是母亲对旁人叫道："我教育我自己的孩子，你们多管什么闲事？"说着，她一手拎起孩子的后领，一手抓紧自己的皮包，孩子一边抽泣一边被母亲推搡着往洗手间走去。

在原生家庭中，我们每个人都渴望父母能够给予我们温暖、及时的回应以及足够的注意力，让我们感受到爱与快乐。但事实上，很多人在未成年时，体验到的却是痛苦和失望，而这一切往往又由于是父母之间紧张的亲密关系带来的连锁反应。

案例中的母亲，很明显与丈夫的关系十分紧张，她独自一人带着孩子出来，可内心充满了焦虑和对未来的恐慌，这种情绪在面对孩子的懵懂无知时爆发出来，母亲将对父亲的怨恨发泄在了无辜的孩子身上。可以想象，在这样环境下成长起来的孩子，又如何能够懂得与他人建立安全的亲密关系呢？在他的世界里，亲密关系只意味着忽视和暴力。长大后的他，极有可能会与他人建立起痴迷型、疏离型甚至恐惧型的依恋关系。

作为成年人，我们在人际交往中，总是会下意识地寻找那些能够让我们重复体验与孩童时依恋感觉相似的人，而这恰恰是危险的源头。

人格发展理论认为，成人的心理状态很大程度上是童年的映射。这一点也体现在对我们人际关系的态度上，尤其是对亲密关系的处理上。从非安全型家庭关系成长起来的人，他们所追求的亲密关系往往是为了弥补孩童时期内心渴望的缺失。有的会选择与他们有着类似经历的人，因为他们认为这样彼此可以更好地理解对方；有的则会选取那种在安全型家庭中成长起来的人，他们认为这样可以补足自己的心理缺憾，让自己获得重生。

然而，事态的发展往往与预期相反——一旦人们把所有的希望都寄托在与之建立亲密关系的人身上，事情就会变得非常复杂，乃至于不可控制。

022 讲　过度依赖：当心人际关系中的陷阱

曾经有个老中医，儿女都在国外，他独自一人守着一个药铺，身边只有一个助手。这个助手为人非常机灵，平常主要就是帮忙打扫药铺、誊写药方、清洗工具等。助手除了做好本职工作，就是对老中医嘘寒问暖，没事也会想方设法和老中医聊聊天。时间一长，他的药铺和日常生活都由助手打理，老中医也完全习惯了助手的存在，自己只负责配药方里最后那一味药。他觉得这个助手就是老天爷为了弥补对他大半辈子的亏欠，才让他来到自己身边。没有了助手，他就觉得事事都不顺利了，两人感情好得就像亲父子一样了。

这天，老中医躺在摇椅上，心里盘算着，是不是可以考虑让这个助手接手药铺。自己老了，捣药配药已经快做不动了，让自己视为亲生子的助手接手，他也可以安度晚年了。他相信助手肯定是愿意的。

正在这时，助手匆匆忙忙跑过来说："师父，我发现咱们铺子遭贼了！"老中医一听慌了神："偷了什么东西没有？""没有，不过少了些还没处理的药渣，我觉得贼可能是想带回去研究师父的配方。"助手满头大汗地说："师父，要我说，把秘方存到银行去吧，这样最保险。"老中医犹豫了，助手急着说道："您还是信不过我吗？那就当我没说吧。"

他转身就要走。老中医急了，连忙表示自己不是这个意思，他立刻找出秘方交给了助手。

后来，这些秘方真的被存进银行了吗？当然不是，什么铺子遭贼、秘

第 3 章
核心人脉的困境：失控的亲密关系会产生人际焦虑

方存银行都是这个助手自编自导的一场戏，他花了两年时间接近老人、获取老人的信任，为的就是这几十张秘方。他早已经安排好了自己出国的一切事宜，只等秘方到手，就远走高飞。老人等了几天都联系不上助手，才发现事情蹊跷，当他颤抖着双手报警时，早已老泪纵横。即使秘方被找回，助手被送进监狱，这件事情对老人造成的心理创伤，也将永远无法愈合。

看到这里，你可能会说：现实生活中，我们真的会这样傻吗？通过老人助手的行为方式我们可以看出，他是步步为营、渐渐逼近。没有一个孤僻的老人不渴望温情，助手就是看准了这一点，耐心地、缓慢地获得老人的认可。善于洗脑的邪教头目也用这样的技巧来控制手下的信众：信众们一开始只是被要求捐献一小部分收入给圣殿，但随着时间的流逝，信众对圣殿的感情日增，捐献的金额也越来越大。通过一点点地施加影响，邪教头目可以让信徒最终心甘情愿地付出生命。

事实上，无论是那个骗取老人秘方的助手，还是邪教头目，都是利用了人们渴望安全、长久依恋关系的心理，达到自己不可告人的目的。

"不安全"依恋类型的人所习惯于吸引他人的方式，英文中叫作"Game-Playing"。他们把人与人之间的关系视为儿戏，设下了一个个陷阱，最惯用的手法就是投对方所好，把自己伪装成为善解人意、温情脉脉的"安全"人士。通过情感投入，使你对他放下戒心。但这种人并非完全不能防范，只要你能够做到以下几点，就可以让你在避开亲密关系的陷阱时多几分把握。

1. 想明白你们的关系对你而言究竟意味着什么。
2. 清楚自己是属于哪种依恋类型，然后尝试去分辨对方是何种类型。这一步至关重要。如果你是痴迷型或者恐惧型，那么就要注意有人会利用你交往方式的特点而有针对性地接近你。比如那位老中医，他就是属于恐惧型依恋类型，渴望又害怕别人拒绝自己，通常来说，这样的人一旦被人打开心扉，那就很容易对他人付出全部。

3. 改变自己害怕被拒绝被抛弃的心态，不要给有心者可乘之机。

很多事情都会在一开始的时候就显现出来，只是我们常常太过粗心，抱有侥幸心理而故意无视某些显而易见的破绽。

023讲 "权力的游戏"：越亲密的人，矛盾和冲突越复杂

也许你认为，像上文那样利用我们的弱点而别有用心的人我们在日常生活中很难遇到，有些夸大其词了。事实上，我们有可能每天都在经历这样的事情，虽然远远没有案例中的那样夸张，但足以使我们陷入各种无法说清楚的困扰中。

人与人的相处，就是一场又一场权力的游戏，只是参与游戏的双方并没有意识到而已。尤其在亲密关系中，无意识的较量从来没有停止过。

让我们来看看下面的场景：

"你啊，阳丫头难得回来，你虎着一张脸做什么？"这是母亲的声音。

"哼！你看看她，哪里还把我这个父亲放在眼里？"

今天是周家每月一次的家庭聚会，女儿周阳却从来不会准时回来。今天，她又"迟到了"。

"我说了，公司有事，我去找合作方谈生意去了。"

"那谈成了没有？"父亲不以为然的声音。

"还没有，明天还要继续去看场地。"

"哼，也有你谈不成的事情啊？"

第 3 章
核心人脉的困境：失控的亲密关系会产生人际焦虑

母亲见两人又要"掐"上，赶紧出来打圆场。

"小阳，这两天你弟弟有没有找你啊？"

"我怎么知道他去哪里鬼混了！"周阳嘲讽地说。

"注意你说话的态度，他是你弟弟，你帮他是应该的。"父亲趁机吼道。

在周父看来，他实在不知道让女儿到公司来帮忙的决定究竟是对是错。与只会吃喝玩乐的儿子相比，这个女儿心机深沉、手段老辣。虽然他这两年并没有让她参与到公司的核心事务中来，却也压制不住她。

在周父心目中，女儿的角色就是辅佐儿子，目前儿子还太小，任用外人他实在不能放心，但这个女儿……他真的能放心吗？反复考量，他只能暂时让她在公司任职，他越来越看不懂这个女儿：她野心太大，完全不把他放在眼里。

点卯似的完成了"聚餐任务"，周阳拒绝了母亲的挽留，打算开车回到自己的公寓。母亲在门口拉着她的手说："小阳，别怪你父亲，他还是很关心你的。今天你回来得晚，电话又打不通，他很着急。"周阳敷衍地点点头，随口应着，走出了家门。

只有她自己知道，在公司里她过的是什么日子。虽然名头是公关部经理，但实际上，她却是父亲最廉价的劳工。她早就想离开父亲的公司，但她不甘心。所以她小心翼翼地在公司里与各方势力周旋的同时，为自己今后的独立捞取人脉资本。父亲不知道的是，她已经投资了一家小公司，作为幕后的实际老板，她已经赚了足够多的钱，她将不用再听命于父亲。至于那个"讨债鬼"弟弟，就让父母头痛去吧。

在周家父女这场权力之争中，究竟谁是赢家？这个问题其实很难回答，很有可能，最后会是两败俱伤的结局。

父母与子女的关系，可以说是最亲密，但如果你以为这种关系只是爱与被爱的话，那么你就大错特错了。很多人都有这个疑虑："父母明明是对我好，为什么我还是感觉很不好受？"心理专家武志红认为，中国父母以爱之名对子女进行的压迫，是子女在家庭生活中受到伤害的根源。人性的自私决定了在爱与亲情的覆盖下，还有很多我们不得不面对的阴暗面——控制、占有和利用。

其实，这种博弈处处存在，幼年的我们固然很难有还手之力，但成年后的我们就有了吗？未必！否则，生活中的焦虑、无力又从何而来呢？比如案例中的周阳，看似胜券在握，可以独立地拥有自己想要的生活，但来自父亲的精神操纵，将会是压在她心理上的浓重阴影，也必然会影响到她与他人所建立的人际关系。

让我们看看，我们与他人建立的亲密关系中，暗含了多少被要求与被压制。

长辈对"丁克族"说："结婚了当然要生孩子，别人都有孙子了，就我没有，我都不好意思去找老邻居聊天。"

母亲对女儿说："在家乡工作有什么大出息？你必须去大城市，去读研，然后想办法留在那里！"

男孩对女孩说："你忍心让我就在老家发展？拿这么低的薪水，你真的就这么没有追求吗？"

老板对心腹说："我不过就让你在财物单子上改个数字，就这么难吗？枉我一直对你这么信任！"

有多少新的关系就是在这样的压力与忍耐中产生的。双方为了满足各自的需求，不断进行着你来我往的斗争和博弈。遗憾的是，新的关系常常无法满足所有人的期待，关系中的那个平衡点很难找到，于是伤痛在所难免，各种心理偏差也由此产生。我们在依恋关系中感受到的不是安全，不是爱，而是被掌控。更可怕的是，这种掌控大多数情况下都处于"隐性状态"——人们认为这种以爱和信任为名义的操控理所当然。

024 讲　你在扮演什么角色：牺牲者和放纵者之间的博弈

午后，208 寝室。

还有一个小时上课，大家都趴在桌上小憩。这时，小静推门进来，神秘兮兮地对大家说："嘿，听说了吗？隔壁 206 出贼了。"

大家瞬间都抬起头来："真的？丢什么了？"

小静说："丢了 500 元现金和一个 Itouch。"

大家都倒吸了一口冷气，这可不是小数目。这时，只听走道里有人喊了一声："楼长来了，大家别吵了。"

小静和舍友们都跑出去看，只见楼长黑着脸说："大家都散了，206 室谁丢了东西？写份情况说明给我。"

小曼就是那个丢东西的学生，此时的她两眼通红，眼睛怒瞪着躲在一边的小薇，小薇明显也是满脸泪痕。她看到楼长过来，连忙跑上前去辩解道："楼长，凭什么她丢了东西就说是我拿的，她有证据吗？"

小曼听她这么说，连忙高声说道："昨天晚上就你一个人在寝室，我们都出去了，昨天下午我的 Itouch 还在枕头下面的！"

小薇涨红着脸说："谁知道你是不是记错了，反正不是我拿的！"

小曼见小薇这个态度，心一横，对楼长说："楼长，这件事情无论如何要给我一个交代，她不赔我东西可以，但是必须搬走！"

这时，上课的时间到了，大家看够了热闹，也就散了。

上课的路上，小静对大家说："听说小薇手脚不干净不是一两次了，偏偏小曼是个大大咧咧的，家里经济条件又好，她的化妆品、学习用品甚至衣服都不介意让同宿舍的人用的。小薇以前还借穿过小曼的一件大衣，一穿就是几个月。"大家听了纷纷觉得，小薇就是被小曼的大方给惯出来的，小曼也必须为自己的炫富付出代价。

在这次的事件中，小曼固然是受害者，她觉得委屈是正常的，因为在她心中，自己一直在做着牺牲。然而实际上，为什么会有人把行窃的目标投向她？很大的原因就在于她的过于大方。小曼一贯的纵容，使得身边的人产生一种错觉："小曼对钱没概念，不会在意这点钱和东西。"但他们想错了，甘愿"牺牲"与"被偷"是两个概念，前者可以让她获得凌驾于他人之上的优越感，后者却让她深深地感到了背叛。

从心理学的角度来分析此事，我们就可以知道，人的本质有善性和欲望，以及帮助我们作出正确选择的理性。在宿舍这个小范围的交际空间中，小曼试图用慷慨大方来获取自己超然的地位和"人际向心力"，殊不知她并没有真正理解"慷慨"的意义——只有在供与取处于平等位置时，产生的关系才是安全和稳固的。当她的过度慷慨贴上了"炫富"的标签，原本的"付出和牺牲"就成了"放纵"，而大家的心态则变成了"不占她的便宜是傻子，她的东西不偷白不偷"。这正是一句俗话"升米恩，斗米仇"最活生生的例子。更意味深长的是，作为受害者的她，却没有收获到应有的同情。

后来，事情有了戏剧性的反转。第二天中午，小曼在自己的枕头下又发现了丢失的钱和Itouch。楼长出面安慰小曼，说东西既然已经放回来了，就不要再追究了，以后自己注意点就是了。小曼虽然还是感到有些愤懑，但也松了口气,说:"那算了,我也不查了,丢了就丢了吧。"

虽然结局不算坏,但206寝室的氛围却再也回不到从前了。没多久,小曼就离开了这个宿舍,搬到别的地方去住了。

 025讲　为什么你的好意会让他人避之不及

Itouch事件落幕了,然而事情却还没有结束。

晚上,208宿舍的门被敲了几下后被推开了,小苗的脑袋探了进来。"能不能让我在你们宿舍待一会儿?"

"怎么了,你没带钥匙?"小静问道。

"带了啊,但是我偷偷溜了出来,"她往隔壁指了指,小声说,"小薇在里面。"

"你们现在干吗都躲着她?昨天小璐也在我们宿舍待到上课才走。"

"哎,甭提了,小薇现在对我们热情得让人受不了。"小苗拿起桌上的薯片开始"咔哧咔哧"吃起来。

"怎么热情?是不是给你们买了很多零食?"小静笑着问。

"哎?你怎么知道?"小苗好奇地说。

"你在吃的薯片就是她拿过来的,还有好多呢,都被我们收起来了。"

"啊,她给你们也买了啊?你们说她这到底是要干啥,不要她还不高兴呢。她手头又不宽裕,何必呢。"

"可能上次的事情她自己心里还别扭着,所以她是怕大家都不理她或者看不起她,就来讨好我们呗。"

正说这话,外面又有人敲门,推门进来的正是小薇,她手里依然提着一大塑料袋的零食。

"哟,小苗在这儿啊,正好,你也拿点儿吧。你们要喝奶茶吗?学校后门新开的奶茶店味道不错哦,我请客!"

小苗有点尴尬地讪笑着说:"不用了,最近有点上火,不能吃太多零食。不早了,我先走了。"说完,她放下薯片就窜出了208的房门。

小薇默默地看着小苗的背影不说话。小静觉得气氛太过诡异,便拍了拍小薇的肩膀,笑着说:"你今天又买了什么好吃的?这两天真是谢谢你啦,上次的还没吃完呢,以后不用再给我们买零食了。"

小薇勉强笑道:"没什么,你们喜欢吃就好,这些你们慢慢吃着,我再去别的宿舍。"

说完,小薇就拿着剩下的零食走出了房门。宿舍里不知道谁叹了一句:"唉,还真怪可怜的。"

看得出,上一次 Itouch 失窃事件对小薇刺激很大,她为了证明自己并不是一毛不拔的铁公鸡,也不是习惯占便宜的人,便开始疯狂地取悦周围的人,可她的行为却把同学吓得不敢回宿舍,不得不说是另一种悲哀。

小薇此时的内心是焦灼、恐惧的,她过分友好的面具下,却回响着迥然不同的声音,充满了焦虑、抗拒、痛苦乃至怨恨。如果她始终走不出这种恶性循环,将会非常不利于她未来的人际关系。

小薇的经历告诉我们,个人建立的依恋类型不是终生不变的,而是在其个人生活和成长中不断习得的,是动态的。尤其是成年后,依恋类型也会不断地受到个人经历的影响。与小薇一样,宿舍失窃事件使她的依恋类型和社交角色发生了变化——她渴望从"索取者"变为"付出者",以获取大家的认可。但是伴随着这种变化的,还有无法排遣的焦虑。她过分关注别人对她的看法,当别人委婉地拒绝她的殷勤时,她会感觉异常失落。

第 3 章
核心人脉的困境：失控的亲密关系会产生人际焦虑

这都是人际焦虑的表现。

焦虑，是生活中最普遍的一种情绪，也最容易影响到我们的人际关系。罗洛梅在《焦虑的意义》里说："恐惧是我们面对着威胁，知道威胁是什么，但是焦虑是你知道自己面对着威胁，却不知道威胁自己的对象是什么。焦虑是一种眩晕，一种混沌。"

根据弗洛伊德的《抑制、症状与焦虑》中的焦虑理论，焦虑分为三种：

1. 现实焦虑："杞人忧天"说的就是这种焦虑，一般都是对外部世界未知的危险产生焦虑感。

2. 道德焦虑：比如为自己曾经做过的错事感到内疚和羞耻，这种焦虑就是我们对自己内心的一种惩罚。

3. 神经焦虑：往往是一种没来由的焦虑，我们常常不知道因何而起，它深藏在我们内心深处，常常会因为某件事情的触发而释放出来。

小薇的焦虑情绪就是道德焦虑和神经焦虑同时发生作用而产生的，不管 Itouch 是不是她偷的，她作为最大的嫌疑人，都不可避免地要承受他人对她道德层面的偏见。由于家庭条件不好，并且之前一直用小曼的东西，这种深藏在内心的自卑随着这件事情被激发了出来，导致她变得异常敏感和焦虑。她急需通过某种手段证明自己，试图用每天购买零食的方式迅速与周围同学建立起相亲相爱的亲密关系，以此来摆脱焦虑的折磨。

其实，小薇采取的方式是于事无补的，反而由于过分殷勤和越界，而引起了人们更多的厌恶。对于小薇来说，此时她恰恰应该"无所作为"，该怎样生活就怎样生活，沉下心来做自己的事情。焦虑是一种你越关注它，它就会越变本加厉的情绪。事情已经发生，百口难辩，那就学会接受它、正视它，改变自己过去不恰当的行为，并且塑造自己优秀的一面，让自己变得值得交往，让时间证明一切。

026讲　障碍性疏离：为什么越渴望亲密，反而越疏远

我的咨询中心来了一位年轻的来访者。他看起来很内向，愁眉不展。一开始，他两手攥拳，局促不安，在我的鼓励下，他慢慢放松情绪，说出了自己遇到的难题。

他已经两年没有回家过年了。

当然，该尽的责任，他还是会尽的，每个月都省吃俭用，把钱给母亲寄过去。

可是，只有他自己知道，回家，需要他多大的勇气。前两年的春节，他总是磨磨蹭蹭地买火车票，慢腾腾地收拾行李。家，对于他来说，意味着压抑和沉重。所以，这两年，他干脆选择逃避。

此时此刻，他知道，远在千里之外的老家，他的父亲肯定正坐在自家的院子里"吧嗒吧嗒"地抽着烟。自从他两年没有回家，周围的邻居背地里没少嘀咕。他是既希望儿子回来，又不知道面对儿子该说些啥。两年前的那次冲突，使父子俩的关系降到了冰点。

矛盾的焦点在于：他坚持复读。17岁那年的高考，他考砸了，只能勉强读个大专，他不甘心，选择了复读。当时家里虽然经济不宽裕，但还是支持他。谁知，一次、两次，他都没考上理想的大学。第三次是他背着家人去读的——他拿着家里打算给他上大学的报名费去复读了。

父亲知道后终于憋不住了，抽了儿子一个耳光，说他是败家子，明知

第 3 章
核心人脉的困境：失控的亲密关系会产生人际焦虑

道家里条件不好，竟然还骗家人的钱。儿子的理由也很充分：读了好的大学，才能有好的前途。就这样，他好歹考上了一本，去了外地读书，很少回家。临走时，母亲偷偷塞钱给他，他一分也没要。他性格要强，又和父亲堵着气，靠暑假打工挣够了一年的学费和生活费。

每年回家，已经是大学生的他总是被乡亲们围着夸个不停，唯有在家里，父亲却从来没有好脸色给他看。每当他看到别人的家庭和和睦睦时，心里都极其羡慕，甚至嫉妒。但他和父亲始终解不了这个心结，也不知道这样的状况何时才能改变。

事情为什么会发展到这个地步？这对父子的关系真的无法修复了吗？

从心理学的角度来看，这对父子建立的是疏离型依恋关系。那么，我们接下来就要来分析一下，疏离型依恋关系究竟是怎么回事。

我们每个人都是从自己独特的视角去看待这个世界的，那么在疏离型的人眼里，人与人之间的互动是怎样的呢？一个疏离型的人，如果他的朋友没有及时回复他的短信，他会有一闪而逝的自我厌恶，随即再对对方产生厌恶，然后很快就会选择把这件事情抛诸脑后，不会主动打电话过去。这是一种在无意识中采取的行为方式。疏离型的人倾向于建立一种与人保持距离且不亲近的环境，尤其当他们感知到"对方要介入自己的生活"时，更是习惯性地逃开。

因此，两个同属于疏离型的人建立起的亲密关系，情况就会变得非常被动，因为他们对人际交往都采取疏离态度，很难采取正面、积极的措施。

我的这位来访者和他的父亲，两个人都是典型的疏离型社交模式的人。他们不会主动迎合对方、表达情感，采取一种类似于冷战的态度应对矛盾。这时，就需要有人能够从中协调。任何一种亲密关系，都是以感情为基础的，尤其亲人之间的依恋关系，是与生俱来的。越是表现的回避、对抗、焦灼，说明内心对亲密关系的渴望越是强烈。

　　大量实证研究表明，依恋关系一旦形成，确实是相对稳定的，但不是不可改变的。事实上，对于这类依恋关系，首先要破除的就是"回避"和"疏离"的心态，这种心态反映的是自卑、不自信，对人际交往充满了恐惧和不确定性。很多时候，这类人需要的只是外人的肯定和善意的鼓励。对于疏离型依恋关系来说，如果想要改变，就需要找一个第三方从中起到一个缓冲的作用。这样，双方才能够进行较为平静、理性的沟通。寻求心理咨询师的帮助也不失为一种高效的好办法，可以从其中一方入手，来协助他们重塑健康、安全的依恋关系。

027 讲　无助型依恋关系：安全感！我需要安全感

　　让我们先做一个测试，当伴侣手机有动静时，你会怎么做？

　　A 等级：手机振动，你只是不经意看一眼，提醒他/她手机响了，赶快接一下，而你还是该干嘛干嘛。

　　B 等级：手机来短信了，伴侣拿起手机开始浏览短信内容，你也把脑袋顺便凑过去一起看。这个过程中没有刻意，也没有不安。

　　C 等级：手机响了，你不告诉伴侣，而是自己拿起手机，带有窥视的心态看他/她的短信信息，或者查看是谁来的电话。

　　D 等级：不经对方同意，在对方手机已经加密的情况下，通过不正当手段侵入其手机中，或者安装窃听设备，以便随时掌控伴侣的一举一动。

　　大家看看，自己是属于哪个等级？如果你是 A 等级或者 B 等级，那么你和伴侣之间还有很高的信任度，你们的关系是属于安全范围内的；如果

第3章
核心人脉的困境：失控的亲密关系会产生人际焦虑

是C等级，那么你已经有点不是很放心对方了，你对你们的关系产生了怀疑；如果到了D等级，那说明你已经极度缺乏安全感。

信任，是人际关系，尤其是亲密关系中非常重要的纽带，但有人正是以信任为口号，试图获取对方的隐私。比如有人会说："你既然爱我，就应该对我开诚布公，告诉我你的所有的密码。"或者说："我们之间应该没有任何秘密，有什么不能给我看呢？"

这些话，看似堂而皇之，实则正是内心无助的表现。

有的人通过窥看关系亲密之人的私人用品来获取安全感，还有的人会向爱人一再询问来满足内心的空洞。有一位知名女作家，不仅写了一辈子感情戏，自己也是一个情痴。与她结婚近40年的丈夫患了失智症，她还是要每天问丈夫"你爱不爱我"，当丈夫不再认得她，也忘了他们之间的所有过往时，她就如同跌入了地狱一般。

这种因为安全感缺失而产生的无助是怎么产生的？是不是任由这个无助的人看手机，并且将你的一切隐私都呈现给他，就能阻止这种困扰产生呢？

结合本章第一节的内容我们可以知道，无助的人建立的恰恰就是无助型依恋关系。从心理学的角度来说，是由于在成长过程中依恋关系的缺失引起的。日本精神科医师冈田尊司认为，依恋分为"安全型"和"不安全型"，无助型就属于典型的不安全型依恋模式。陷入无助型依恋关系中的人最大的心理特征就是"焦虑"，他们渴望伴侣时刻陪伴自己，不允许任何人和事物分散伴侣的注意力，否则就会激发出他们内心强大的不安全感。因此，在开篇的小测试中，与其说矛盾的焦点在于争夺手机，不如说是在抢占关注度。

安全感的缺失不会是平白无故的，必然是在自身成长过程中，与亲密的人有某种感情上的缺憾。比如，有可能是在你急需对方保护和关怀时，对方没有给予你应有的回应，于是便产生了无助型依恋的因子。如果你能够重新审视那个缺憾点，重建起对他人的信任，缓解内心的焦虑和不安，那么我们就会随着心理成熟度的提高，而改变这种令人绝望的无助感。

028 讲　控制型依恋关系：你要按我说的做

卢学妹对我说，她最近的日子只能用水深火热来形容。事情的起因在于，她过年的时候把男友带回家了。

其实，卢学妹的男友条件还是不错的，在上海自己开了一家公司，虽然刚刚起步，但前景乐观；人长得也是仪表堂堂，唯一的缺憾只在于，左脚略微有点跛。卢学妹的母亲还是接受不了，因为她无法相信一向是乖乖女的卢学妹，会事先不打招呼就自己定下了这么重要的事情。

卢学妹的母亲是一个非常要强的人，即使她从小就是个"学霸"级的人，母亲也总是不满意，经常对她说："因为你这次考试没考好，我又头痛了一晚上。"卢家在一个二线城市，家庭条件十分不错，但她的母亲还是觉得女儿只有去大城市才有发展。于是逼着女儿考上了北京的一所重点大学，随后又逼着女儿到上海读研究生。好不容易熬到研究生毕业，卢学妹流露出想要工作时，母亲眼睛一瞪："找什么工作？给我继续读博，这样你才能有更大的机会拿到上海户口。"卢学妹不敢违背母命，只能"苦哈哈"地准备考博的事宜。她心里知道，自己根本不是做研究的料，也没有什么大的野心。她只想安安稳稳找份工作，相夫教子才是她向往的生活。

恰好，在这段时间内，她认识了后来的男友。在爱情的滋润下，考博的心思就淡了，她放弃了读博，找了一份高中老师的工作，也算是对母亲有了交代。本想着过年把男友带回家，见见父母就可以把事情给定下来

第 3 章
核心人脉的困境：失控的亲密关系会产生人际焦虑

了，谁知，母亲本来就因为女儿没有考上博士而不大高兴，这样一来，积压已久的情绪终于有了爆发的出口。她说什么也不同意这门婚事，如果女儿非要嫁给这个男人，她就要断绝母女关系。双方僵持不下，卢学妹连续几天闷在房间里，不吃不喝，头发大把大把往下掉。即便这样，母亲还是苦口婆心地说："你是我女儿，我难道会害你吗？我是为你好啊，你以后会感激我的。"

我们相信，卢学妹的母亲确实是发自内心地希望自己女儿幸福，但是为什么事态会发展到这个地步呢？在一段亲密关系中，我们是不是都会习惯于打着"为你好"的名义，却做着伤害他人的事情？这种"为你好"的控制欲背后，是不是隐藏着更深刻的心理学因素呢？

我们还是回到卢学妹的母亲身上，她从卢学妹很小的时候就经常以"因为你这次考试没考好，我又头痛了一晚上"诸如此类的话来给女儿施压，女儿成年后，她还要干涉女儿的事业和婚姻。由此可见，对于卢学妹来说，她不仅要为自己的生活负责，还要为母亲的情绪负责。看似是母亲在控制卢学妹的一切，实则是母亲希望通过让卢学妹按照自己的意志生活来使自己获得心理上的满足，以及情绪上的稳定。

控制欲强的人往往是内心充满负面情绪的人，他们最喜欢做的一件事情就是：确认一切尽在掌握，我才不会焦虑。他们没有办法处理自己的焦虑、恐惧、不安，所以才需要从别人的语言和行为中得到肯定和安慰，从而感知自我的价值感。

如果在一段关系中，你扮演的是控制者，那么请不要再把自我价值建立在别人的反馈之上；如果你是那个被控制的人，那么请放下对控制你的那个人的怨怼，更多地去关注对方强硬外表下那已经糟糕透顶的情绪。通过沟通和包容，告诉彼此自己内心的真实感受和想法，借此来重新整合你们之间的依恋关系。

 029讲　隐藏型控制关系：你是怎样在不知不觉中改变初衷的

你是否有过这样的经历，走进一家精品服装店，虽然没有那么多钱买名贵的衣服，但还是忍不住一件件试过来。一开始，营业员很热情地推销这件，介绍那件，似乎每件衣服都因为你的试穿而体现出了它的价值。但是渐渐地，营业员似乎看出你只是想试衣服，而没有买的意思，她的热情也随之消减了。这时，你感受到了对方的这种态度上的变化，你会怎么做呢？拂袖而去还是不好意思？我想很多人会有一种莫名的羞愧心。这时，你会硬着头皮继续浏览衣服，并且心里暗暗地希望发现一件合适而且没有那么贵的，这样就可以把它买下来。

好！你终于发现了一款背心，你偷偷翻了翻价格牌："嗯，价格还可以承受。"可惜，你找了好久都没有找到适合自己的尺码。你偷偷用余光瞄一眼营业员，发现她已经爱理不理地坐回柜台边。你拿着衣服走过去，"这件衣服我买了！"你笑着对她说，还不忘补充一句："质量不错，送我朋友正好。"你看到营业员面带笑容、手脚麻利地帮你包装，你则觉得整个人都松快了不少。

为什么会有这种亏欠的心理？其实我们有什么不好意思的呢？营业员没有逼你买衣服，你也不需要为她的销售额负责，但你就是被一股无形的压力逼迫着，买了你本不需要的东西。

这种无形的压力常常会存在于隐藏型依恋关系中。施压者通过表情、动作，甚至是一个眼神，来达到控制对方的目的。

电视剧《暗算》中有这样一幕：

第3章
核心人脉的困境：失控的亲密关系会产生人际焦虑

谍报人员安在天到数学研究所挑选可以破解"光复一号"密码的数学家，当时数研所的书记极力推荐谢兴国，而安在天则属意黄依依。但是为了公平起见，安在天还是给了谢兴国面试的机会，他和书记说让谢兴国到他房间来"面谈"一下。结果，等谢兴国到了安在天的住处，安在天一句话也没有说，谢兴国却佝偻着背，非常谦卑地在他面前端茶递水，安在天却瞥都没有瞥他一眼。谢兴国一开始毫不在意，眼睛盯着安在天的一举一动：安在天摸出烟了，谢兴国马上递上打火机；安在天低头一边看稿件一边往旁边摸茶杯，谢兴国又立马拿起水壶帮他倒开水。最后，该做的都做了，谢兴国讨好地看着安在天，然后，慢慢地垂下了头。

谢兴国走了以后，书记来找安在天了解情况，他也搞不懂安在天究竟是怎么想的。安在天坦言道："破译是残酷而荒唐的职业，必须具备绝对良好的心理素质。如果面对我刻意装出来的傲慢，他就乱了分寸，忘了自己的身份，而低三下四地取悦我、迎合我、讨好我，给我点烟，赔笑脸，这个人的内心可想有多么懦弱，他怎么可能让我看到光明的未来？"

一个是挑选者，一个是被挑选者，一旦选中就可以解决家里几口人的吃饭问题，谢兴国十分重视这次面试，他与安在天之间建立起了短暂而隐秘的依恋关系。安在天不发一言，却能让谢兴国丑态百出，这种手段不可谓不高明。同时，安在天的一番话也道出了隐藏型依恋关系中那股无形的操纵力量之所以能够发挥作用的原因——利用对方的讨好心理。

我们内心都害怕被拒绝、被抛弃，当一段非安全型亲密关系中的任何一方表现出疏离、漠视，另一方就会表现得坐立不安，想要不计一切地去做点什么以维持关系。操纵者正是利用了人们的这种不稳定和矛盾的心理状态，用某些承诺或者威胁当诱饵，让被操纵者在拿不起放不下的情感冲突中，任由对方予取予求。而真正健康的人际关系，在于交往双方都以独立的人格、清醒的思维为基础,不会为了刻意迎合对方,而改变自己的初衷。

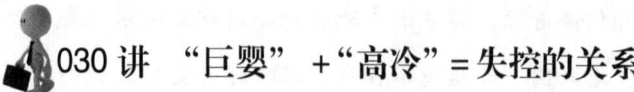
030 讲 "巨婴"+"高冷"=失控的关系

来访者是个女孩,叫肖锦。

"林老师,您知道什么叫'巨婴'吗?我觉得我男朋友就是'巨婴'。我都不知道怎样处理我们的关系了。"

接下来,她说出了她的疑惑。

现在,全寝室的人都知道肖锦有男友了。谁都想不到,高冷如她,找的男友竟会如此黏人。借用睡在肖锦上铺的同学的话说:"每天必然是伴着肖锦电话粥的声音入睡的。"

然而,对于肖锦来说,一开始,她确实沉浸在热恋的喜悦之中。但时间一长,她就对男友的黏劲和霸道暗暗叫苦了。偶尔没有及时接听男友的电话,或者没有回复短信,男友肯定会发一通脾气。

肖锦是在单亲家庭长大的,从小就独来独往惯了,她并不习惯把自己所有的生活全都毫无保留地托付给另一个人。在她看来,两人感情再好也是独立的两个个体,谁也无法代替另一个人生活。双方保持一定的距离和空间,才能让她觉得安全而自在。

但是男友显然不是这么想的,他家境优越,从小备受宠爱,在家里说一不二。而现在,他希望把所有的感情和情绪都和女友分享,恨不得成为连体婴儿。因此,他也要求肖锦对他给予同等的关注,否则他就会无法忍受。

第 3 章
核心人脉的困境：失控的亲密关系会产生人际焦虑

"小锦，你现在在做什么呢？"

"小锦，我们晚饭吃什么？"

"小锦，你去哪了？怎么找不到你？"

"小锦，我很想你，你想我吗？"

"小锦，你为什么不回我短信？"

小锦！小锦！小锦！

面对男友对她关注度的执拗和孩子气的不确定感，肖锦一开始也耐着性子哄他，可渐渐地她也不愿意再费这个力气了。每次男友发脾气，她就在一边沉默着，可就是这样他也不放过她，非要从她嘴里问出点什么。虽然他们在众人眼里是令人羡慕的情侣，肖锦却觉得喘不过气来。

还记得《千与千寻》里巫婆的孩子——那个只知道吃和玩的巨婴宝宝吗？是的，肖锦的男友就是这样一个年纪不小，但实际心理年龄还十分幼稚的"婴儿"。

我告诉肖锦，之所以他们的关系会陷入一种奇怪的"你追我逃"的模式中，就是因为他们的依恋模式完全相反：她希望建立的是一种安全型的依恋关系，但男友却渴望一种无助型的亲密关系，这与他儿时的经历是分不开的。因为父母无微不至的呵护关爱，成长道路上又是一帆风顺，以至于当他成年后，就会不知道该如何建立亲密关系中的信任感，因此他只能采取牢牢抓住，坚决不放手。从心理学的角度来分析，"巨婴"们正是那些过度以自我为中心的人。

在我的引导下，肖锦慢慢了解了男朋友的心理状态，以及他们的关系模式。之后，她尝试着问男友："你告诉我，怎样才能让你心安？"男友认真地思考了许久，列出了很多条件。在这个过程中，肖锦告诉我，她终于领悟到自己和男友的问题究竟出在哪里了。

一般来说，亲密关系中出现问题，主要原因有两个：

1. 渴望被爱、被关注（比如肖锦的男友）；
2. 内心排斥过于亲密的关系（比如肖锦）。

肖锦一直以为自己的人际关系是安全的，实质上，也存在着问题。她回想自己最初之所以会被男友吸引，就是因为他的热情和阳光，这正是从冷漠家庭成长起来的她所欠缺和渴望的。只是她一方面贪恋这种温暖，另一方面却又不自觉地疏离，因为她觉得自己不可能得到。由此可见，肖锦和男友的依恋关系就是属于"无助型＋疏离型"。这样组合起来的依恋关系，随时都面临着失控的危险。

明白了自己的问题以后，肖锦不再对男友过分苛责。相反，她认识到，依恋关系和模式是会互相影响的，男友依恋自己，自己何尝又不是依恋他呢？她决心改变这种恶性循环的交往模式，她试着审视自己：自己一举一动有没有受到过去的影响？是怎样的影响？男友为什么会越来越黏自己？为什么交往之初并没有这样？是的，正是因为自己对亲密关系的排斥，所以她不再如最初那样自在，反而总是故意躲避他的热情。这种行为被敏感的男友觉察出来，他的内心受到了伤害，但他不知道该如何处理这种情绪，只好变本加厉地"黏"她。于是恶性循环就产生了：一个由于害怕亲密关系而刻意地疏离，另一个则由于对方的疏离而不停地逼近。

认清了这一点，肖锦豁然开朗，原来是自己的逃避让男友觉得不被信赖，让他觉得这段关系不再安全。当她能够从更真实的角度看待这一切时，她觉得内心获得了一种前所未有的轻松，这段关系也重新恢复了稳定。

第 3 章
核心人脉的困境：失控的亲密关系会产生人际焦虑

031 讲　如何摆脱亲密关系带来的焦虑感

场景 1

门口又传来隔壁那对夫妻吵架的声音，还能听到东西的碎裂声。突然，隔壁的房门被打开了，只听到男人骂骂咧咧道："我告诉你，你怎么说我都可以，唯独不能说我妈！"

"你嚣张什么，我伺候你不说，还要伺候你妈，一天到晚累死累活，你还给我摆脸色看！你讲不讲道理啊！"

"讲什么道理？没什么道理好讲，你要是受不了你可以走啊！"

"走就走，这个家我一天都待不下去了！"

场景 2

新手妈妈看着襁褓里的女儿，有一种不知所措的无力感。她觉得眼前的宝宝很陌生，许许多多念头涌上心头：我能照顾好她吗？我应该怎么做？母亲忍受着分娩后的痛苦，全身无力。这时，护士进来了，告诉她可以喂奶了。她笨拙地抱起宝宝，急得满头大汗，可不知道为什么，孩子始终吃不上奶，她的眼泪霎时夺眶而出。眼睁睁地看着女儿由于自己的"无能"而饿着肚子，她初为人母的喜悦瞬间消失了，取而代之的是焦虑和紧张，她觉得眼前出现了一道不可逾越的障碍。

场景 3

他觉得同事在故意挑衅他，这已经不是第一次了，也肯定不会是最后一次。是的,这个季度的销售业绩他输给了曾经的手下败将,现在轮到他品尝失败的苦果了。这个曾经与他一起攻坚克难的搭档,却在几年后成为了他最大的竞争对手。一时间,他体内的消极情绪像洪水般涌出,开始在办公室大吼大叫,谁都拦不住。最后,跑到茶水间去,看到什么就砸什么,一旁的同事们都看呆了。此时的他,就像一头困兽,很懊恼也很疯狂。

场景4

在这次的职务评估中,刚入职一个月的尹杰拿到了A,并且成为了项目部经理候选人。在这个竞争无比激烈的企业,像他这个资历的员工能拿到这个成绩,几乎是绝无仅有的。尹杰并没有感到有多喜悦,相反,他很惶恐。从同事们疑惑的眼神里,他看到了自己未来将会面临什么——被指责,被孤立,被指指点点。

所有不正常的职务升迁,背后都暗藏着上不得台面的故事。尹杰做了什么呢?他是被身为常务总经理的叔叔从竞争对手的公司挖过来的,并且带来了前公司的许多核心商业机密。他深知这在所有的行业都是不允许的,但谁叫常务总经理是从小到大对他一直照顾有加的亲叔叔呢?

上述的四个场景是不是都很熟悉,你是否也曾经是这里面的主角呢?大家一定都很想知道:为什么关系越亲密越是容易发生矛盾?

很多咨询者都问过我类似的问题:为什么在家里明明做好了心理准备,"我要原谅×××,不会与他计较""我要控制好情绪,保持体面的状态"。可是真的与这个人面对面时,还是克制不住自己的情绪,不安和焦虑又再次占了上风呢?

在这里,我要为大家引入一个心理学上的概念,叫作"具身认知理论",这个理论体系用"心理距离"来解释我们的这个困扰,"心理距离"

很大程度上影响了我们的理性与情绪把控。原本并不难处理的人际关系，一旦对象是与自己较亲密的人，就会手足无措、情绪失控、判断力缺失，产生一些不理智的行为。

一般来说，与我们建立亲密关系的通常是父母、子女、伴侣、同事、同学等。由于心理距离近，所以我们就容易被一些非常具体、琐碎的事情蒙蔽了双眼，很容易被感性所控制，去做出某些不太理智的举动。

了解了亲密关系为何会引发我们的焦虑，那么接下来我们就要学会解决这个问题。

焦虑往往来源于对未来的不可预知，我们要明白，有很多紧张是多余的、不切实际的，而回避没有任何意义。一旦亲密关系的焦虑感已经影响到了你的家庭、工作、学习，那么就要学会用科学的方法来改变这一切。

认知行为治疗从个人的认知、行为和生理三方面入手，进行系统有效的焦虑缓解治疗。

恐惧思维

逐条列举自己恐惧的事情，分析是否有夸大的成分存在，以及是否太过关注未来。与家人或者朋友一起，写出有助于问题解决的可操作性方案。然后问自己："如果发生了，最坏的结果是什么？最好的结果又是什么？什么才是最可能的结果？"

逃避行为

逃避或许是一个缓解压力的好办法，因为你可以暂时不用去理会当下的烦恼。但回避过后怎么办？我们能做的，就是建立起信心，循序渐进地采取行动，不要急于求成。如果你习惯于逃避，那么首先要记住的就是切忌在冲突发生时，把话说得太绝，不给自己留退路。

身体紧张

学会进行自我放松的练习，可以选择去空气好的地方，一边深呼吸一边快走，30分钟的有氧运动可以缓解精神压力，也能够让你的理性回归，有更大的勇气面对看似不可解决的矛盾。

制造疏离感

既然我们已经知道是心理距离在捣乱，那我们不妨灵活运用好心理距离来解决问题：制造疏离感。实验心理学中有这样一个理论：在让参与者做任务时，激活抽象的思维模式可以减少任务的困难感。直接操纵任务与人的距离会产生同样的效果，当参与者倚靠在座位的后背上，拉远他们与任务的距离时，他们会发现任务不再那么困难。这一点，运用在调整心理距离上也十分有效。我们可以想象自己抽离出了当前的场景，或者成为了另外一个人，用俯视、陌生的视角来看待这一切。你会发现，这种把自己置于抽象世界中的感觉真是妙极了。

032讲 如何找到"尊重自我"和"迎合他人"的平衡点

在上面一节的"场景3"中，我提到了一对因为婆媳关系闹僵而濒临破裂的家庭。这个故事看似发生在丈夫和妻子之间的矛盾，实则涉及原生家庭与现有家庭边界的问题。作为母亲，如果在儿子结婚后仍然与他边界不清的话，就会发生类似的戏码：两个女人都不容许男人忽略她们任何一个，而男人无论倾向于任何一边都是错的。

第 3 章
核心人脉的困境：失控的亲密关系会产生人际焦虑

中国的传统家庭关系决定了我们会面临一个复杂而又微妙的关系——婆媳关系。我们经常看到这样的场景：婆婆和儿子儿媳住在一起，同时也把原生家庭中照顾儿子的那一套原封不动地搬过来，对儿子是无微不至的，但对儿媳妇则爱搭不理。如果儿媳让儿子做点事情，婆婆就会马上像护雏的老母鸡一样，数落儿媳懒惰。这种把儿媳视为局外人的做法对新生家庭具有极大的破坏性，可惜许多男人都不知道问题的根源就在于——他们还没有完成心理断乳。

在找我咨询的人当中，除了家庭关系，大多数人觉得最棘手的就是职场关系。这是因为，职场关系更加复杂，你要面临的是与领导、同事之间的关系。这些关系同样有着非常严格的边界，你可能面临的不仅仅是"心理断乳"问题，而是为了讨好别人而过分压抑自己的问题。

我们在工作中，也无时不在渴望着能够与他人建立稳定、持续、温暖的依赖关系，这种关系如果建立得好，将非常有助于我们事业的发展。英国发展心理学家约翰·鲍尔比在 20 世纪 50 年代提出的依恋理论进一步表明，自幼习得的依恋模式会逐渐形成工作模式并被带入成年人的世界。我们在很小的时候就学会了讨好，因为那时的我们弱小、无助，从而不得不压抑自己的真实感受和需求，以期得到别人的尊重和认可。

有时候这种方式还是很有效的，经过反复重复这种模式，就被固化为我们的交往模式。在工作中也是如此，为了取得业绩，许多人不得不赔着笑脸与人推杯换盏，说着言不由衷的话；为了获得领导的认可，许多人不得不牺牲自己的一些利益。这种时候，即使我们与这个世界隔离了，即使我们的内心是委屈的、不屑的，甚至是愤怒的，也不得不深藏在心底。长此以往，我们不仅在与他人相处的过程中无法真实地表达自己，还会出现许多身心问题，如变得敏感、多疑、情绪低落、抑郁焦虑。

因此，人际关系中，边界的界定是非常重要的，这关系到我们与自己、与他人，以及与外在世界如何进行沟通的问题。那么，这条边界究竟在哪里呢？我们应当以何为界呢？

我们可以从心理治疗大师萨提亚对人际关系应对模式的论述里，得到一些启发。萨提亚认为人际交往中的应对模式可以分为五种：

讨好式——放弃自我意识，主动迎合对方

采取这种应对方式的人，往往缺乏自主意识，容易变成人际关系中的被动方。他们不懂拒绝，即使再不情愿，也很难说"不"，因为他们认为自己难以承担拒绝的后果。

他们没有反抗意识，面对人际矛盾，他们通常逃避问题，或者将责任归咎于自己。他们常有类似观点："都怪我，是我没有处理好这件事情。"即使这段关系让他们感到很痛苦，即使他们知道自己是被控制者，他们也很难主动采取措施为自己争取权利。

自主式——以自我为中心，不考虑别人的感受

采取自主式应对模式的人习惯将所有的责任都归咎于外，善于指责，长于批判。在他们看来，一切责任都是别人的，他们不会迎合对方，也不会考虑别人是怎么想的。他们很擅长跨过人际界限去干涉别人的生活，并且总以为是为别人好。

冷漠式——"应该这样""不能这样"

习惯冷漠式应对模式的人总是过分理智，他们看起来对所有事情都"拎得清"，相处久了你会发现，你从他们身上感受不到一丝人情味，他们活在自己的世界里，毫不在意其他人的感受。他们总是死气沉沉，按部就班，他们就像封建的大家长，只能按照章法做事。所有事情在他们眼里非

黑即白，只有"对"和"不对"，"应该"和"不应该"。

混乱式——毫无章法，喜怒无常

这种类型的人，与"冷漠式"的人相反，他们做事毫无章法，随性而为，几乎可以把所有关系都搞乱。他们时而热情似火，时而冷若冰霜，情绪极不稳定。你很难从他们身上找到稳定的情感，也很难与他们维系牢固的关系。

概括来说，以上这四种模式放在人际关系中都会让人无所适从，他们不知道自己与他人的边界应该在哪。当然，这四种模式并不是稳定不变的，它们在每个人身上呈现着动态变化，人们面对不一样的情况时，会以不同的方式来应对。

那么，有没有一种应对模式能够让我们建立起良好的人际边界呢？有，那就是第五种模式。

表里如一式——不迎合他人，不委屈自己

表里如一式的人，能够在尊重自我意识、接纳自己的前提下，以自己的本来面目示人。同时，他们也尊重别人的想法，不轻易评判、控制、指责他人。既不会太过冷漠，也不会热情过头。他们了解人与人之间的差异，尊重他人的边界，能够准确地把握到人与人之间的"分寸感"，从而与他人建立起一种舒适的交往关系。

想要建立起健康、有效的人际边界，就要建立起萨提亚所说的"内外一致"型应对模式，成为一个表里如一的人，不刻意去讨好谁，也不要委屈了自己，更不能只以自己为中心。

033 讲　界限不明带来的社交困境：情分还是本分

美国心理医生克劳德和汤森德在他们的著作《过犹不及》中提出了人际界限的概念。他们认为，一个人想要有一个平衡、健全的生活，明确的界限是很重要的，这是个人权利和职能的分界线，指出了你应该为哪些东西负责，而哪些东西你不应该去干涉。

在城市建设中，严格划分着各种界限：哪片区域应该用来建造工厂，哪个区域应该发展成商业区，哪个地方最适合建成居民区，这一切都有条不紊地进行着。现代城市规划的一大课题就在于如何有效、合理地划分功能区域的界限，一旦界限出现模糊，导致不同属性的区域相互渗透、相互影响，就会出现混乱。

相比城市里有形的界限，人与人之间无形的界限可就复杂多了。多数人的早期教育常常是界限模糊的。比如，当一个已经能正常行走的孩子不小心跌倒时，本应该自己爬起来，但父母常常会立即去扶起，不给他独自承担责任、解决困难的机会。就是这个简单的举动，其实已经"越界"了。孩子的界限感在父母不断地干涉中一步步丢失，这就导致了成年后的他也无法正视自己和他人的界限：他可能既习惯索求帮助，将自己的事情委托给别人；又喜欢以己度人，插手别人的事情。

这种状态体现在亲密关系上，就是过度干涉。

我们之所以能觉察到自己与他人的区别，就是因为界限感。随着生活背景、成长经历的不同，我们看问题的角度、解决问题的方法也会千差万别。如果一个人有着清晰的界限感，那么他会很清晰地意识到自己和他人

第3章
核心人脉的困境：失控的亲密关系会产生人际焦虑

的互异性，并且尊重人与人之间想法、思维、情感和行为的不同，即使关系再亲密，他们也不会轻易嘲笑、质疑或者干涉。但如果一个人界限感模糊，他们就很难正确看待这种差异，他们会不断抱怨和指责："你怎么会这么想呢？""你不应该这么对我！""真不知道你为什么会这么做。"用自己的观念和行为标准对其他人评判，就属于过度干涉。

界限模糊的人总是保持着这样一个观点：我是为了你好，你最好不要拒绝我的好意。他们习惯将别人的事当成自己的事，过分关心，过分涉足他人生活。这类人在父母中最为常见，父母总是认为孩子还没有长大，即使长大了也还没有足够成熟的生活智慧，于是对孩子的学习、生活、工作、恋爱、婚姻、交友等一切事情都横加干涉。通常的结果就是形成不健康的依赖关系——孩子逐渐失去决断能力，将把本应自己承担的东西都交给父母定夺；父母看似是为了给孩子更安全、稳定的环境，事实上却是为孩子设置了一个永远逃不出去的牢笼。

人际界限就像一道墙壁，有了这面墙壁，你就能明白哪一块地界是属于自己的，不能允许他人擅自闯入，哪一块地是别人的，应该充分尊重对方。即使亲密如家人、情侣，也不能随意插手对方的事情。健康的人际界限是这样的：不让别人越过你的界限，也不随意干涉别人的界限。

把握人际交往中的"分寸感"，明确自己和他人的界限

在心理距离较远的情况下，当边界被入侵时，我们一般都能够立刻感知到，比如说陌生人之间。

心理学家曾做过一个实验：在一个地铁车厢里，里面只有一位乘客。实验者走过去挨着他身边坐下，结果，大部分人都会默默地往旁边挪一下身子，有的甚至会起身坐到远离实验者的位子上。如果实验者也跟着他，坐到新的座位上，则会有人大声质问："你想干什么？"结果显示，任何一

个被测试者都无法忍受一个陌生人紧挨着自己坐下。有意思的是，即便那个陌生人是个美女或者帅哥，被测试者也会因为对方的"无礼"而感到被侵犯，从而心生抵触情绪。

美国著名人类学家爱德华·霍尔博士将人际距离分为四种，分别是：亲密距离，比如挽着手臂或者促膝而坐；个人距离，一般没有身体接触，但关系还是属于比较融洽的；社交距离，这种距离体现的是一种礼节性的距离；公众距离，这种距离下的人们，彼此之间几乎没有交流。

了解这种人际距离对我们很有益处，因为人际距离取决于我们的心理距离，暗示着某种界限的存在。当应该与你保持"社交距离"的人，忽然采取某些亲昵的举动，想要与你建立"个人距离"，那么你就要警醒，他是否别有目的。

我的一位学员H同学就遇到了这样的情况。

H同学的上司曾经在他困难的时候帮助过他，他一直心存感激。之后的日子里，上司经常在言语中流露出对他的赞赏，聚会时也会走到他身边，搂住他的肩膀，跟他称兄道弟。时间久了，大家就心照不宣地认为，H同学已经是上司的"心腹"了，也就渐渐地疏远了他。

H同学对此很纳闷，上司表现出的过分"友好"令他感到很不是滋味，他一直不知道上司为什么会这么做，只是冥冥中觉得事情肯定没这么简单。直到后来上司提出要让他做些超出工作范围的事情，他才恍然大悟：上司故意布下迷魂阵，为的就是用情感投资来换取他的忠诚。

我们经常会看到有些老板利用职权为自己牟取私利，比如会让员工帮忙接送小孩，让财务帮忙购买私人物品。工作与生活的边界一旦被混淆，就会导致许多关系的混乱。首先，员工会无法区分自己应该承担的责任和义务是什么；其次，这种混乱的局面就会滋生出腐败、越权等问题。对于一个管理者而言，这将是非常致命的。

第 3 章
核心人脉的困境：失控的亲密关系会产生人际焦虑

同事之间的友谊同样也是有界限的。我常常告诫我的员工，即使私交甚密，已经到了无话不谈的地步，但涉及工作，尤其是工作机密时，依然需要谨守职业操守。如果边界模糊，可能就会在不经意间说出许多不该说的话，一旦被有心人泄露出去，对一个人的职业发展将是非常不利的。所以，即使人与人之间感情再好，在社交场合中还是要牢记自己的本分。

总之，无论在什么关系中，如果你很难拒绝他人，很难对他人说"不"，因无法摆脱别人的影响和控制而愤懑不平；如果你因为想要获得认可，而无法提出自己的合理要求；如果你不能明确个人的职能和权利，总是对他人的事情加以干涉；如果你被别人拒绝后怒不可遏……只要你符合以上的一种情况或多种情况，都说明你缺乏界限感，你需要为自己的每段关系设立清晰的边界，建立一种健康的社交模式——在保持独立意识的前提下，与他人保持适当的人际距离，这样才能产生良好的互动。

第 4 章

关键沟通：
解决人际交往中的矛盾和冲突

沟通是进行社交最重要的方式，人们在相互沟通中展示自己、了解对方。然而，并不是所有的沟通都能完美收场，我们在人际交往中的种种矛盾常常源自沟通。

对很多人来说，不善于沟通，是导致他们陷入无效社交的重要因素之一；即使遇到值得去维系的人脉，他们也能三言两语地让关系变僵。

由于人与人之间认知、思维和处事方式的不同，我们每天都有可能遇到各种大大小小的矛盾。所以，想要建立有价值的社交，首先必须成为一个高段位的沟通者。学会洞悉对方的情绪变化，找准双方的利益共同点，用最恰当的方式缓解矛盾、控制局面，以有效沟通实现有效社交。

 034讲　破坏性沟通模式：冲突的本质是什么

我们无时无刻不在沟通之中，与父母沟通，与子女沟通，与同事沟通，与陌生人沟通，同时，也在与自己沟通。沟通的本质在于使独立的个体得以相通，使我们能够自由自在地分享与畅谈。

无论与谁进行沟通，拨开复杂的互动环节，我们会发现内在的模式很简单：给予与索取。

如果A和B都处于给予模式，那么表现出来的将是理解、肯定、欣赏、支持等充满正能量的沟通方式；反之，如果A和B都是处于索取模式，那么随着双方索取量的加大，将会出现抱怨、讽刺、指责、控诉、暴力冲突等充满负能量的沟通方式。

冲突的发生不是一蹴而就的，往往有一个发展的过程，其实在这个过程中，我们有无数次可以避免冲突发生的机会，但我们却总是轻易忽略它们。

下面，我们来分析一段对话，看看冲突是怎样在不经意间愈演愈烈的。

娜娜下午要出差，她拜托同一个办公室的同事小思帮自己关一下展厅

里的设备。

"小思,麻烦活动结束之后帮我关一下展厅设备吧,我下午两点就得走,你知道机场安检有多麻烦。"

(娜娜这里是在陈述事实,但她并不知道,这在小思听来却是一种"炫耀"。)

"我今天有点不舒服,下午可能也会早走,你拜托别人帮你关吧。"

(小思正为领导没有安排自己出差而不愉快,所以她不愿意帮娜娜做事。)

"这样啊,但我找不到其他人,他们都有事情出去了。"

(娜娜还是在陈述事实,她还没有意识到小思的不愉快。)

"你人缘不是一向很好吗?去找找保安、物业,他们肯定都愿意帮你的。"

(小思开始了讽刺。)

"小思,这是工作,钥匙怎么能随便给不熟悉的人呢?"

(娜娜听出了小思的讽刺,她的话语有了责备。)

"抱歉,那是你的工作范围,不是我的,万一我笨手笨脚弄坏了怎么办?"

第4章
关键沟通：解决人际交往中的矛盾和冲突

（对话中的冲突意味再次升级，小思开始明确地与娜娜划清界限。）

"你每天在办公室也没怎么干活儿，怎么我就找你协助一下工作，你就要请假？"

（娜娜产生了愤怒情绪，开始了反击。）

"你这话是什么意思？你哪只眼睛看到我没在做事了？难道只有出差是正事，我们这种待在办公室的就不是正事了？"

（小思用了三个连续的诘问，流露出了她内心对娜娜出差的嫉妒，对话已经上升到了争吵模式。）

"你简直不可理喻，我会让经理来评判一下，这个设备究竟该谁来关！"

（娜娜怒不可遏，但她已经知道小思在无理取闹，决定请更有权势的第三方介入。）

"你去啊！只会躲在领导后面算什么本事？我不奉陪！"

（小思拿上包，摔门出去了。）

小思采取的就是很典型的"索取型"对话模式。她索取的是什么呢？是别人的认可和重视。由于出差落空，使她产生了很强烈的低价值感，娜娜的请求，则成了她情绪爆发的导火索。从上面这段对话我们可以发现，平时人际交往的冲突往往都是由于索取方的需求没有得到满足造成的，他们选择用愤怒和责备的方式来掩饰自身的软弱。从最初的刁难、寻衅，到进一步的试探，如果被索取方没有及时发现问题的根源，无法化解矛盾，那么对话则会继续往负面发展，直到双方都被调动起愤怒、焦虑、恐惧的情绪。

035 讲　遭遇人际危机时，如何用有效的对话避免冲突

好的沟通模式是实现有效社交的关键，但日常生活中，不是所有的沟通都是以和平收场。相反，在纷繁复杂的交流场中，我们经常会因为沟通不当，而遇到各种冲突和矛盾，从而产生人际危机。

在这种情况下，刻意回避无法解决问题，那么我们该如何应对才能化解矛盾呢？

放下"惩罚人"的心态

一开始，你确实抱着解决问题的心态开始对话，但是很快你就不再是陈述事实，而是试图纠正对方表达中的漏洞。你的心态改变了，你觉得站在你面前的人十分可恶，正是这个人使得问题无法完美解决。你们开始互相反击，企图通过刻薄的语言来获得不让对方好过的快感。这样做，虽然只能让你逞一时口舌之勇，却会让冲突愈演愈烈。

释放善意的信息

人与人的交流中，是能感受到彼此的气场的。如果你希望让对方冷静下来，你首先要做的就是放松紧绷的肩膀，深呼吸，让自己面部肌肉也松

弛下来。这时，即使对方正在用攻击性的语言取笑你，也不要轻易被这些话语激怒，你要告诉自己，你进行沟通的目的是解决问题，而不是攻击对方。

其实，对方之所以这样做主要是出于防御心理，当你的姿态传递出温和、友善的气息时，对方自然而然会感知到，你会发现，他没有刚才那样咄咄逼人了。

请对方先说，认真聆听

交流只有在平等的条件下才能顺利、有效地进行。在冲突中，如果有一方愿意退一步，做一个聆听者，将非常有利于尊重感与安全感的重新获得。认真听取他人的诉求，不要急着表态，也不要轻易下结论，只有在完整掌握信息的前提下，才能做出正确的判断。

自降身份，转移目标

如何能够让人觉得你够真诚？那就是放低姿态，这能让你在复杂的人际关系中游刃有余。如果你是矛盾的焦点，那么不妨学学如何把注意力转移到紧盯你的人身上。

我的同学B君最近就遇到这样的事情。B君之前是一家房地产企业的销售经理，三个月前，他被总公司派到北京的分公司做客户经理。他知道作为一个"空降"者，必然会面临原班人马"拆台"的危险。那么，他是怎么做的呢？

第一次部门会议，大家都攒着一股劲儿打算给他个下马威。B君在会议一开始就表态："我初来乍到，对这一块的业务还不熟悉，幸亏我们这里有几员大将。"他点了几个人的名字，称赞他们在形势不怎么好的情况下，还能让业绩保持在不错的水平。大家听了都面面相觑，因为这几个人过去的业绩并不怎么突出。随后，他话锋一转，又批评起了业绩好的那几个人，因为与历史同期相比，他们确实做得不算突出。

面对着他举出的数据，大家都出了一身冷汗，原来这个看似和善的经理，已经做足了功课。接下来的议程，现场不再躁动不安，都安安静静地听B君布置下一季度工作，而被表扬的那几位，甚至隐隐有种得遇伯乐的感觉，对B君充满了好感。

B君的低调、专业和大局观使得原本对他不利的局面得到了一个大逆转，既敲打了那些不安分的人，又收获了人心。说话，也是一种权力的游戏，不是急着煽情或者辩倒对方才是赢家，在不露声色中实现权力的渗透和转变，才是高手中的高手。

036讲　正向沟通原则1：不要只听攻击性语言，理解背后的意思

痛，痛，痛！……

现在，躺在候产室里的萝拉只有这一个感觉，无法用语言形容的痛。

丈夫布鲁斯就在旁边陪着她，焦急地一遍遍安慰着："加油！萝拉！我就在你身边。"

"你走开，我不要见到你！你好烦啊！我疼死了！"萝拉不耐烦地扭头，拒绝丈夫的碰触，她觉得丈夫根本无法理解自己现在所遭受的折磨。

"5号床，叫什么叫，女人都要过这一关的，给我留着力气待会儿生孩子用！"护士长正好走进来，听到她对丈夫叫嚷的声音，不满地说。

萝拉很想和护士长争辩几句，可惜实在没有这个力气。突然，她感觉腹部一阵紧缩，开始剧烈疼痛起来。

第4章
关键沟通：解决人际交往中的矛盾和冲突

"护士，护士，我觉得我要生了！"

护士长匆忙过来，看了她的情况，还是一副严厉的面孔："记住，待会儿生的时候不要乱叫，否则孩子会没有氧气的，听到没？"

萝拉胡乱地点头，双手紧紧抓住栏杆。

护士长看了看萝拉的情况，随即叫来助产士，把萝拉推进了产房。

"用力，不是叫你乱动，胎位歪了我可不负责！"

"你手上用那么大力做什么，你必须让自己放松下来！"

折腾了1个多小时，萝拉已经筋疲力尽，突然听护士长吼道："你再不用力气，孩子没有胎心了，你还是个母亲吗？！"

"不！"萝拉一个激灵，不知道从哪里积聚起了一股力量，一个使劲，终于听到了孩子的啼哭声。

护士长满头大汗地过来，还是没有一句好话："你哭什么哭，还不好好歇着！"

助产士收拾好了宝宝，抱到萝拉旁边，笑着对她说："还是我们护士长有办法，要不是她最后吓你一下，还真不知道要折腾到什么时候。"

萝拉这才知道，护士长虽然是"刀子嘴"，却有一颗慈悲的心。对于产妇来说，严厉的话语确实比温柔的安慰有力得多。她对着护士长露出了感激的笑容，护士长随意摆摆手，忙着照应下一个产妇去了。

心理学中有一种心理效应叫作"南风效应"，它源于法国作家拉·封丹的一则寓言：南风和北风比赛，看谁能让人主动把自己身上的大衣脱掉。北风先发威，它拼命地刮风，企图把大衣吹掉，可是人们却只是把大衣裹得更紧；南风徐徐吹拂，人们觉得暖意融融，便自动把大衣解下。这个典故寓意很简单：越是充满攻击性，人们心中的抵触情绪越是严重，越是不容易敞开心扉。

然而，在上述这个案例中，我们则应该从另一个角度来看待"攻击"的问题。在日常生活中，谁都愿意听好听的话，对于那些严厉的话语总是不由自主地抵触、排斥。那么，我们有没有好好想想，那些看似充满攻击性的话语，是真的出于恶意，还是有其他的原因？比如案例中那名护士长所说的话，看似无情却句句要紧，简单、扼要、明确地告诉产妇究竟该怎么做。最后在生死关头，用一句恐吓唤醒了脆弱的萝拉，最终让她顺利生下孩子。

在平常的沟通中，面对他人充满火药味的语言，我们该如何应对呢？

首先，我们要学会分辨，哪些话是带有恶意的攻击，而哪些话是"对事不对人"，是为了指出、解决问题。跳出情绪陷阱和认知框架，尽量做到不因为自己的过度防卫而导致不必要的冲突发生。

其次，即使知道对方并非出于恶意，我们还是可以采取委婉的方式，表达自己的感受。

"抱歉，我知道你是为我好，但是我不太习惯你这样的表达方式，其实我觉得这件事情……"

"谢谢你提出的问题，我想，对于你的话，我是不是可以这样理解……"

"我知道你是为我好，但我也有个另外的想法……"

你可以试着用这样几种沟通方式作为开场白，或许能够起到缓冲"火药味"话语的作用。

第 4 章
关键沟通：解决人际交往中的矛盾和冲突

037 讲　正向沟通原则 2：停止"暴力表述"

现在，让我们跟随秦先生一家，来数一下他们的一天共有几个"暴力点"。

7：25 AM

秦先生对着镜子刮胡子时，突然想起今天要会见一个重要客人，有必要把那块劳力士手表戴上。正想着，儿子匆匆忙忙进来，撞到了父亲后背，秦先生手一偏，脸上出现了一道血痕。"浑蛋，没看到我在忙吗？还不给我出去！"儿子吓得不敢撒尿了，转身跑了出去。

10：39 AM

秦太太把孩子送到学校后，去超市购买一天的食材。结账的时候，她发现有一个货品没有按照折扣价给她算钱，她对收银员说："你们怎么回事，不是标价 32 元的吗？为什么算我 38 元？"收银员表示要核对一下，她不耐烦地说："还核对什么？我不要了。"说着，她就把所有东西都扔回了桌上。收银员表示很无奈，因为核对一下并不麻烦，现在却要全部重新输入货品信息了。

15：45 PM

秦先生心情糟糕透了，他的方案被上司驳回，还被批评了一通。"该死，都是臭小子惹的祸，我就知道早上刮破脸准没好事。"他揉揉头发，沮丧地说。

"秦先生，要来杯咖啡吗？"同事过来问。秦先生瞥了一眼这个春风得意的家伙，没好气地回答道："我哪有你那么闲？我还要改方案啊。""怎

119

么了，老秦，吃火药了？"同事不满地问。"你什么意思？谁吃火药了？我说我要改方案！你的方案通过了，很了不起是吗？"秦先生语气变得更加冲了。同事不想再和他多说什么，转头就走。

18：15 PM

糟心的一天终于结束了，秦先生饥肠辘辘地回到家，倒头就躺在沙发上，一动也不想动。"哎哎哎，浑身是汗就往沙发上躺，快起来！"妻子边说边想拉秦先生起来。

"不要烦我，饭好了吗？我快饿死了。"

"你不洗澡就别想吃饭，浑身臭烘烘的。"

"你什么意思啊，我累了一天！有本事你养家啊。"

"就你赚那点钱……"

夫妻俩就此开启吵架模式……

在秦先生一家的沟通方式中，充满了暴力表述，似乎随时都能使人与人的关系变得紧张。其实，相似的场景在我们的日常沟通中经常出现。每当一个隐含暴力点的情境发生，人们就会立即进入熟悉的模式中：回击、责备、攻击、怒骂……除此之外，我们似乎不知道自己是否还有别的表述方式可以选择。

心理学上有个著名的"踢猫效应"：一个父亲在公司受到了领导的批评，回到家就把顽皮的孩子臭骂了一顿。孩子受了委屈，心里窝火，就狠狠去踹地上打滚的猫。猫逃到街上，正好迎面遇到一辆卡车，司机赶紧避让，却不小心把路边的孩子撞伤了。踢猫效应描绘的是人与人之间在交往时，难免会发生坏情绪的传染——当一个人心情不好时，他会以非理性的方式让身边的其他人也"感染"上不良情绪。

在日常交流中，踢猫效应十分常见。人们总是通过极具攻击力的表达，来发泄自己的不满，同时也将这种负面情感传达给别人。

第4章
关键沟通：解决人际交往中的矛盾和冲突

最重要的一点是：我们太习惯于把外界的评论和自己的感受连接起来，觉得所有的恶意都是针对自己的，而这恰恰是让我们陷入暴力表述的根源。要想停止暴力表述，免予进入踢猫效应的恶性循环，首先必须控制好自己的情绪。不要恶意揣摩别人的话，更不要以攻击性的语言回应。当你想要以"恶语伤人"的方式发泄情绪时，不妨尽量调动理智思维提醒自己：没有人有义务接纳你的情绪，哪怕是最亲近的人。

接下来，你可以试着提升自己的洞察力，加强自己的冷静度，转换表达方式。懂得表达艺术的人，即使再难以表述的意思、再伤人的话，也能用最得体的语言传达出来。

如果你能够学会以下十种表达方式，那么恭喜你，至少你能让自己显得非常有教养。

1. 提出意见却又不伤害对方的自尊心：

"我很赞同您的看法，但我有另一个观点，可以供您做个参考……"

2. 安排属下需要加班的工作：

"你看，这个工作只有你做我才放心……"

3. 提出修改意见时，你可以这样说：

"你的想法很棒，现在让我们一起来看看有没有需要完善的地方……"

4. 请朋友帮个忙时，不妨这样说：

"除了你，我不知道该把这事儿托付给谁……"

5. 不得不拒绝别人的唠叨时：

"我很希望能够继续……可是时间紧迫，我必须离开了……"

6. 讨价还价时，这样最有效：

"老板，我们都是想做成这笔生意的。现在，告诉我最低能给我多少……"

7. 对于一个反复纠结、难以决断的人，你要这样说：

"我们都是爽快人,今天就把这事儿给定了……"

8. 应对别人的催促时,试试看这样说:

"当然,您非要我现在就……也是可以的,不过我可能就没法保证质量了……"

9. 对方犹豫不决时,二选一是个好办法:

"A 还是 B,你选一个吧。"

10. 当别人正在气头上,你应该说:

"我很理解您现在的感受,换成谁都会生气。"

038 讲　正向沟通原则3:放下隐性偏见,多元化看问题

还记得在美国引发轩然大波的那起暴力事件吗?

一架从芝加哥飞往肯塔基州刘易斯维尔的班机由于超售,需要有四名乘客下机,以便让四位机组人员得以登机。由于没有人愿意主动让位,就通过抽签的方式来选取需要离开的乘客,结果被抽到的四名乘客中,一名亚裔男子拒绝下机。后来,机场保安对这名男子采取暴力手段强行将其拖拽离座位,导致其流血受伤,身心受到极大的创伤。男子认为,自己受到这样的对待是由于他被认为是华裔。

这里,我们并不想讨论任何与种族有关的问题,但这起事件却让我们深思"隐性偏见"在日常沟通中所暗含的巨大威力。

古希腊哲学家亚里士多德说过:"人是具有理性的动物。"然而,我们的一举一动却经常受到非理性思维的影响,比如偏见。偏见反映的是我们内在的价值体系,而这种体系的建立往往来自许多未经检验、证实的信

息。比如《傲慢与偏见》中伊丽莎白对达西先生的偏见，就来自她对达西先生傲慢的举止、韦翰先生的诽谤，等等，使她总是对达西针锋相对，失去了自己固有的判断力。

接下来，让我们了解一下，偏见都有哪些特点，这将会有助于我们更有针对性地加以避免由于偏见给我们带来的沟通上的麻烦。

主观色彩强烈

我们很容易根据个人的猜测、臆想轻易下结论。比如，你认为某个朋友爱炫耀，即使他只是正常地与你分享自己的经历，你也认为他是在炫耀。再比如，上司批评了自己，就认为他是针对自己，事实上，他可能只是就事论事。

以偏概全

偏见往往产生于某些片面的观察，缺乏对全盘的认知。秉持偏见的人，往往习惯以不具有足够代表性的事实，来对事情做出判断。比如，某同事一个任务没有完成好，就认为他缺乏工作能力，而不去考虑其他影响完成这个任务的因素。

选择性接受

我们会出于自己的喜好和倾向，有意或者无意地忽略事实和证据。心理学上有个理论，叫选择性偏见。比如，一张白纸中如果有个黑点，这个黑点就会聚集我们的全部目光，我们会自然而然地忽略除了黑点之外的其他部分。同样，如果你认为一个人浑身都是缺点，就会将注意力集中在他的缺点上，即使他在某些方面很优秀，你也完全看不到。

偏见人人都有，有时候纯粹是个人喜好，这无伤大雅；但有的偏见则会造成人际交往中的矛盾。

那么，我们如何在日常生活中消除这种隐患呢？让我们来看看《傲慢与偏见》里，伊丽莎白最后是如何改变对达西先生的偏见的吧。

达西先生向伊丽莎白第一次表达爱意时，两人爆发了激烈的冲突，伊丽莎白不再掩饰内心的偏见，对达西表示出了强烈的反感。达西受挫回去之后，并没有就此放弃，他选择了写信，向伊丽莎白讲述了自己与韦翰之间的过往。

——这里，达西采取的方式是主动将事情原委讲述清楚。虽然这样可能也无法完全消除对方的偏见，但这却是非常重要的一步，否则，两者的误会将永远无法解开。

伊丽莎白的姐姐简一直冷眼旁观达西和妹妹的互动，她很冷静地从达西的角度考虑问题，她觉得不能完全听信韦翰的一面之词。她告诉妹妹，达西先生的好友们都认为韦翰的人品有问题，希望妹妹从其他地方获取信息。

——简的做法非常有效，因为她找准了偏见思维产生的根源：我们的偏见往往就来自过于狭窄的信息渠道。一旦我们内心对某件事情产生了主观认知，如果不能及时从别的渠道了解客观证据，就只会不断强化我们原本的立场。伊丽莎白的问题就在于，她从来没有考虑过：如果事实并不是韦翰说的那样呢？

舅舅、舅母鼓励伊丽莎白去达西所住的庄园参观，因为那里正巧也是舅母的故乡。在参观时，由于从管家那里又对达西有了更全面的了解，伊丽莎白的内心开始动摇。接着，她在庄园里巧遇提前回来的达西，达西一改之前傲慢无礼的态度，令伊丽莎白刮目相看。后来，伊丽莎白的妹妹莉迪亚和韦翰私奔了，这是非常有辱家门的事情，达西挺身而出，暗中相助。伊丽莎白无意中得知此事，非常感动，结合之前发生的一切，她终于完全改变了对达西的看法。

——由此可见，偏见完全消除并不是一件容易的事情，这需要双方的共同努力。当然，我们在人际交往中很难干涉别人的认知和行为，我们所能做的，就是尽量保持客观、全面的态度来了解某件事情或者某个人，多听取他人的意见，多考虑是不是还有其他的因素，不要急着下结论。只有这样，才能避免偏见带来的人际矛盾。

039 讲　改变认知，区分"自我意识"和客观事实

你有没有过这样一种体验：有些人你从来没有接触过，你根本不认识这些人，但当你第一眼见到时，你就非常讨厌他们。

相信不少人都有过这样的经历。那么，在第一眼的反感之后呢？在公交车上或者在马路上，遇到这样的人，你们只需要擦肩而过就可以了。但是，如果这样的人是你的同事、你的上司、你的伴侣的亲戚、你未来的舍友……当你知道这样的人可能要天天出现在你的面前，你不可避免地要与他们发生往来，你会有什么感受？

无奈？绝望？

不！你其实可以不必那么痛苦，因为一切都不过是你的"自我意识"

在作祟。

很多冲突都不是无缘无故产生的，我们对某些人的厌恶也不是毫无根据的，但我们要做的，就是避免因为这些毫无意义的厌恶而导致不必要的冲突。

在心理学看来，我们每个人在成长过程中经历的事情，无论好坏都会留下心理痕迹，其中遭遇的那些不愉快的人或事，就会成为心理阴影，影响我们未来的生活。荣格把人在出生后就具有思维、情感、知觉等方面的先天倾向称为认知的原型。原型有"好"也有"坏"，这个评判标准完全根据我们当时的心理体验而定。比如，一个被妈妈抱在怀里的幼儿，他的舅舅有一双深陷的大眼睛。有一天，舅舅用这双大眼睛做鬼脸吓唬幼儿，幼儿受到了惊吓，从此以后不仅害怕舅舅，而且对于一切"大眼睛"都有着排斥心理，甚至连大眼睛的玩偶也会拒绝。其实，眼睛大小根本无关善与恶，但正是由于这个不愉快的经历，使得孩子在心中不自觉地建立起了"眼睛大＝坏人、恐怖"的心理模式，并对之产生了排斥和厌烦的感觉。

所以，我们再来看看日常生活中，有多少人被我们贴上了"莫须有"的标签，又有多少冲突是原本可以避免的。

小天是一家公司新进的员工，上班第一天，他就在老员工凯文那里吃了瘪。凯文能力很强，办事效率高，他不管小天是不是新员工，也是一样的高标准严要求。可是，在小天看来，凯文就是在故意刁难他，从此，他对凯文敬而远之。有一次，公司召开记者招待会，恰巧安排了两人一起负责媒体接待，领导要求小天把领来的经费都交给凯文统一安排。小天不觉得这是个好主意，但也无可奈何。招待会结束后，他第一时间找到凯文，想要把剩下的钱要回来，凯文不耐烦地说："急什么，我还没有处理完呢。"说完，他就匆匆忙忙走了。小天回到办公室，越想越害怕，他觉得凯文一定会在这笔钱上动手脚。坐立不安了半小时,他决定去找上司说明情况。

小天对凯文的厌恶态度,正是心理学上所说的"投射效应"。这种效应是指当我们认为自己具有某种特性时,他人也一定会有与自己相同或者相似的特性。换言之,你认为自己具有怎样的情感、想法、特性,那么别人身上也会具有这些特性。小天所感知的"凯文在刁难我""凯文在经费上动手脚",完全是自己的主观臆想,这恰恰说明了他内心某些不为人知的阴暗想法,他只是把这一切投射到了凯文身上。

那么,凯文到底把那笔钱怎样处理了呢?

上司听了小天说的话,马上联系凯文了解情况,一问才知道,凯文只是把剩下的钱拿回办公室做清点工作。小天闹了个大乌龙,不仅彻底得罪了凯文,还给领导留下了非常不好的印象。

由此可见,当我们没来由地对某些人产生抵触情绪时,为了寻求心理平衡,往往会做出一些不够客观和理性的事情。比如,采取武断的评判,对他人吹毛求疵,以此寻求自身的优越感和安全感。殊不知,这是非常危险的行为,因为我们没有意识到这常常是自卑在作祟,而我们的潜意识又不允许自己承认这种虚弱感,所以我们就先发制人,给自己一个"这个人确实很讨厌"的理由。这在心理学上称为"讨厌紧缩反应"。

国际著名心灵导师拜伦·凯蒂的"转念作业",可以非常有针对性地帮助我们觉察到"自我意识"的根源:

1. 你所认为的是真的吗?
2. 你能确定你的认知是客观的吗?

3. 当你相信那个念头时,你是怎样反应的?发生了些什么?

4. 没有那个念头时,你会是怎样呢?

我们要改变的不是别人,恰恰是我们自己。你讨厌的不是对方身上的特质,而是你内心无法走出的困境。所以,诚实地面对自己的心,不要害怕那些人所带给你的焦虑和恐惧,只有这样,你才能面对真正的自我,以更理性的姿态回归社交圈。

040 讲 转换立场:别太相信自己的视角

一段视频,三个立场

前段时间,我在 YouTube 看到一段来自泰国的视频,视频描述的是一家书店的老板,他每天开店门时,都会发现门前躺着一个流浪汉。无论老板是对着他泼水还是打骂,流浪汉仍然每天过来。

一天早上,老板照例打开店门,正准备像往常一样轰人,结果却没有看到流浪汉的身影。他觉得很奇怪,于是调取了店门前的监控探头,一看才知道,这个流浪汉在书店门前过夜时,会帮他打扫垃圾、赶跑醉汉。然而昨天晚上,流浪汉发现有两个小偷在撬门,他上前阻止,被这两个贼用刀捅死了。看到这里,老板羞愧不已、热泪纵横,画面上出现了这样的字幕:"有些事实,是你的眼睛看不到的。"

看到这里,你以为这是一个感人的故事吗?其实,它是一则监控探头的广告。该视频上传后,在短短一周的时间内,点击量已经达到了近千万次。老板、监控探头、广告,这段仅有 5 分钟的视频,却带着我们转换了三次视角。可见，很多时候事情确实不仅仅是我们看到的那样。

我们的坚持己见，带来的往往只是冲突和矛盾。这就是为什么，很多时候我们以为是"为你好"，却让对方无法忍受。

"我就是不想听你的"

每个陪读父母都有这样的经验，孩子做作业总是慢吞吞的，家长在一边急得不行，可孩子就是磨磨蹭蹭。有时候，母亲会控制不住情绪，对着孩子拍桌子："我说你看看现在几点了？还在那里磨蹭！要我说几遍啊！"这样的场景持续几天，你以为孩子终于会改正自己的行为吗？

不，他会变得更倔！

遇到这种情况，与孩子硬碰硬是没有用的，那么该怎么处理这种问题呢？我们要转换思路，从孩子的角度考虑问题：是不是作业太难？是不是哪里不舒服？如果不分青红皂白就责问孩子，那么今后的沟通就会有越来越多的阻碍。

麦太太在打扫儿子小威的房间时又发现了一大摞漫画书，她生气极了。小威是重点高中的学生，麦太太当初花了好大的心思，才把小威弄进这所中学，哪知道他不知什么时候迷上了漫画，对功课却完全不上心，刚刚过去的期中考试，居然每门功课都降到了70分以下。麦太太曾经郑重地找小威谈过：喜欢漫画她不反对，但至少要保证成绩过得去吧！一开始，小威还信誓旦旦地保证，在学习成绩提高之前，绝不再接触漫画书，但随着麦太太一次次地搜出"罪证"，并严厉地批评他，小威的态度却越来越强硬了。之前他还躲躲藏藏，现在竟然毫不掩饰。

麦太太看着这些漫画书，不知道该怎么办才好。

处于青春期的孩子或多或少会出现类似小威这样"对着干"的行为，不管你说什么，他都跟你对着来。其实不单单是青少年，成人也很喜欢"对着干"。比如，你刚完成今天的任务，本来打算再整理整理文件，结果老板冷不防来了句："上班时间不要浏览网页。"你腹诽道："反正我工作都完成了，看看网页有什么不行的？"于是，等老板离开后，你忍不住点开了右下角的新闻弹窗……

面对别人的强制要求，每个人都会产生抵触情绪。所以，不妨转换一下思路，别再一味地表达你的反对意见。你可以试着迎合对方，然后引导对方做出正确决策。比如，换一种表达方式，将"我这是为你好"换成"你觉得这样会不会更好"。

尊重"脑回路"的不同

男人和女人的思维方式是有差异的，我公关沟通课上的一位学员小琪对此深有体会，让我们看看她是怎样"驭夫有术"的。

小琪的丈夫是公认的"贤夫"，在朋友眼里，他们夫妻非常融洽。

如果说小琪有什么独门秘方的话，那就是：切换成对方的思维方式和他沟通。

切换法之一：满足老公的"大男子"主义。

小琪掌握着家里的财政大权，但是曾经她也会为每月找老公要工资的事情发愁。每次她对老公说："这个月的家用还没给我呢。"老公总会磨磨蹭蹭，要催好几遍才交上来。小琪一度以为老公不愿意她管账，怀疑他是不是有什么不可告人的秘密。有一次，她在时尚网站上看到一个心仪已久的包，想要买下来，便征求老公的意见。老公听了说："反正家里的钱都是由你掌管，干吗问我？"小琪机灵地回答："虽然钱在我手上，但这可都是你挣的。你才是咱们家的首席财务官。我呢，就是帮你看账本儿的。"

结果引得老公哈哈大笑。这之后，他交工资也比以前爽快多了。小琪这才知道，原来老公就吃这一套。

切换法之二：让他解决问题，而不是发现问题。

小琪曾经无法理解老公为什么从来不能主动做家务，比如让他下楼取报纸，他就绝不会顺便把放在门口的垃圾一起带下去；让他帮忙擦一下桌子，他就真的只抹了一遍了事。有一次小琪做晚饭，实在腾不出手，就对老公喊道："老公，帮我往汤里放点儿菠菜。"等小琪做完别的事，打开汤锅盖一看，上面果真就只漂了两根孤零零的菠菜叶子……这样的事情总是让小琪哭笑不得。

为了老公这种种的"不靠谱"，小琪和他曾经多次争吵过，小琪感到很愤怒，老公则觉得很委屈。后来她才从心理学上了解到，女性的左脑和右脑，天生比男性连接得更好，所以女性考虑问题比较周全，可以同时完成好几项任务；男性则比较容易专注于一件事情，很少会兼顾到其他。此后，小琪改变了与老公沟通的方式，总是非常明确地告诉他要做什么，或者遇到什么困难直接告诉他，双方都觉得这样的交流既轻松又自在。

当然，思维的差异不只发生在男性和女性之间，由于成长背景的不同，这个世界上每个人的"脑回路"都不一样。所以，在与他人沟通时，如果对方的思考模式和处事方式让你难以理解，最好全面、深入地思考一番，别急着做出评判。

041 讲　如何巧妙应对别人的贬低与诘难

情绪的灾难，归根结底来自遭遇否定

一群人正在为孩子庆祝生日，这时，一个朋友开玩笑道："时间真是过得快啊，一转眼都这么大了，我还记得他小时候到我家来，大半夜的还尿床呢。"这时，旁边响起了笑声，这让本来开开心心吃着蛋糕的孩子顿时面红耳赤，情绪也没有原来好了。

很多人都有过这样被人揭短的经历，生活中不少朋友之间会因为熟悉开玩笑。可是，很多时候无意间的一句玩笑，却会让朋友之间关系疏远，甚至导致发生口角。那么，我们该如何看待这样的事情，又该如何应对呢？

揭短，可以被视为是贬低的一种，通常指的就是将他人的短处当众揭露出来，也包括曾经经历过的不愉快的事情或者创伤等。同样属于贬低的还有蔑视、侮辱等行为，当我们遭遇这样的对待时，常常会感受到许多负面情绪，自尊心也会受到伤害。一般来说，我们会因为感到恼火而习惯性地为自己辩解，因为我们会认为他人的贬低是对自我的否定。

美国心理学家埃利斯提出的"情绪 ABC 理论"认为，遭遇"贬低"需要避免三种不合理的信念：对自身绝对化的评价、过度评价他人的行为、对结果的负性评判。在这三种信念的支持下，我们会感到一种不被认同的焦虑、恐惧和不安，从而引发冲突的发生。

应对他人的贬低，我们应该做到坦然面对，接受不完美的自己。很多时候，他人的贬低其实并不完全针对我们本人，大多数都是就某件已经过去的事情而言。比如，儿时"尿床"，暗示的是过去而非当下，没有必要为此过于介怀。其次，我们要分清对方是善意的玩笑还是恶意的贬低。如果是前者，不妨一笑了之；如果是后者，那么不妨视其为合理的提醒。有了这样的意识后，我们再遇到这样的事情时，内心的挫折感就会减少很多。

他并不是针对你这个人

心理咨询师布兰妮和朋友分享了一个她与先生之间发生的事情。

一个大热天的傍晚，布兰妮告诉出差回家的丈夫托马斯：空调坏了。托马斯虽然满身疲惫，但还是翻出工具箱，开始检查空调的问题。

半个小时过去了，托马斯满身大汗，却仍然解决不了问题。托马斯变得焦躁起来，对布兰妮说道："我说过多少次了，这个空调早就应该换了！"

布兰妮不假思索地反驳："上次我说要换，明明是你不肯的。"

托马斯声音高了起来："可是我在家的时候都用得好好的，怎么我一走空调就出问题了呢？"

面对托马斯的咄咄逼人，布兰妮正想再次反驳，可是看到他满头的大汗，以及疲惫的神情，突然意识到："让托马斯生气的可能并不是空调坏了这件事情，他也不是在针对我。"托马斯只是因为无法解决空调机坏了的问题，而产生了强烈的挫折感和无助感。他用语言攻击布兰妮，也只是一种"情绪转嫁"。想通了这一点，布兰妮的头脑此时非常清醒，内心瞬间平静了下来。她笑着对托马斯说："快去洗个澡吧，你太累了，我打电话叫专业维修人员来。"

托马斯听布兰妮这么说，顿时也像泄了气一般，一句话也不说，默默地从梯子上爬了下来。

布兰妮告诉朋友："当时，我突然明白，我们的情绪是错位的，托马斯需要的是理解、支持和拥抱，而不是唇枪舌剑，这样只会破坏我们之间的感情。"布兰妮的职业素养在这个时刻得到了体现，而且她能觉察到自己的内心在这瞬间的转化。

日常的人际交往中，我们免不了遇到与人发生口角的情况，那么当他人对你发起诘难时，不要急于反驳，而是静下心来，判断对方当下处于何种情绪。如果对方情绪不佳，那么我们不必急于与之争个高下；如果对方是有意针对自己，那么就表明自己的立场，但不要进行人身攻击。可以保持积极倾听的姿态，提一些开放性的问题，比如，"可以告诉我你的想法吗""如果你觉得我做得不对，那我接下来应该怎样呢"；如果对方纯属恶意攻击，那么不如转身走开，避免与之发生正面冲突。

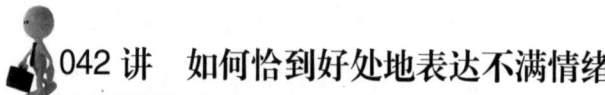

042 讲　如何恰到好处地表达不满情绪

平时，你一般怎么表达自己的不满情绪？让我们看看下面的这些句型，是否都是你日常惯用的表达方式。

"你怎么连这点事情都做不好？"

"天啊，我都懒得说你了！"

"我和你没什么好说的了！"

"这全怪你！如果不是你，就不会……"

"……

第4章
关键沟通：解决人际交往中的矛盾和冲突

这些典型的指责式沟通方式是不是很眼熟？是的，大部分都是这样表达的，然而这种对话模式除了加剧冲突以外，没有任何好处，甚至会让听者产生严重的身心问题。

有一个在销售公司工作的来访者，在进行心理咨询时这样告诉我："每次听到电话铃声我都特别紧张，心跳不由得加速，因为担心又是我上司打来的。他是领导，根本不听我的辩解，只知道一味地批评我，我什么也做不了。"这个来访者得了很严重的肠胃疾病，就是长期压抑的结果。

由此可知，学会如何表达不满情绪，是非常重要的，而情绪的表达，也有其自身的规则。1969年，Ekman和Friesen在跨文化研究中提出了"情绪表达规则"一词，即指在恰当的场景中恰当地表达情绪的社会规范。与野蛮的情绪表达不同，优雅得体的情绪表达既能让我们脱离困境，又能够从他人立场上考虑问题。一般来说，情绪表达策略包括掩饰策略、夸大策略和减弱策略。

《大宅门》里白家二奶奶就是善于表达不满情绪的个中高手，首先，她十分懂得如何利用掩饰和夸大，来达到"告状"的目的。由于摘匾的事情，二奶奶与盘下白家老铺的董掌柜发生了冲突，之后她就去拜访御药房太监常公公。趁着常公公没有回来，她赶紧往脸上洒了些茶水，常公公见了以为二奶奶哭了，就询问缘由。二奶奶急忙掩饰说没什么，越掩饰，常公公就越急切地想知道原因，一旁的侍女就说二奶奶被人打了。于是，就有了下面的对话。

二奶奶："其实也没什么，我们老铺的匾是祖上传下来的，我就去摘了。谁知……嗨，不说了。"

常公公："是不是董大兴那个臭小子？这小子成天做点假药糊弄我。"

二奶奶表现得很着急："我们孤儿寡母的，可惹不起他们。"

常公公:"我惹得起!"

二奶奶:"您哪,趁早别惹他们,人家是宫廷供奉,有朝廷撑腰呢。"

常公公:"二奶奶,你太小看我了,你这个人就是心忒软了。"

二奶奶并不是直接向常公公表达自己对董大兴的不满,而是先引起常公公的好奇,然后她明知常公公有足够的权势,根本不把董大兴放在眼里,却故意夸大了董大兴的可怕,挑起了常公公的愤怒,从而达到借力打力的效果。这种不着痕迹的表达方式,很值得我们借鉴。

那么,什么是减弱策略呢?我们依然可以从白二奶奶的为人处世中得到启发。白家和关家本是亲家,因为某件事情,两家结下了仇。有一次,关家大爷续娶的妻子毒打其前妻之女,也就是二奶奶的外甥女儿,女孩儿被偷偷救回了白家养伤。关家大爷气势汹汹地前来要人,二奶奶不卑不亢地与之理论,但关家大爷依然吹胡子瞪眼,对着她拍桌子。

二奶奶见此,坐直了身子,冷冷地说:"你对谁拍桌子?嗯?"

关家大爷自知理亏,默默地坐下了。

二奶奶:"亏你们也是书香门第,道理都吃到狗肚子里去了。"

关家大爷:"你们白府好,把我儿子活活摔死!"(二奶奶终于知道症结在哪里了)

二奶奶:"您就老也解不开这个结啊……我们平心静气地想想,这孩子招谁惹谁了?仇不能越结越深,这仇也不能代代地传吧。"

关家大爷不吭声,但对于二奶奶的这个话,他无从反驳。

二奶奶抹起了眼泪,哽咽着说:"这孩子的妈已经疯了,你是想让两代人都不得安生吗……"

关家大爷再也坐不住了,站起身,一语不发地离开了。

二奶奶先是以当家人的身份镇住场子,在了解关家大爷内心的痛苦后,便改变了策略,不再与关家大爷纠缠女孩儿何去何从的问题,而是以弱女子的姿态,表达了她对外甥女儿未来的担忧。此举削弱了对方的愤怒,也让关家大爷十分狼狈,这就是一种减弱矛盾的策略,在消灭对方气焰的同时,也表达了自己对关家大爷自私行径的不满。

043讲 解决冲突的9个关键技巧:让事情的发展都在你的掌控中

控制冲突的关键是控制情绪:谁冷静,谁就赢了

冲突中,有一个后发制人原则,那就是比谁更冷静。虽然很多时候大部分很难完全保持冷静,但是你要在内心告诉自己:深呼吸,慢慢来!花3秒钟时间让自己的头皮放松,这样才能更有效地做出合理应对和理性决定。迅速找出矛盾的根源,努力使双方达成共识,你的冷静情绪也会影响对方,从而使事态得到控制。

利用愤怒,为自己争取主动权

如果对方正处于愤怒之中,那么不妨利用一下对方的这种情绪。比如,顺着对方,告诫他如果他持续这样的情绪,你将会采取更不利于他的措施来解决问题,让他选择究竟是立刻停止,还是继续;你也可以不动声色地从他不冷静的头脑中,获取自己需要的信息,然后加以应对。

绑定利益:你和我是同一战线的

冲突的发生往往是由于利益冲突造成的,那么,如果你能巧妙地将彼此的利益捆绑在一起。比如，让对方觉得帮你其实对他更有利，事态就会完全不一样了。

共情原则：让对方感同身受

如果你想要一个富翁捐款给遭受雪灾的贫民，什么方法最能打动他呢？你可以请他走出房门，在大雪中与他交流，让他感受严寒的痛苦，那么他就不会再那么抵触给灾民捐款这件事情了。解决冲突问题也是一样，如果一个人正在辱骂一个孩子，就直截了当地对他说："如果站在你面前的是你的孩子，你还会这么说吗？"

时机不对，说什么都没用

发生冲突时，你需要判断双方是否正处于情绪失控的时候，如果是这样，那么不妨终止对话，让双方冷静一下，因为时机不对。解决冲突的时机有时并不是即时的，耐心选择一个彼此情绪稳定的时候，再把你的想法，用平稳、缓和的语调表达出来。

做到对事不对人

即使发生争吵，也不要用指名道姓的方式贬损对方，更不能对其进行人身攻击，这一点非常重要。如果你是想解决冲突而不是树立敌人，就绝不能采取这种侮辱性的方式来逞一时口舌之快。把注意力转移到事件本身，你的目的只有一个：解决问题！

克制自己的肢体行为

不管男女，有时候在冲突激烈时就习惯性地发生推搡或者撕扯，这样只会让事态更加严重。所以，无论口头争论如何厉害，千万克制住自己，不要发生肢体冲突。如果对方对自己采取暴力行为，可以大声喊叫以寻求周围人的帮助。

用对方喜欢的方式来对待他

我们常常习惯于从自身角度思考问题，对待他人也一样，很少考虑自己的沟通方式是否是他人能够接受的。如果你不希望别人打扰你，不必生硬地说："不要来烦我！"不妨面带微笑地说："可以帮我一个忙吗？我有些事情需要处理，给我1个小时独处的时间可以吗？"相信，没有人会拒绝你如此合理的要求。

协调与自我的冲突

很多时候，我们与他人的冲突来自我们内在的自我冲突，你总是问自己："我说错了怎么办？""他们嘲笑我怎么办？"不断的暗示加强了你与外界的隔阂，使你变得敏感而多疑。事实上，你并没有那么糟糕，试着改变你的内在语言，适当地无视外人的评价和看法，将你内心的真实想法恰当地表达出来，往往会有意外的收获。

第 5 章

重建社交：
将无效社交转化为有效社交

为什么你无论怎样也无法突破自己的小圈子？
为什么你总是不能找准一段关系的切入点？
为什么无论怎样也很难获得别人的欣赏？
看似无意义的人脉，有可以利用的价值吗？
……

无效社交的根源，往往在于不够清晰、有力的交往模式，这样的交往模式会让你陷入各种迷惘：你似乎无论怎样努力，也无法取得进展，产生"社交无力感"。

掌握有效、实用的人际策略，能够帮助你厘清社交思维，建立有效的社交模式，并在看似麻烦的人际关系中收获可利用的价值。

# 044 讲　有效社交的关键：将弱联系变强

如果你以为，那些与你关系较亲密的人就是你全部的人脉的话，那你就大错特错了。我们经常说"多认识个朋友多条路"，那么，你与那些能够让你"多条路"的朋友之间是怎样的关系呢？

斯坦福大学教授马克·格兰诺维特曾经做过一个调查，研究找工作与人脉之间的关系，结果他发现，100个人中，有54人是通过人际关系，而非投递简历找到工作。他进一步发现，其中只有16.7%的人是通过亲友或者好友找到工作的，而剩下的那些人，则与帮助自己的人偶然见到或者一年也见不到几次。这意味着，在你的人脉中，真正能起到作用的，往往是那些与你并不那么亲密的人，你们之间存在的联系非常弱。

马克教授是这样解释这一现象的：与你关系亲密的人，无论是兴趣爱好、社交圈的类型都与你大同小异，那么你们的信息渠道也会相似，这样就意味着他们往往无法提供"圈外"的信息。这就是为什么在对英国电话通讯记录的调查中，研究人员发现：越是成功的商务人士，比如投资人、CEO等，他们的交往范围越是多样性。这一研究还表明，富人的交往更带

有目的性，他们不会像穷人那样"煲电话粥"，通话时间通常都比较短；他们也会在同一类型的人身上花太多时间进行交流，他们擅长将"触角"伸向所有自己能够利用的圈子。

这一调查研究对我们的启发在于：那些与我们保持"弱联系"的人，值得我们好好把握。

我认识的一家SPA店老板就很懂得运作"弱联系"。有一家SPA店濒临倒闭，这个女老板辞掉了自己银行高管的职务接手了该店。她用了7年时间，不仅做到了客源不断，而且开了4家分店。她是怎么做到的呢？除了提高服务力和产品的有效性以外，她每次培训员工都会交代她们："不要强行向客户推销产品，但你们要和客户建立微信好友关系，不定期地发送养生小知识、节假日问候。"所以，来这家店的客户不仅不会被推销所烦恼，还会在过生日时得到意外礼物。店里营造的是一种轻松、温馨的氛围，在不经意间，客户对SPA店产生了归属感和认同感。于是，不断有老客户介绍新客户过来，而且每当店里有活动，很多客户也愿意介绍自己的资源过来一起合作，SPA店的生意自然蒸蒸日上。

这个老板就是个非常善于把弱联系变成强联系的人。对于一家店来说，要接触的人是各式各样的，如何拴住新客户的心，就要从专业度和信任度入手。在人际交往中，这一点同样非常关键。比如，现在微信朋友圈里，无论你做的是哪种产品代理，"刷屏"都不是一个好的选择，因为很少人会仅仅通过照片来信任一个人。你能做的，就是让潜在客户需要咨询业务时，能够第一时间提供全面、客观、周到的方案；客户收到方案后，不要喋喋不休地追问考虑结果，因为那样只会让人心生厌烦。

成功的人脉掌控者会让人觉得：他始终在那里，不远也不近。

第 5 章
重建社交：将无效社交转化为有效社交

 045 讲　痛点思维——将"需求点"转化为"痛点"

如果你此时面对的，是一个非常不配合的嫌疑犯，而你必须从他嘴里获取 DNA，你会怎么对他说呢？如果你说："张嘴，我要从你这里获取 DNA 样本，带回去化验。"那么他很有可能会表现得非常不耐烦，甚至拒绝配合；但如果换一种表达方式，或许情况就会不同："我必须从你这里获取 DNA，这样才能排除你被怀疑的可能。"大多数情况下，人们会愿意配合你的工作。

这两种说法的不同之处就在于：你是否戳中了他的痛点。面对调查员，无论有罪无罪，人们都会从内心产生恐惧感，生怕自己的 DNA 查出点什么。当你告诉他：获取 DNA 是为了帮他洗脱嫌疑，就从正面给了他一种希望，对方内心的抵触会瞬间降低许多。

痛点思维的灵感，来源于根据产品用户使用中的糟糕点而进行升级换代的一种思维模式。在日常交往中，找准一个人的痛点，也就找准了他最大的弱点。

找到"痛点"，就等于抓住了弱点

《大宅门》里，白二奶奶拉着魏太医一起去找掌管寿药房的太监常公公时，魏太医一万个不同意，但碍于情面还是去了。第一次见常公公时，他对二奶奶十分冷漠，不理不睬。回去的路上，魏太医一个劲地埋怨二奶奶，说她病急乱投医，碰了一鼻子灰。可是，二奶奶却胸有成竹地说："这次没有白来。"为什么她有这个底气？因为人人都知道常公公很贪，但他住的宅子十分破旧，身边只有一个不怎么伶俐的"小妾"，这给了二奶奶机会。于是，她假借请常公公吃饭的名义，带他到了一座豪宅里，里面还有两个年轻美貌的女子等着，二奶奶告诉常公公，这房子和美女都是她孝敬的，把常公公乐得喜笑颜开。拉拢了常公公，是二奶奶扭转局面、盘回百草厅的转折点，是非常关键的一步棋，而她之所以能够成功，就因为她找出了常公公的痛点：刚刚上位，根基不牢，银钱不多。二奶奶的孝敬，正好也是常公公所需要的，因此痛点往往正是需求点的所在。

在日常沟通中，这种思维方式同样会非常有效地打破社交僵局，建立有效对话。

在沟通中，找到"痛点"至关重要，因为那意味着"警醒""需求"和"突破点"。每个人的痛点都不完全相同，不过大致上，都是怕烦琐、不喜欢被否定、怕当众出丑等。我们可以好好回忆一下自己与人交流中曾经遇到的困难，然后分析其中的"痛点"究竟在哪里，这正是我们的沟通能力需要更新换代的BUG所在。找准了痛点，我们就能避免无效沟通。以下是一些避免无效沟通的小技巧。

干脆利落地表达意图

人们的时间都很宝贵，关注点又分散，很少有人有足够的耐心听长篇大论。所以，无论是在职场中还是生活中，想要改变别人的敷衍态度，我们就要更新自己的表达方式。尽量简短、清晰地把事情交代清楚，这样既不容易让他人心生厌烦，也能提高自己的办事效率。

从对方需求出发，用肯定句表达

明确对方的"痛点"在哪里，然后让对方感受到，你是为他的利益考虑，少用"不""不是""没有"这些否定词汇，比如，"你的做法不一定有效"远没有"你选择这样做，会达到不错的效果"听起来顺耳，后者会让人愿意与你继续交流，这样你才有机会表达你的观点。

别戳到别人的痛处

除了减少累赘的修饰语和拐弯抹角的表达以外，我们还要注意在对话中不要戳到别人的痛处，尤其在有矛盾和冲突的时候，切忌把别人的隐私或者缺点当众暴露出来。如果只图一时口舌之"痛快"，反而会给我们带来无尽的"痛苦"。

发现痛点，改批评为关心

一家建筑公司的质量安检员，他发现工地上有的员工不戴安全帽，一开始他总是立即上前，严肃地批评他们这样的做法。员工表面上不说什么，背地里对他的说话方式意见很大，即使当着他的面戴上了，他一走就又拿了下来。后来，安检员改变了策略，问他们："安全帽戴着是有哪里不舒服吗？你们觉得哪里需要修改的？"他关切的态度让员工觉得自己是被尊重的，大家纷纷表示，安全帽的搭扣确实在设计上有不合理的地方，戴久了头疼。安检员立刻联系公司相关负责人，重新换了一批安全帽，之后大家都会很自觉地戴帽子了。

哲学家杜威认为：人类天性中最本质的冲动，就是被人尊重的欲望。这个安检员升级更新了自己的对话方式，让原本痛苦的沟通变成了一种非常友好的交流。他从"痛点"出发，设身处地为员工考虑如何解决"痛点"，从而完成了"痛苦"到"痛快"的飞跃。

心理学上有个"蔡氏效应"，指的是如果人们不再愿意做一件事情，其原因就在于驱使他们去做的动机已经得到满足。同样的道理，人人都愿意向着消除痛点的方向前进，因此只要我们能够找出痛点，并且提供解决痛点的方法，那么，我们就找到了真正的突破口。人们对心灵鸡汤感兴趣，因为烦恼是他们的痛点；人们对打车软件感兴趣，因为打不到车是他们的痛点；人们对共享单车感兴趣，因为缺少最后一公里的代步工具是他们的痛点……痛点就是兴趣点，把它找出来，解决掉，这就是"痛点思维"给我们的启示。

046讲　找准共鸣点，促成有效合作

找准共鸣点

《犯罪现场调查》里的凯瑟琳总是能用寥寥数语就让人信服，所以每次碰到难对付的人，老大葛瑞森就会派她去搞定。下面，让我们看看凯瑟琳是如何让对方无法拒绝的。

地点：洗车行。

目的：让老板停下所有的业务，调查员进入内部调查。

老板："我说，我这里都是为豪车服务，你让我们现在停下来？"

凯瑟琳："是的，全部，我们怀疑这里有凶手留下的痕迹。"

老板："天哪，你没看到我这里全是正在等待清洗的车子吗？"

凯瑟琳："看到了，但很明显，现在还不是最忙的时候，或者，我们再过一个小时过来？在你最忙的时候？"

老板一时语塞，他懊恼地揉揉头发，用商量的口吻说："好吧，那等这部车洗完总可以吧。"

凯瑟琳展开迷人的微笑："当然可以。"

第 5 章
重建社交：将无效社交转化为有效社交

为什么我们平时的很多沟通都是无效的，原因就在于常常是没有找到双方的共鸣点，没有让对方产生认同感。正如这位洗车行老板，对他来说，调查员的工作与他没有任何关系，但是凯瑟琳的一句"我们在你最忙的时候过来"则戳中了老板的软肋。凯瑟琳的潜台词很清楚：要么现在放我们进去，要么在最忙的时候强行进去调查，哪个损失更大？老板立刻意识到：越早放行对自己越有利。

如果我们能够成功调动他人的感知，尤其是将对方的利益考虑在内，那么就可以达成有效沟通。

利用对方害怕尴尬的心理，大胆提出你的要求

如果你发现手机没电了，你会怎么做？第一反应是找别人借手机用，但你会马上否定这个选择：谁会借给陌生人自己的手机呢？

然而，康奈尔大学组织心理学家凡妮莎·博恩斯根据自己近十年的研究，最终得出结论：与你想象的不同，还是有很多人愿意借手机给陌生人的。当然，她的实验不仅仅包括借手机，还有许多我们认为几乎不可能让陌生人去做的任务。博恩斯在《心理科学近期趋势》杂志发表的一篇论文中，对自己的这些研究作了总结：陌生人比我们想象的更愿意帮助他人，甚至做得更多。博恩斯要研究的，正是这种"愿意"的心理机制，而她发现，"尴尬"竟然是其中的密钥。

从请求借手机、做问卷调查，到破坏一本所谓的图书馆图书，同意者竟然超过64%，远远超过研究者预估的25%。

研究者发现，人们一开始确实会拒绝别人的请求，但如果我们再继续提出请求，出于避免承担因为反复拒绝而引起的尴尬，人们会答应接下来的请求，而这恰恰是社会道德的强大力量造成的。所以，在必要的时候，我们不必畏缩不前，不敢开口提出请求，"当一个人拒绝对方的请求时，

他是冒着冒犯对方的危险，这么做会违反社会规范，让双方陷入尴尬"。博恩斯如是说。

既然拒绝会让人陷入尴尬，所以不妨向你的目标人脉大胆提出你的要求。即使对方是高高在上的人，也不一定会拒绝你。我班上的一名学员，在看过伯恩斯的调查报告后，当即做了一个大胆的决定——向他所在的咨询公司的老板提出每年共进一次午餐的请求。没想到，这位老板不仅同意了，还表示，即使每月共进一次午餐也可以考虑，并主动提出可以私底下当他的职业导师。

所以，利用他人避免尴尬的心理，可以适当提出要求。事实上，请求他人的帮助，对对方本身也是一种行为上的赞美，对方很大程度上都不会彻底拒绝。

047讲 从一个行为看出：你是"讨人嫌"还是"招人爱"

T教授打开自己的邮箱，发现了一封标注"请T教授指教"的邮件。教授点开邮件，发现里面是一篇这样的来信：

"教授好！我是一名应用物理学的在校生，读了您关于光电子技术的论文，觉得很受启发。但我不是很明白您在开展相关研究时，哪些是需要考虑的因素。请您来信告知，这将会对我非常有用，谢谢！"

T教授盯着这封信看了好几遍，觉得有点蒙。首先，这名学生没有告诉T教授他读的究竟是哪篇论文；其次，T教授不明白学生所说的因素是

第 5 章
重建社交：将无效社交转化为有效社交

指哪方面的，理论还是实验，或者其他因素，如此模糊的说法，让教授无从回答；再次，学生全文都是从自己的角度出发，没有考虑过这样的来信和要求是否会浪费教授的时间；最后，学生没有署名和联系方式，让 T 教授感受到的只能是来信者的懒散和无礼。

基于这篇令人错愕的邮件实在让人无从回复，T 教授关掉了邮件，开始处理其他事宜。

日常生活中，除了面对面的沟通以外，我们还会采取短信、电话、邮件等多种方式与他人建立对话模式。你是否曾经遇到过发出去的短信、邮件没有回音的情况呢？遇到这种情况时，你是否考虑过，自己的表达方式有问题呢？

比如，有的学生提交作业，邮件里既没有标题，文章的最后也没有署名，附件的文件名和图片更是一堆乱码。遇到这样的作业，大部分老师都会觉得头痛，对学生的印象也随之变差了。在工作中，我们也常常会收到类似的信件，既不自报家门，言语中还流露出一种"我的事情很重要，你必须放下手里所有的事情帮我"的傲慢态度。

我们都希望别人能对自己表现出足够的尊重，但我们自己做到了吗？你是否知道，你的一些自己都没有注意到的行为举止，已经屡屡违背了他人对你的行为期待。我们在与人沟通的过程中，常常会不由自主地露出"唯我独尊"的心态。尽管你没有出口伤人，但你的作为绝对不会招人爱。

那么，怎样的交流方式才是受人欢迎的呢？很简单：尊重双方的时间。

看似很简单的一句话，但实际操作起来，却有很多的学问。我们都听说过"漏斗理论"，说的是我们自己心里想要表达的意思，到了执行的时候只剩下 20%，那另外的 80% 去了哪里呢？对方的理解力、交流方式、硬件条件等诸多因素，导致我们必须花更多的时间，来弥补沟通无效的那部分。

从尊重双方的时间出发，我们可以这样来找回那丢失的 80%，用有效、精准的对话，促成有效社交。

强调内容，直入主题

舍去不必要的啰唆和铺垫，直指主题，从对方的角度，向对方呈现对方能听懂、看懂的部分。

不同的人，区别对待

不同的人，由于身份、地位、理解力的高低，如果用同样的内容去沟通，势必会浪费很多时间，甚至让人感觉不受尊重。那么，我们在与人沟通前，需要做好前期了解工作：对方有何经历、具备什么技能、有何好恶等。

体现出足够的尊重

我们不需要用连篇累牍的赞美来表示自己的尊重，进行邮件沟通、文件沟通等书面沟通时，提前了解一下书面表达的基本规范是很有必要的。如果对方感受到了你的尊重和诚意，之后的沟通将会更顺畅和有效。

048 讲　如何让陌生人也能产生亲密的联系

让我们先来看两个真实的故事。

第一个故事：

有一次，在英国首相官邸，撒切尔夫人宴请宾客用餐，一位新来的侍女在端汤上桌时，不慎把汤洒在了一位内政大臣的衣服上，大臣"啊"了

第 5 章
重建社交：将无效社交转化为有效社交

一声，急忙起身拿起纸巾擦拭手臂上的汤汁。在满座的惊诧中，撒切尔夫人赶紧跑到吓得不敢动弹的侍女身边，搂住她的肩膀安慰道："亲爱的，不要难过，我们每个人身上都会发生这样的事情。"直到侍女不再发抖，撒切尔夫人才转过身去安慰内政大臣。撒切尔夫人清楚地知道，当时最窘迫的是那位侍女，如果不及时安慰她，这件事情将会是她人生永远的阴影。

第二个故事：

如果你要劝一位富人捐款给穷人购置过冬的衣服，你会怎么做？大多数人都会苦口婆心地述说穷人没有棉衣会多么悲惨，再配上一些图片。然而，一次偶然的机会，让热爱公益事业的大卫有了不一样的募捐体验。那是一个寒冷的冬天，他在朋友家用过晚餐，朋友送他去附近的车站。当时，朋友只穿着一件毛衣背心，不一会儿就冷得浑身发抖。大卫对朋友说："别送了，快回去吧，小心着凉。"朋友拍拍大卫的肩膀，转身就小跑着回去了。第二天，朋友打来电话："大卫，你上次说的那个募捐活动，算我一个。昨天真是把我冻着了，我算是知道没钱装暖气是多么惨的一件事情。"大卫大为惊讶，因为他虽然之前和朋友提起过要为穷人募集安装暖气的资金，但朋友并没有表现出过多的兴趣。想不到，昨晚的一次挨冻，让朋友对此事变得如此积极。

以上两则故事，都反映了一个心理学中非常重要的沟通原则：共情。所谓共情，指的是深入他人内心去体验他的情感和思维，将他的体验、经历联系起来，从而更好地理解他人。撒切尔夫人感知到了侍女的不安和惶恐，所以她才会真心实意地去安慰；大卫的朋友通过自己感受到的寒冷滋味，因此更好地理解了穷人过冬的不易，即使他并不认识这些人。

《唐顿庄园》中的三小姐茜玻尔和女仆格温之间的互动，也很能说明共情是如何让两个本来并没有太多交集的人变得亲密无间的。原本，一个是高高在上的公爵小姐，一个只是家中的仆人。然而，在茜玻尔得知格温想要辞去女仆的工作，并且用所有的积蓄买了打字机准备应聘文秘时，事情就完全不一样了。茜玻尔积极地帮格温投简历、鼓励她勇敢面对应聘失败，甚至陪她去镇上面试。她们之间迅速建立起了亲密的友情，其中的原因就在于：茜玻尔深刻感受到了格温作为底层女子，在当时的社会想要冲破偏见把握自己人生的理想，在这一点上，两人的心灵是相通的。

在心理咨询中，共情也是非常有效的劝说方式。把握好共情原则，能让我们用比较柔和的方式来促进对方的进一步表达，减少对方的抵触。共情不是同情，共情是一种深深地体会另一个人的生活体验，通过对方目前的感受而理解他，这就比单纯的"同情"要更加深刻。

049 讲　在看似无意义的社交中，挖掘利用价值

小米大学毕业后，进入了一家私企上班，不错的薪水加上良好的工作环境，让没有什么工作经验的她兴奋不已，工作也格外卖力。然而，入职后三个月，她便发现了工作和预期的落差。作为一名文案策划，她不仅需要做大量的PPT，还常被部门领导安排去做一些与本职工作无关的事情。比如，为上司晚上的应酬预订位子，以及处理其他杂七杂八的私事。更让她无法理解的是，明明工作已经完成了，但周围的同事依然显得很忙碌。小米一开始以为是自己不够努力，后来才发现，同事们只是在位子上看电影、逛购物网站，或者刷新自己的朋友圈、Facebook什么的。小米有几次

第5章
重建社交：将无效社交转化为有效社交

按时下班，结果被同事嘲笑："反正领导又不知道你在干什么，你回家不也是干这些事情吗？"

有一次和朋友聚餐，小米向朋友倾诉道："亲爱的，你知道吗？每到下班时间我都觉得很难熬，如果真的是有工作也就算了，可是没事也要在办公室里熬着，听他们说一些无聊的八卦，真是够了！"有很多次，小米都想辞职不干了，她觉得这简直是在浪费她的生命！

相信不少人都曾经遇到过这种"被迫加班"的情况，有时候周围环境迫使你不得不延长上班时间，如果你早点下班，很快就会被孤立起来。遇到这种情况，该怎么办呢？

把无效社交变为提升个人价值的利器

首先，我们要明确一点，那就是一切不以工作为目的的加班都是"耍流氓"！这种社交不仅毫无意义，而且浪费时间。让我们来看看小米的同学小瑟是怎么做的吧。

小瑟是小米的大学同学，她毕业后就职于一所高中。与小米不一样的是，她并没有遇到"被迫"加班耗时间的问题。不过，她却有意识地把加班视为充电的过程。对于职场新人来说，"做什么"与"怎么做"是需要自己不断发现、不断学习的。小瑟在工作完毕之后，会留心观察那些资深教师是如何处理繁杂的事务，或者如何与学生进行交流的。闲暇的时候，她还会专门帮邻座的同事倒杯咖啡、泡杯茶，顺便问两句简单的问题。周末时，她还积极参加各种培训和交流活动，这令她受益匪浅。

一年后，小瑟成为了独当一面的班主任，薪水和待遇都得到了提升。而小米呢，她并没有离开原来的单位，她已经彻底接受了超时工作的现状,她和同事之间已经形成了一种默契的概念"正点下班是不对的",重复着每天十几个小时"文案策划+处理领导私事+网购+看电影+聊天"的状态。

有一句话说得好,"偷"来的技术才能傍身。踏入社会以后,我们必须明白一点:社会不是学校,不再有老师耳提面命地要你学什么、做什么。同样的道理,社交也不仅仅局限于人与人面对面进行交流,我们要学会把看似无意义的社会关系拿来为我所用。小瑟很聪明,她懂得如何"偷师",在与他人的社交中汲取养分,从而使自己逐渐成长起来。

有效社交：
如何建立更有价值的人际关系

PART 2

构建高质量社交模式，开启有效社交

第 6 章

揭露社交心理，找到最精准的突破口

人类天生就是爱社交的动物，每个人都被深层次的社交欲望驱使着。这是因为在社交中，我们能够满足各种心理需求，获得认同感、自我价值感，以及被关注、被赞美的快感。

每个人都有弱点，而他最敏感、最不为人知，却又时刻在左右他行为的弱点，就是那些无法控制的深层需求。了解这些需求，就等于找准了一个人的"阿基琉斯之踵"。

在社交中，人类表现出来的心理特征通常很复杂——既自私，也无私；既冷漠，又热忱。这似乎难以捉摸，但也有一定的规律。掌握了这些规律，你就能在社交中找到最精准的切入点。

050 讲　人类天生爱社交，但问题是：我们为什么渴望交际

两年前，我接受朋友的邀请，参加了在浙江举办的禅修体验营，身处茂林修竹之中，每个人都挂着一块牌子：止语。是的，整整 7 天，我们不允许闲聊。在师父的带领下，我们坐在蒲团上，静静安坐，与自己对话。

我观察到，很多人在一开始还能做到不与周围人交流，但到了第四天，还是有人忍不住说话了。他的举动立即被一旁的辅导员制止，并作出"止语"的手势，团体中骚动的气氛渐渐平静下来。其实，对于我来说，不说话是可以做到的，但最让我受不了的是上交了手机。我很快就感到了一种焦躁、一种无法与人交流的空虚。好不容易熬过了 7 天，我第一时间拿回了手机，打开手机的那一刻，我觉得：我又活过来了！

回到都市中的家，我细细品味这次禅修体验，这样一种方式确实可以让人放松心情，但我们失去了社交的自由，我想大部分人都会觉得很难熬。于是，我不禁思考一个问题：我们为什么会渴望交流？一个人真的会发自内心地喜欢独处，而不需要任何人际交往吗？

关于这个话题，我们会有一大堆理论依据，支持关于"人不能没有人

际交往"这个论点。任何人都有着强烈的社交倾向，因为人天生就是爱社交的社会动物，谁都想成为八面玲珑、长袖善舞的社交达人。人的自我价值感很大程度上体现在"别人怎么评价自己"上，如果一个人被他人评价为"情商高""善解人意"，那无疑是对他个人能力的一种肯定。我们渴望这样的评价，如果没有了他人作为参照物，我们所做的一切似乎都变得毫无意义。

我经常听到这样的论调，"我不喜欢社交，社交太浪费时间了"或者"不是我不愿意交朋友，只是懂我的人太少"，诸如此类的说法。每次听到这样的说法，我都很想告诉他们：你没有经历过真正的孤独，否则你就不会这样说了。我的确提倡适时独处，挖掘独处的价值，但并不赞成长久地处于孤独状态。

设想一下，如果你现在身处一座荒岛上，就像《荒岛余生》的男主角汉克斯那样，身边没有一个人，你会怎么样？汉克斯原本是一个对任何人都不耐烦的快递公司高管，他看什么都不顺眼，包括那些包裹。可当他发现自己成了飞机失事唯一的幸存者时，他的世界颠覆了。他能依靠的只有椰子树、难以下咽的螃蟹，以及一堆包裹——这是他与文明社会唯一的联系，也是电影刻意安排的一个作为社会交往高度发达的象征。他用这些别人的快递帮自己包扎伤口、制作简易的捕鱼网和鱼叉，最有趣的是，他用自己的血在排球上画了个人脸，他终于有了一个可以对着说话的伴侣——"威尔逊"。

汉克斯就这样为自己创造出了一个"伴侣"，这使他在最绝望的时候，有了继续活下去的勇气。他无论是什么事情，都要与"威尔逊"分享，这让他感觉自己并不那么孤独。

《荒岛余生》为我们揭示了人际交往背后的深层次原因。快递包裹象征着我们身处一个社会分工极细的时代，没有一个人能够完全自给自足、独立生存；排球伴侣"威尔逊"则象征着我们每一个人的内心都渴望伴侣，或者说是一个分享的对象。

我不喜欢用太过功利的眼光来看待社会交往，因为作为一个人，必须认识并承认自己的局限性，成功导向并不是万能的、必需的。很多时候，我们对人际关系的渴望，仅仅是因为它是我们心理强大的力量来源。正如我在本文开头所提到的禅修那样，完全与他人隔绝并不利于我们身心的自由、健康发展。

外界常常要求我们要容纳他人、包容他人，但同时又要求我们保持自己独立的个性。这些要求看似简单，但真正做到并不容易，如果我们连自己在人际交往中的需求是什么都不清楚，就很容易在这个多变的社会环境中迷失自己，甚至被各种心理疾病侵蚀。我们要明白，每个人的内心深处都渴望接纳和亲密，良好的社交关系是让我们保持独立又尊重他人的可靠途径。

051 讲　如果没有观众，人们还会那么努力吗

对被关注的极大渴望："我的努力，你看到了吗"

我的助理小丁最近有点"神经过敏"，我特意找他聊了聊，想知道发生了什么。

事情的起因是这样的：因为最近访谈比较多，我请小丁协助我准备些资料。小丁只是我公司的助理，这些个人访谈资料并不是他的分内之事，但我实在是时间不够用，所以就额外请他帮忙。之后，我就发现小丁变得

有些焦躁不安了，这充分体现在他收集的2个G的材料中。天哪，2个G！当然，我不是在批评他，相反，我很感激他为我找到了如此多的资料，而且还分门别类整理好，听说他为此已经加班好几天了。我意识到了问题的严重性，特意找了一个下午茶的时间，希望能知道究竟是什么让他如此紧张。

小丁一股脑地告诉我，因为他第一次感到自己肩负着如此重要的责任（我告诉他，材料非常重要），他生怕遗漏重要的信息，所以把能找到的材料全都下载了。然后，为了让我对他刮目相看（因为我曾经说过他做事情不够仔细），故而他觉得这是让我对他重新认识的好机会。我听完他的叙述，拍拍他的肩膀，告诉他："放轻松，你做得很好！谢谢你一直以来的协助！"

小丁为什么会对这样一件平常的工作反应过度？正是来自他内心对被他人关注的渴望。在他的焦躁不安，以及他异常详细的材料准备中，我感受到了他的这种渴望是如此强烈。其实，我们每个人都有这种需求，这是我们与他人建立交往关系的内在动力之一。

我遇到过不少与外界建立非安全型依恋关系的人，从他们身上，这种需求表现得更明显。他们常常习惯于在人际交往中，以过度反应的姿态从身边人那里获取肯定，事实上，他们只是活在自己的幻想中，并没有与他人形成有效沟通。这种幻想就如同小丁加诸在我身上的那样，把我完全理想化，试图用丰富的材料来"讨好我"。我很难想象，如果我对他准备的材料表现出漠然、不屑一顾的态度，他会不会陷入崩溃。当然，小丁的情况还没有那么严重，但他应该认识到自己这种心理状态的内在原因——渴望他人关注和肯定的需求。

"不要漠视我"

曾经有来访者，在咨询结束后，不断用微信给我发消息，补充说明他之前没有说到的情况,恨不得把所有的事情都告诉我。我回复他:下次来访时,我们再具体聊。可他还是源源不断地发信息过来。我没有及时回复,结果就陆续收到了他乞求我回复的消息,以及"我下次不会再去你的咨询中心了"的警告。这一条条信息,暴露了他内心过度的不安,他没有与人保持理性界限的意识,他需要的是时时被关注,只有这样,他才有安全感。

从"讨好"到"贬低",这是人际交往中经常遇到的沟通方式,在你我身上都曾发生过。其内在原因,正是由于自身心理需求没有得到满足,于是伴随而来的是失望、焦虑、不安、憎恨等剧烈的内心情绪。这也能解释,为什么许多人都那么热衷于发微信朋友圈,因为我们需要即时的互动,无论是点赞也好,评论也罢,都能够立刻感受到自己是被关注的。试想一下,如果等了半天,却没有一个人关注这条动态,我想有不少人会选择直接删除这条"毫无意义"的消息。

虽然我们从婴儿时期就已经无师自通了不少策略以获得高度关注,但如果把这种模式一直带到成年的人际关系中时,就会表现为对渴望关注的过度纵容,这将导致人际关系的崩塌,因为身边人很难长期忍受这种情绪起伏和缺乏边界。我们要明白,这一切既是内在的需求,也会成为我们的障碍,而我们能做的,就是明白这种需求的合理性,然后安于自己的内心。很多时候,事实真相与我们的内心幻想有着很大的差别,他人并没有你想象得那么忽视你,我们要学会耐心、包容,以及适当降低满足内心需求的渴望度。

052 讲　对被认可的迫切需求：人人都需要被肯定、被认同

不少人都很喜欢做心理测试，过年时抽一张新年签，或者用塔罗牌占卜，还有人热衷于"星座评测"，因为那让他们自我感觉良好。为什么会这样？因为大部分测试的结果都会用模棱两可的语言，在某个方面契合你的内心。通常情况下，人们都喜欢听好话，对许多不确定因素，也喜欢往好的方面去猜想。比如，如果有人夸你的孩子是个天才，即使他昨天刚刚因为考试不及格挨了你一顿揍，你依然会觉得，自己的孩子是最棒的，只是不够努力而已。

明确每个人都有渴望他人认可的需求，会让我们在人际交往中把握主动权。我在进行心理沟通时，也会采取这种技巧。当有人问到某个不确定的问题时，我会告诉他，如果想要结果是好的话，还需要有个相应的过程。所以，无论是求签也好，做心理测试也好，人们对之如此执着的原因，正是在于渴望得到来自外界的肯定暗示。

在亲密关系中，我们同样喜欢得到他人的认可和赞赏的心理，而这正是安全型亲密关系得以建立的基础。其中的原理何在呢？

我由于工作比较繁忙，平时很少帮家人做家务。偶尔心血来潮帮忙洗洗碗、擦擦桌子，他们总是在一旁笑眯眯地说："真是上得厅堂、下得厨房。"每次我听大家这么说，都觉得挺不好意思的，但不可否认的是，心里还是挺受用的。可以想象，如果我的家人在我边干活的时候还在一边说："看看，这就是平时从不洗碗的人干的活儿，洗个碗把水弄得到处都是，擦桌子也擦不干净。"即使她说的可能都是实情，但这种指责、挑剔和抱怨只会打击我

第 6 章
揭露社交心理，找到最精准的突破口

做事情的积极性。我以后只要想到做家务，耳边就会条件反射地响起这句话，我被认可的需求得不到满足，自然不会再坚持做家务了。

不过在生活中，还有一种情况，会造成因为认可缺失而导致的社交障碍，那就是明知对方想被自己认可，却不愿意给予对方。曾经有个太太，是这么和我说她对待孩子的教育方式的："哼！小孩子就是不能夸，一夸，尾巴就翘到天上去了！"她坚信棍棒之下出孝子，并为这种理念扬扬得意。可惜，她的孩子考上大学后就开始过度放纵自己，留级、打架、夜不归宿。等到老师请这位太太到学校去时，她根本不相信这会是她一贯听话乖巧的孩子。太太当场就崩溃了，孩子见母亲这样，反而手足无措，他对老师说："我也不想这样，但我做得再好，妈妈也不会夸我，我觉得我怎样都无所谓了。"

在一段亲密关系中，双方的安全感是要通过彼此的认可、接受和支持来获取的，然而很多人都像这位太太一样，有一种认识误区，认为自己给予得越少，对方就会付出得越多，事实恰恰相反。安全型的关系中，往往充满了对彼此的认同感，这种认同感不是通过吹捧来表达，也不用对他人的善意表现出防御姿态，更不需要担心引发牺牲自我的焦虑和不安。

如果你的思维还停留在"如果当初他没有……我也不会这么对他"或者"既然他都不肯认可我，我凭什么要认可他"，那么，你们的关系只会越来越紧张。

既然已经意识到了人人都需要被认可，那么我们该如何把这种认可表达出来呢？

1. 改变"计较得失"的心态，不吝惜自己的赞美。人际交往中的情感付出不能过于计较是否有回报，否则不仅会给对方造成无形的压迫感，也会让一段关系变味。

2. 不做恶意解读。即使自己的认可需求暂时没有得到满足，也不要将其变质为怨怼，我们的价值并不完全依赖外界的评价。

3. 放下心结，直接表达自己的诉求。不要执拗于"我说了他才夸我，真没意思"这样的想法，毕竟有很多人并不知道赞美和认可在一段关系中的重要性。不妨直接告诉对方，你需要被认同的需求，也许对方会试着改变交流方式，给你适当的反馈。

053讲 社交仪式：我们彼此认同，我们"抱团取暖"

在前面两节中，我们已经了解了人际交往中的两种主要心理需求：被关注的需求和被认可的需求，那么，作为社会人，我们有着多重身份：丈夫、妻子、儿子、女儿、同事、朋友，等等。这些身份意味着我们还同时属于不同的社会群体，扮演着不同的角色。我们的种种心理需求，决定了我们会对怎样的人或群体产生认同感，而这种认同感是如何产生的呢？

中国有句古话：男不拜月，女不祭灶。腊月二十三是灶君老爷上天的日子，过去家家户户都非常重视。灶，在过去的日常生活中，有着非常重要的意义，现在一些少数民族还保持着全家围着火炉吃饭、召开家庭会议的民俗。只有同一个家庭的人，或者有着非常亲密关系的人，才会有资格在一个灶上吃饭，这让他们产生了一种身份认同感。

身份认同感能让人迅速归属到某一群体，从而区分出"自己人"和"外人"，这种认同感能够让人们产生亲近感，相互之间的沟通也会非常顺畅。这种认同感的产生往往是基于主观的情感，而产生这种情感的获得通常来自仪式。

仪式并不单单指婚礼、葬礼、毕业典礼这样的礼节形式，其实在我们的生活中处处充斥着仪式。比如,爱丽丝·尤利尔就在她的著作《一起吃饭》中指出:聚餐能从根本上转变人们的观念,在餐桌上,人们会对不同种族、性别和社会经济背景的人有更加平等的看法。

在纪录片《李英爱的晚餐》中,韩国著名演员李英爱在策划纪录片的重头戏"晚餐"时,提出了"通过分享饮食来沟通情感,从而让用餐者了解韩国饮食所蕴含的文化和情绪"的想法。当天,30位来自不同国家、有着不同职业背景的贵宾聚在一起,共同品尝佳肴,作为压轴菜品——韩国拌饭。李英爱说:"各位,终于来到我们期盼已久的时刻了。虽然各位是从不同国家而来,个性也不同,我们聚集在同一个地方,分享菜肴,享受情感的交流,如果能达到互相沟通的结果,我认为这样就具有超出饮食以外的意义。虽然大家会感到陌生,但一起搅拌之后,互相分享,希望各位能够享受。"然后她提议大家站起来,轻松一点,于是原本拘谨的用餐现场充满了欢声笑语,不时听到"这个要再拌一下""再加点辣椒酱"这样的话语,原本不熟悉的宾客把一起拌饭的伙伴称为"拌饭梦幻团队",彼此间的关系立刻就拉近了。相信这将是他们难忘的一顿晚餐,可能今后他们会互相称呼彼此为"拌饭伙伴"。

然而,许多家庭越来越忽视"聚餐"这一仪式在我们生活中的重要性。有不少家庭,灶台永远是冷冰冰的,全家人很少在特定时间,团聚在一起吃一顿饭。很多人宁愿在各自的房间里,一边对着电脑,一边狼吞虎咽。

以"聚餐"为代表的仪式为什么能够成为连接人们心灵的纽带?因为这些仪式可以让人们在同一个场景中,参与同一件事情,在这个认同过程中,其本身会唤起人们共同的欲望。

比如,旅行社用同样的社服、同样的帽子、同样的口号,唤起人们对同一个目的地的向往;企业用同样的制服、口号、目标来唤起人们的斗志……

仪式作为人际交往的外在表现形式，其实正是人们脑中的图景向外界的一种投射，参与其中的人通过辨识投射的图景来了解彼此的观念、想法、价值观。所以，我们常说：你身边的人可以反映出你是怎样的人。

旧的仪式正在消解，新的仪式正在产生，我们正在从现实中的仪式转移向虚拟仪式中。比如现在很流行的开着弹幕看电影，这已经成为了一种新的潮流：一边看电影，一边可以即时看到一起观看者的评价，大家即使互不相识也没关系，只要弹幕够精彩，气氛就会很热闹。

没有人能够离开仪式活着，我们总是会倾向归属于某个群体，而仪式正是接纳每一个个体到群体中的媒介。

054 讲　过度的仪式感，会让人际关系失控

每次和先生出去用餐，下筷子前都要特别小心，因为他常常会把我的手一把推开："等等，我还没有拍照！"这时候，我只能在一边耐心地看着他把每道菜都拍了照，并且满意地发了朋友圈，然后我才能动筷子。为此，我常常和朋友开玩笑说："现在，我们用餐前拿出手机拍照发朋友圈，已经成为了某种仪式。"

这种仪式感无处不在，最近网络上很火的《一人食》，让我更加深刻地感受到，用餐是多么庄重的一件事情：素色的桌布、木系家居、和风餐具，通常还会有只猫。整个做饭过程都是井然有序、如律如法，让人看了以后回味无穷。

其实，我也是个喜欢仪式感的人，比如我会在每周五下午，放下手头的事情，与我的合作方通通电话，安排下一周的工作；我喜欢自己收拾书房，

每本书的放置都有一定的偏好；开始写作前，我喜欢洗手、点一支日本的淡香，然后端端正正地坐在书桌前……这些行为其实并没有太大的实际意义，但至少让我感觉我活得很有规律，而这种规律让我内心得到平和。

在上一节中，我强调了仪式是个体和群体之间彼此融合的媒介，但仪式感似乎是一个很私人的感受。从更广义的角度来说，个体出于某种需要，既是仪式的参与者，又是仪式的创造者。从这个意义上说，个体有时是仪式规则的遵从者，有时则是仪式规则的制定者。通过这套规则，我们需要重新观察和思考其中的意义——我是谁？

我们需要仪式感，是因为我们害怕失控，害怕迷失了自我，所以需要暂时剥离自身身份，只要遵循仪式本身的规则就好。

然而，如果我们过度追求仪式感的话，会变得怎样呢？就个人而言，非但不能获得平静的内心，反而会变得焦虑、不安，变成别人眼里的强迫症患者。在人际交往中，如果我们只注重自我内心仪式感的满足，就会忽略了他人，缺乏包容度和忍耐力。当我们要对每一件事情都赋予意义时，只会剩下一个感觉：累！

比如，非安全型亲密关系，其实就是彼此在争夺掌控权，他们要在关系中确认自己的存在感，要确定自己能对身边的人和事产生足够的影响。在他们眼里，仪式感就是通过许多琐碎的事情中来体现：发短信必须立即回复，否则就意味着被忽略；说出的话必须得到认可，否则自身价值就值得怀疑；身边人一定要时时刻刻关注自己，否则就失去了安全……我们有多少人陷入这种仪式感的获得而无法自拔？但是，这一切只是我们心理需求投射出来的一种幻觉而已，这种感觉是不可靠的。

许多人正沉浸在这种仪式感带来的满足中，让对仪式的追求取代了亲情、友情、爱情本身，那是非常可怕的一件事情，因为这意味着一切已经在失控的边缘。

055 讲 "付出者"隐藏的私心：帮你是为了我自己

我认识一个服装高级定制公司的老板，是一个30岁出头的女性。她白手起家，开了两家分店，生意做得红红火火。前段时间，她通过朋友的推荐找到我，说是感情上有些困扰，想让我帮她出出主意。我从她的叙述中得知，原来她曾经经历过一段感情，和男友已经到了谈婚论嫁的地步，可因为她忙于创业，男友出轨了，这让她痛不欲生。她一度决意，终生不嫁人，把所有的心思都扑在公司里。

事情也确实如她梦想的那样，有了自己的事业，一切都顺风顺水。但时间一长，她发现单身女人在社会上立足太难了，尤其是她这样年轻的女老板。她考虑再三，把目光投向了自己的合伙人，可当她有了这个念头之后，却发现这个男人虽然工作能力强，但作为结婚对象似乎并不合适——功利心太强，也过于精明。这样一来，她也就淡薄了这个心思。可不知道怎么，合伙人似乎觉察到了她对自己异样的想法，转过来主动追求她。女老板并不想两人的关系变僵，只能委婉地说希望继续保持合作关系。合伙人仍然表现得很急切："我觉得，我们的结合对双方都有利。只要你嫁给我，我就会豁出命干，把我们的公司办得更加好！"女老板听他这样说，觉得非常反感，但也无可奈何，只能说给她时间考虑考虑。

她苦恼地对我说："我实在不知道该如何处理这个事情。我并不想得罪这个人，毕竟大家还都是生意上的伙伴。但让我为了公司嫁给他，我实在不甘心。"

我赞成她的想法："你说得对！我的建议就是快刀斩乱麻。既然他已

第6章
揭露社交心理，找到最精准的突破口

经有了这样主动强势的姿态，那么他很可能已经做好了你不接受就离开公司的准备。我想，你应该先把公司各方面安排好，给自己留好后路，再对他表明你的态度。"

她沉默良久，终于下定决心般点了点头。过了一周，她打来电话："我已经把话对他讲清楚了，他表示接受，但同时也递上了辞呈。"女老板说，这个合伙人还在暗中拉拢财务和工厂的负责人，幸亏她的一个心腹及时告知，稳住了人心，大家出于对女老板的情义，都没有离开。最后，女老板提拔了这个能干却一直被合伙人压制的心腹，而合伙人则在不久之后也自己创业，两人从合作者变成了竞争者。

这个案例非常有代表性，原因就在于我们在日常生活中也经常会碰到这样的人：看起来是在帮别人，但其中暗藏私心，同时这类人往往自己并不觉得有什么不对，他们还会反过来质问你："这么好的事情，为什么不做？"

不可否认，我们每一个人都离不开与别人的合作，但这个女老板的例子中，合伙人之所以让人觉得反感，就在于他的帮助是赤裸裸的交易。这种交易并不是经济学范畴的名词，而是指心理学中所说的"交易效用"，是人们能感知到的一种"交换的行为"，这个词本身是非常中性的，即拿出多余的东西，去交换自己想要的东西。

客观地说，我们的人际交往处处都存在"交易"，不付出就得到的事情是没有的。不过，一旦涉及心理层面的"交易"，就不是一加一等于二那么简单了。就物质的交易而言，只要交易双方都从交易中得到了自己想要的，交易就算达成，如用钱换面包。可是，人情来往就复杂得多，就像那位合伙人追求女老板时的潜台词"你用婚姻，换我的忠诚和努力"，易言之，他用多余的婚姻，换取自己想要的事业，他为此感到很划算、很满足，因为他也是付出者。正是从这里，女老板看出了他的冷酷、自私和不重感情，一切以利益为重。女老板不愿意加入这场交易，因为她觉得合伙人自始至终所关注的只有自己,他们的婚姻不可能幸福。

作为"付出者",合伙人一味地向女老板阐明两人结合的优势所在,也正是为了掩盖他的野心,他的自我满足也是对自己私心的一种麻痹,但恰恰是这种行为,让女老板心生反感。正如我们前几节中所提到的,人际交往中每个人都有自己的需求,如果无法让对方得到自己想要的心理上的回报,比如信任、安全感等,即使单向付出再多,也是无意义的,因为交易的先决条件就不满足。

056讲　警惕!讨好背后是"利他"还是"利己"

不久前,媒体播出了一则挺轰动的新闻,一个潜逃海外的犯罪嫌疑人郭某通过收买民航系统内员工宋某,非法获取航空公司内部客户信息后,大肆歪曲事实,并从中牟利。

新闻里,宋某悔恨不已,他在看守所里,对记者谈起郭某时,仍然十分激动:"他就是一个魔鬼!"可是,这个魔鬼又是怎么让有 20 多年工作经验的航空公司职员,违背职业道德,对其言听计从的呢?

据宋某说,他们最初是因为业务往来,通过通信软件加深了联系。郭某一开始只是向他打听国内公务机乘客的事情,宋某认为郭某是成功人士,有意与之结交。郭某看出了宋某的心思,于是更加投其所好,许诺可以帮宋某的女儿办理英国移民,照顾留学的女儿。宋某大喜过望,于是就把许多乘客信息提供给了郭某。

郭某给宋某的好处还不止于此,有一年中秋,宋某的女儿到英国旅游,对这个素昧谋面的孩子,郭某表现出了十二分的热情,不仅在家里盛情款待,还带着她在伦敦玩了一周。宋某看到郭某发给他的一张纸照片,感动之余,更加死心塌地为他卖命。

直到宋某被公安机关逮捕,他才幡然醒悟,意识到郭某从他们接触的第一天起,就在算计着宋某能给他带来什么利益,一切都只是圈套。"如果你爱财,他就给你送钱;如果你好色,他就给你安排美女;如果你想出国,他就许诺帮你移民;如果你想升官,他拍胸脯说帮你找关系……他极其善于抓住人的心理,在极短的时间内突破你心底的防线。"宋某对郭某的拉拢术依旧心有余悸。

我们每个人,在人际关系中,都会产生讨好他人的心理,这是很正常的。一般来说,讨好型的人大多有着非常细腻的内心,他们能够很快觉察到别人的需求,并且随时都准备去满足对方。然而,我们要保持警惕,那些一味讨好你的人,是否真的出于真心,是否真的那么无私。尤其当别人提出无礼甚至是过分的要求,他们都愿意满足的话,就要判断,这类人是否企图从其他地方得到弥补。

从心理学角度来说,每个讨好者都渴望通过看似"负收益"的行为来获得更多的补偿,他们并不是真正没有需求的人,只是换了一种以退为进的方式,先满足他人的期望、要求、喜好。

毫无疑问,"讨好他人"是那些善于利用别人的人所喜欢使用的手段,我们不能轻易被一些口头承诺或者小恩小惠所蒙蔽。如果你暂时无法判断讨好你的人是否别有意图,不妨从下面三种倾向入手,来对这个人进行整体评判。

1. 自恋倾向:这种倾向往往会使人表现出以自我为中心,很少顾及他人的感受。

2. 冷漠倾向:虽然他在讨好你,但在其他事情上,显得麻木不仁,甚至冷漠无情。

3. 掌控倾向：掌控欲极强的人在很多事情上都会不自觉地表露出来，比如听不进不同的意见，对你的一切都渴望了解，并习惯性地指手画脚。

这三种倾向被称为心理学中的"黑暗三合一"（Dark Traid），拥有这种黑暗性格的人在社会交往中会采取短期的、功利性的、具有剥削性质的策略，就如同郭某对宋某的利诱和讨好。他人的利益在这类人眼里丝毫不值一提，任何人都可以随时被抛弃。

为了避免我们的身心健康受到伤害，在人际交往中，一定要擦亮眼睛，不要贪图眼前利益，天上不会平白无故掉下馅饼。当你吃不准的时候，不妨从多个侧面了解一个人，进行全方位、多角度的评判和分析，这样我们就不会因一叶障目而追悔莫及。

057 讲　如果人性是自私的，那么我们应该怎样合作

上一节中，我们通过一个耸人听闻的犯罪新闻向大家说明了"讨好"背后的阴谋，那么在我们的生活中，究竟有没有完全以别人的需求为导向的交往方式呢？

19 世纪，有一个新名词被提了出来，那就是利他主义，围绕这个话题的讨论一直没有停止。心理学家思考的是：真的有人天生完全不顾及自己，只考虑别人的利益吗？这种心理的产生是否是后天习得的呢？为了弄明白这个问题，心理学家们做了一个经典的实验，并得出了利他主义行为的产生更多的是由于人际关系的需要。

2006 年，科学家发现即使只有 18 个月大的孩子，也会对他人做出"利他行为"，而且当时外界并没有任何刺激，这些发现成为了后续许多研

究的基础。然而，有人却对此表示怀疑。来自斯坦福大学的心理学研究者认为，之前的研究背景都包括与孩子一起玩耍的环节，这就已经建立起了社交关系，孩子为了能够有人同他一起玩，就会在行为上表现出某种友好倾向。有鉴于此，心理学研究者重新设计了实验，不同的是，这次分成了两组：A 组的孩子自己玩耍，B 组的孩子由实验者陪同一起玩耍。他们在实验中，设计了一个故意让玩具落地的场景，看孩子是否会主动将玩具捡起。结果发现，B 组的孩子捡起玩具的概率比 A 组要高出 3 倍。后来，实验者又让年龄稍大的孩子参与进来，情况也一样。由此，研究者判断：利他行为是与人际交往密切相关的，并非单纯先天所有。

利他主义充满了灵活性和互动性，而非固化、单向的行为。电影《美丽心灵》讲述的是诺贝尔经济学奖获得者约翰·纳什的故事。其中有一个片段让我印象深刻：纳什进入普林斯顿攻读研究生时，一直渴望建立自己的博弈论体系，但苦于没有头绪。有一天，他和同学们一起到酒吧里喝酒聊天，这时走进来几个美女，其中一个高挑美艳，同学们都被她所吸引，他们都在猜测谁会得到美女的芳心。然而，这一幕突然激发了纳什的灵感，下面是他们的对话：

马丁："大家都别想太多了，亚当·斯密不是已经说了么，在竞争中，个人的野心是推动公共利益发展的动力，每个人都只为自己的利益最大化考虑。"

纳什："亚当·斯密需要重新调整经济理论了。"

同学："你在说什么？"

纳什："如果我们都去追求金发女孩，我们就把彼此限制住了。我们所有人会为了她彼此打破头，这样我们的友谊就完了。于是我们只能去追求她的朋友们，但没有一个姑娘愿意当备胎。那么，如果没有人去追求美女会怎样呢？我们不会挡着彼此的路，也不会让其他姑娘感到难堪，这是大家唯一能共赢的方法。"

同学们面面相觑，都没有明白纳什究竟要说明什么。

纳什激动不已，说道："亚当·斯密的理论并不完整，团体中的每个人并不是要做对自己最有利的事，而是需要做对团体有利的事才能让利益最大化，这就是动态博弈论。"

纳什的动态博弈论对后来的现代经济学理论产生了巨大的影响，我认为，这套理论同样有助于我们理解何为"利他主义"。这不是片面的讨好，也不是简单的双赢，这种形式的"利他"是动态的，是通过感知人际关系中复杂的变化，所作出的最恰当、回报率最高的反应。"利他主义"很难用好或者不好来对其定性，因为在一段关系中，利他主义者的出发点与最终取得的效果常常有着很大的差距。

如果在满足他人的需求时，忽略了关系中涉及的其他人的利益，忽略了关系所发生的背景，那么就容易形成一种被称为"病态利他主义"的心理。就如哥伦比亚大学心理系教授 Beth Seelig 所说的那样："从表面上看，这种人一直在帮助别人，但其实没有任何好处，甚至是伤人伤己。"之所以会这样，就是因为他们的这种"利他"是僵化的，沉溺于自己的付出而不顾其他。

058 讲　一个有趣的博弈模式：其实人并不像想象中那么自私

我们知道，要让别人心甘情愿帮你做一件事情的前提是——他认同你的要求或者暗示。

第6章
揭露社交心理，找到最精准的突破口

几年前的一天，我朋友骑着车送女儿去上学，那天下着鹅毛大雪，北风吹得人眼睛都睁不开。半道上路过一段立交桥，在桥底下他发现了一坨黑黑的影子。

推着车走过去，他们确定了推测，那是一个人！确切地说，是一个浑身裹着破布，两条小腿已经冻得发紫的中年男人。朋友的女儿看到后，吓得躲到了后边。他安慰了女儿，上前蹲下来看看男人是否还活着。仔细凑近听，发现他在低低呻吟。朋友给120打电话，谁知对方听说是一个乞丐倒在路边时，让朋友打给120急救中心。挂了电话，朋友教女儿说："你看，我们是不是应该帮助这个人？"朋友的女儿怯怯地点点头，朋友则哄道："来，你试着给急救中心打电话，就说现在倒在雪堆里的是你爸爸。"朋友的女儿一开始不肯，他安慰道："没关系的，我们都是为了能够让急救的人快点过来救人，爸爸打电话不如你打电话有用。"朋友的女儿看了看躺在地上的男人，终于下定决心接过了电话。

电话拨通了，朋友的女儿对着电话说明了情况，然后告诉了对方地址，最后她竟然带着哭腔说："你们快来呀！我爸爸已经昏过去了，求求你们快点来啊！"这时，他们听见听筒里传来："小朋友别哭了，我们马上就来啊！你别乱走！"

挂了电话，朋友摸摸女儿的头表示赞赏，然后原地又等了一会儿，过了十几分钟，他们听到了救护车的声音，然后带着女儿悄悄地离开了。

再次上路，"爸爸，为什么你说我打电话比你打电话有用啊？"朋友回答："因为你是小孩子，大人对小孩都是心软的，而且谁都有爸爸，他们就不会不管这个人的。爸爸不是在教你骗人，而是想告诉你，在生死关头，救人是最重要的。"朋友说，他女儿似懂未懂，却重重地点了点头。

知道这件事情之后，我想了很多。对于朋友的孩子来说，她还不能完全理解两次打电话有什么不同，但我却从朋友前后处理这件事情的差异上

切切实实感受到了心理学上所说的"同理心"。同理心是人与人之间重要的心理连接渠道，它能使我们产生同情心，从而做出利于他人的事情，乃至于牺牲自我的慈善事业都是基于同理心而得以成就的。同理心人人都有，但从程度上来说，分为浅层同理心和深切同理心。

当我们能够设身处地为他人着想，并且解读出他人的情绪从而更好地理解他人，这就是认知层面的同理心，更多的是基于想象。心理学家保罗·吉尔伯特指出，认知层面的同理心还不能等同于"善心"，因为人们还只是停留在"想"而已。比如，在地铁里遇到没有座位的残疾人，如果我们没有同理心，就不会觉得不让座位对他造成不便；可是有些人尽管内心觉得他很可怜，但未必会让座，这就是因为还没有达到"深切"同理心的程度。

接下来，我们就要说到深切同理心是怎么产生的。所谓深切同理心，就是不仅仅停留在认知层面上，而是让我们能够真正进入另一个人的世界中，可以说是双方身份的互融。就像朋友为何要让女儿代替他打电话给急救中心，虽然他知道他打这个电话，急救中心的人一样也会赶过来，但女儿的祈求会让急救中心的人产生一种深切的同理心：谁都有父母，谁都不能忍受自己的父母躺在冰天雪地里挨冻。如此一来，彼此的情感界限就消解了，对方会从描述的痛楚中，切身感受到这种痛楚，并作出迅速反馈。

这场博弈，是认知与情感的博弈，没有人是完全自私的，只要掌握了心理密码，就能够在人际交往中扭转局面，达到自己想要的效果。

第 6 章
揭露社交心理，找到最精准的突破口

 059 讲　不要挑战一个人的底线，不要试探一个人的阴暗面

在与朋友闲聊中，我听说了一件发生在国外的耸人听闻的命案。一男一女先后进了一家咖啡店买咖啡，女的先买好咖啡，然后走出咖啡店去取车。车子开出来的时候不小心与停在一旁的车子发生了轻微的剐蹭，碰巧被正走过来的男子看到了。原来，两人刚刚在同一家店里买咖啡。男的见自己车子有了划痕，就拦住女子的车不让她走，女的却不肯下车，还出言辱骂，同时一踩油门开走了。男的心头充满火气，马上上车追了上去。两人你追我赶了一段路，在红绿灯前停了下来，男的把车停在女子旁边，依然想要女子下车，女子怒极，就把一旁的咖啡直直地朝男人车窗处泼过去，车窗本来就是开着的，男子被泼了一脸。女子比了一个不屑一顾的手势，扬长而去。

这下，男子彻底被激怒了，他踩足油门，死死地跟在女子后面。不久，到了一处火车通行区域，前方警示即将有火车通过，女子想要冲过去，可惜来不及了，只能停在栏杆后面。可是，她突然感到车子被什么东西撞了，回过头去，竟然是那个男子，他正在用车子使劲把女子的车子往轨道上推。女子高声尖叫，但是没有用，她离轨道太近了，就这样，女子连人带车被飞驰而过的火车给撞死了。

后来，当警察审讯这个男子，问他为何要对女子下如此狠手时，他坦白："那天，我和妻子离婚了，她离开我的时候也是这样，把一杯水泼在我脸上，仅仅因为我付不起她的赡养费。所以，当那个女人泼我咖啡的时候，我整个人的脑子里只有报复，想不到别的……"

原本很小的一件事情，如果女子在剐蹭到别人车子的时候立即下车，赔礼道歉，或许就不会有后面一连串的事情了。但是，女子却一而再再而三地挑衅男子，最终付出了生命的代价。她可能至死都不明白，自己究竟错在了哪里。

我常常感叹，许多悲剧事件中，受害者最初往往都是施暴者，他们的叫嚣和挑衅，是他们受害的催化剂。

不要以为只有成人世界有底线，孩子同样有底线。比如，有的人喜欢公开暴露孩子的隐私，把孩子几岁尿床、考试不及格等糗事都告诉别人，或许大人觉得没什么，但却会在伤害孩子自尊心的同时，让他失去安全感。在人际交往中，特别要注意这一点，因为我们并不清楚，我们所交往的人在成长过程中究竟经历过什么，随意的嘲讽、无心的玩笑，都有可能在不经意间触碰到对方的"阴暗史"。

任何人都有自己心理可以承受的阈值下限，人性本来就是复杂的，谁都有过不愉快的经历，如果经常去试探、挑战这个下限，就会被他人视为一种威胁和暗示。所以，在日常生活中，我们所应该关注的只是当下。情侣间不要经常以分手来试探，这样就很容易让对方时刻做好分手的打算；上司不要经常用利益性问题来试探下属的忠心，因为这会让下属产生不被信任的感觉，这将非常不利于工作的开展。

丹麦著名医学家、诺贝尔奖得主芬森曾经说过："不要站在道德的制高点上俯瞰别人，也永远别去考验人性。"

我们要尊重每个人对自我价值的保护，因为没有人能够接受自己毫无价值地生存在社会上；我们也要克制自己强烈的探究欲望，因为那是一种狭隘的、偏激的思维模式，根本无助于我们解决所面临的问题。

第 7 章

挖掘社交动机，让人际关系的价值最大化

　　社交类型分为两种：情感型和功利型。那么，这两种类型怎样体现出来呢？答案是：分析社交动机。

　　要想看穿一个人的社交目的，与其从外部探知，不如由内部着手，去分析他的深层动机，从而选择最合适的策略应对。

　　另外，在不同动机的驱使下，会产生相应的社交规则，这些规则无处不在，隐藏在所有的关系里。高明的人懂得主动了解这些规则，避开"禁区"和"雷区"，走出思维死角，让自己的人际策略更有价值。

 060 讲　把握动机：他到底为什么和你来往

小外甥女凌儿和同学聚会回来，对我说了一件事情。

凌儿本来是和两个小朋友一起到图书馆参加活动，其中一个小朋友的妈妈是该图书馆负责人。活动结束后，他们找了个地方休息。这时，图书馆的一个工作人员也带着自己的女儿过来了，她认出了负责人的孩子，表现得十分激动，不但马上让自己的女儿加入到他们的三人团体中，还一个劲地拉着负责人的孩子问东问西。

凌儿对我说："大家心里都好烦她，但她是大人，我们不能对她说什么。后来，她好不容易才走了。"

听到这里，我不禁笑了起来，问她："后来怎么样了，你们和新加入的小朋友一起玩得开心吗？"

"不开心，那个女孩和我们又不熟，她还不经我同意，拿了我的文具。我们几个一起教育她了，她还总是顶嘴。"我哈哈大笑，很难想象孩子们互相"教育"的场景，不过我更关心后来这事情是怎么收场的。

"后来，她妈妈又来了，问她玩得开不开心，她说不开心。她妈妈也

教育了她,就带她走了。"

凌儿嘟着嘴,明显还不太高兴,她肯定觉得:本来好好的三人团体,为什么会被莫名其妙地塞其他人进来?我理解她,但我还没法和她解释成人世界中复杂的心理活动。

其实,那位工作人员的动机很明显,就是为了讨好那个负责人的孩子。只不过她的动机太过明显、露骨,而引起了孩子们的反感。

在日常的人际交往中,每个人都有自己的动机,有的明显,有的则不易察觉。从心理学的角度来说,作为内部心理活动的过程,动机既是驱动力,也是目标。很多时候,我们并没有办法完全精准地猜透对方是如何想的,是出于何种目的做某件事情。但概括来说,社交活动中的动机来自我们的自身需求,为了满足这些需求,动机随之产生。这些需求包括:

1. 渴望实现自身价值(包括获得成功、获取利益等);

2. 渴望引起他人的注意力;

3. 渴望融入群体;

4. 渴望获得他人的帮助;

5. 渴望能够掌握主动权,即支配他人;

6. 渴望付出;

7. 渴望维护自身利益(比如攻击与自己立场相反的人,或者贬低他人)。

以上列举的七种动机并不能完全涵盖人们的需求,这只是一个大致的罗列。通过了解需求,我们才能更好地把握动机,也使得与他人之间沟通能够产生在相互理解的基础上。当我们与他人发生龃龉时,不妨对照着上述这几点动机来分析其行为,很多时候我们没必要把问题弄得那么复杂。

当功利型社交遇上情感型社交

我们经常会感到和某些人"气场不合",莫名其妙地不喜欢对方,不

第7章
挖掘社交动机，让人际关系的价值最大化

想和对方发生深度的交往。大多数情况下，对方也没做出什么令自己反感的举动，相反，有的人还表现出出乎意料的热情。然而，你就是觉得哪里不对。为什么会这样呢？

答案是，社交动机不对等。

我遇到过很多次类似的事情。比如有一次，在一个单纯的假期聚会上，有个朋友忽然聊起了自己手上正在做的项目，并提出了一些项目上遇到的问题，希望大家帮忙解答，还极力鼓动某个朋友进行投资。这时，另外一个朋友很不快地说："今儿周末，忙了一个礼拜了，大伙儿该吃吃，该喝喝。咱们现在就是单纯的朋友聚会，别谈工作上的事儿。"

为什么这位朋友对假期聚会上的"项目咨询"很反感？因为他参与这次聚会的目的就是与朋友进行情感交流。在这个场合中，他调动的是自己的情感型社交动机。这个时候，如果有人表现出自己强烈的功利型社交动机，他自然会因为自己的社交目的受到了干扰而感到不满。

同样，在凌儿的"图书馆遭遇"中，之所以凌儿和她的小伙伴都对新成员的妈妈那么反感，就是因为彼此的社交动机不对等。等到凌儿长大了，如果她再回忆起这次在图书馆遇到的事情，她或许就不会觉得那么无法接受了。虽然她有可能也会产生下意识地排斥，但她会理解那个妈妈的动机：她只是想让女儿融入她认为有意义的团体，她希望通过这样的方式，拉近与负责人的距离，从而为自己的工作铺路。在人际交往中，始终记住一点：没有毫无由来的殷勤。如果有人对你表现出了超出常理的热情，那么很有可能，他是为了从你身上得到点什么。

其实，了解社交动机，更大的好处是促进我们更好地理解他人，因为只有这样，我们才能看穿他人的心理需求，从而做出更恰当的回应。

061 讲 社交中的隐性规则：如果你是人脉里的那个"牛人"

曾经不止一个人对我说：

"我参加了一个活动，遇到了我一直很崇拜的人，我要到了他的电话号码，一直犹豫着要不要给他发信息。我很想告诉他我是谁，想要和他成为朋友……"

我会问："我猜你还是发信息给这个你崇拜的人了吧？"

对方点点头，但大多会沮丧地说："我好不容易鼓足勇气把短信发过去，十分钟过去，没有回复，我的心情开始失落；二十分钟过去，我开始怀疑自己是不是太冒昧了；一个小时过去，我已经彻底不指望他回复我了。然后，我就把这条短信给删了。"

我再问："那么，他确实一直没有回复你吗？"

对方眼睛里又亮了起来："不不，后来还是回复我了，我很激动地打开一看，谁知只有两个字，谢谢。"

我告诉他："这已经很好了，说明他还是尊重你的。"

对方摇摇头："其实我后来又开始犹豫了，不知道到底要不要继续发短信过去……"

一般这种时候，我都会很不忍心地告诉他们："不要白费工夫了，他们其实没有那么多时间陪你玩。"

是的，这就是事实。如果你也和他们一样在纠结"为什么他不理我，我是不是哪句话说错了，那我该怎样做呢"，对于这一连串问题，我只想问：如果你是那个人，你会怎么做？

第7章
挖掘社交动机，让人际关系的价值最大化

我认识一个众筹基金的朋友，原本他是许多群里不起眼的小人物。在热闹的网络社群里，愿意搭理他的没几个。后来，他的一个项目火了，媒体也对他进行了报道，群里突然有很多人要求加他为好友，大家纷纷想要加入这个成功的项目。他对我说："我突然有一种恐惧感，脑子前所未有的清醒。这些人哪里是真正想和我交朋友？对他们来说，我只是又一个可以让他们日后有利可图的人脉而已。所以，我屏蔽了很多人，退出了很多群。"

看，这其实就是那些被许多人争相攀附之人心里的真实想法。如果你没有同等的本事帮到别人，就很难让自己的人脉真正发挥作用。我的一位作家朋友就对我说过："我认识很多公众号的运营团队，其中不乏粉丝量过百万的，那么，他们算是我的有效人脉吗？算，也不算，这完全取决于我的文章质量，如果我写的文章入不了他们的法眼，照样也会被拒之门外。"

所以，进入一个很厉害、很高端的圈子并不是成功的终点，关键还是在于你有没有资本与他人维持长久、稳定的互动关系。

社交的法则与赚钱的法则其实是一样的，都围绕着"资本"展开。资本指的是对资源的支配权，通过运作资本，来使我们的人脉和财富获得优化，从而实现效率的最大化，这就是资本运作的意义所在。掌握了这种思维方式，我们就能知道该如何成功调动他人的社交动机，运作我们的人脉，使之达到人际关系价值的最大化。

社交资本也有趋利性，也追求利益的最大化，这是资本本身的属性所带来的。所以社会资源通常都是进入最有效率的产业、项目和个人，在这个过程中不断促进资源优化，然后产生新的资本、机会，从而进入一个良性循环。资本是不断流动的，"社交链"也不是一成不变的，在这个开放的社会中，资源流动只会越来越快，每个人都有机会，就看你有没有能力把它盘活。

记住：社交法则的核心在于人。我们与之打交道无非是三种人：出售

资源的人、配置资源的人和掌握资本的人。

接下来，下面将要提到的各种社交法则，都是围绕这三种人展开。掌握这三种社交法则，对我们了解他们的社交动机也很有帮助。

062 讲　人际压力：小心"鸡汤"中的陷阱

盲目攀比，是"鸡汤"还是"毒药"

朋友以前对孩子灌输的思想一直是"向比你厉害的人看齐"，但发生在孩子身上的几件事情，让他改变了这种看法。

有一天我去朋友家吃晚餐，一向吃饭叽叽喳喳的小丫头变得默不作声，只顾自己闷头扒饭。我开玩笑问她："怎么啦？今天怎么这么安静？"她突然停下来，问朋友："爸爸，我们去吃自助餐好不好？"朋友很奇怪女儿为什么会提出这样的要求，她接着说："我从来没有去吃过自助餐，但我同学和我说，她家是把自助餐厅当食堂的。"这个同学家境很好，而且学习成绩也很好，与朋友的女儿在班级里面是竞争关系。朋友不忍心打击女儿，就答应她改天带她去吃。过了几天，朋友的女儿又闷闷不乐地回来，说她被这个同学嘲笑了，只因为她不认识国外的钱币。这次，朋友意识到，他的女儿似乎有点过于在意这个同学的一举一动了，而这并不是一件好事情。

我们的生活中充斥着比较，如果说朋友的女儿和她同学之间的比较还是十分直接的话，那么成年人之间的比较则是通过更隐晦的表达方式来实现的。

第 7 章
挖掘社交动机,让人际关系的价值最大化

比如,我们每天打开微信朋友圈、微博、博客,可以说满眼都是秀恩爱、晒旅行、秀自拍,常常让我们产生一种"大家的生活都很高端"的感觉。不可否认的是,我们最初选择社交网站是为了更好地维系人际关系,以及通过自我呈现来获得个体的归属感和满足感,这种手段对我们积累社交资本是很有益的。但另一方面,当人人都有选择性地在社交网络呈现自己最好的一面,必然会造成某种分裂:没有人能够看到其真实的一面,人们被一种错觉所压抑。曾经有人做过调查,66%的人表示在使用社交媒体之后难以放松或者入睡,25%的人表示在网络上的对比让自己对生活和工作感到不满意,50%的人在不能使用社交媒体的时候感到焦虑或者不舒服。在无形的比较中,对我们的内心造成了类似于慢性毒药的侵蚀作用。

著名的心理学电影《美国精神病人》中,男主角贝特曼是一名生活在曼哈顿上流阶层的精英人士,在竞争激烈的华尔街工作。在这里,所有人都在相互攀比,精神上的角逐更甚于金钱上的较量,日渐膨胀的表现欲和虚荣心逐渐侵蚀了人们的心理。贝特曼和他的同事们,几乎时刻都在比较:谁能在最豪华的餐厅订到黄金时段的位子,谁的女朋友更靓、更性感,谁的行头更高端、更有品位。

影片中有这样经典而让人感觉荒唐的一幕:贝特曼和同事们相继拿出自己的名片进行比较,看谁的名片更精美、独特。当贝特曼发现自己昨天刚印出来的自认为完美无缺的名片比不上别的同事的,更比不上自己的竞争对手艾伦的时,他的嫉妒心和压力感汹涌来袭,一时间浑身冒出冷汗、坐立难安。

在"比名片"事件后,他做出了一件令人震惊的事:他在艾伦的公寓里,杀掉了艾伦。

有意思的是,在镜头中,我们看到的名片除了字体和名字不一样,其他的几乎毫无差别。而就是这样几乎完全相同的名片,让他们将各自的品位分出高下，也戳中了贝特曼的"痛点"。他们夸张到极致的吹毛求疵和近乎盲目的攀比，不过是为了寻求内心的优越感，他们渴望被赞美、被认同，渴望比其他人得到更多的关注。在这种高压状态下，男主角的心理终于崩溃了，他成了一名可怕的杀人狂。

在现实生活中，虽然盲目的比较不一定会令人精神崩溃，但还是会给人带来不容忽视的负面影响。

社会比较理论认为，个体常常会不自觉地把接收到的关于他人的信息，与自己进行比较，从而达到认识和评价的目的，这种过程常常是自发的、无意识的。比较分两种：上行社会比较和下行社会比较，我们常说的"比上不足比下有余"，说的就是这两种情况。比如，朋友的女儿常常把自己和那位"优秀"的同学比较，就可以视为是上行社会比较；如果我们与不如自己的人相比较，就是下行社会比较。通常来说，下行社会比较能够提高我们的自尊水平，产生积极情绪，"知足常乐"的"乐"就是这样产生的。

"心灵鸡汤"常常告诫我们：要多去与比自己优秀的人接触。它没有告诉我们的是：长期与比自己"优秀"的人接触，又没有适当的方法来平衡自己行为与目标，会对我们的情绪造成负面影响！

理性比较，找到正确的目标

无论是面对面的交往，还是社交网络上的人际往来，我们总会发现有人过得比自己更好、更幸福、更成功，这本是无可厚非的事情，我们需要平衡自己的心理状态，正视与他人的差异。那么，我们该如何摆正自己的社交动机，转化为前进的动力呢？

1. 不要太在意朋友圈里的"作秀"。我们要明白，每个人分享出来的信息，都是经过筛选的，为的是突出其理想化的个人状态。我们不要被这种社交修饰行为所蒙蔽，光鲜亮丽的背后都有着我们不知道的故事。意识到这一点，将会让自己的心态更加平和。

2. 关注真正优秀的人。我们交往的对象中，总有些人是名副其实的优秀，这些人依然值得我们欣赏和学习。优秀的衡量标准不仅仅是物质层面的，更多的还应该在精神层面，包括人品、素养等。与这类人进行有意识地比较还是很有必要的，因为那会促使我们反省自身的不足，让我们变得更好。

3. 找准"对照群体"。不要与马云比收入，他的确是很好的"励志示范"，但你很难在他身上找到动力。所以，我们不应该只关心比较的绝对数量，还应关注相对水平。只有在比较后，发现自己有能力达到与其一样的水平，甚至超越对方，才能真正激发我们的斗志，一步一个脚印地向前迈进。

063讲　功利型社交的筛选规则：利用与被利用

许多年前，有很多人在接受咨询后成为了我的朋友。一开始，我还是很高兴的，因为不断扩大的人脉圈带给我一种成就感。我几乎来者不拒，会很耐心地听他们讲述自己的烦恼，帮助他们。半年以后，我觉得有些力不从心了——每个月都要和十几个人吃饭、聊天，我觉得自己就像个情绪垃圾桶，什么东西都往里面装。尤其是我发现，很多人与我交朋友，只是为了咨询，吃饭、聊天的过程都变成了咨询。为此，我专门去找了导师讨论这个问题。导师对我说了一句话："人的交往都是有目的性的。"

确实如此，这些人觉得我是专业人士，都希望从我这里获得专业的咨询和某些相关的讯息。他们只是希望用"朋友"这样一个模糊的概念，来获得免费的利益。

后来，我改变了交往方式，愿意与我"交朋友"的人明显减少。因为我告诉大家："休息时间，拒不接受咨询。"当然，我还给出了一个不容置疑的解释：要避免双重关系（除了治疗关系之外，还存在或发展出其他具有利益往来、亲密情感等特点的人际关系）。

在日常人际交往中，我们都会在心里不自觉地筛选对自己最有利的人或事，"可利用性"，是最吸引人的特质。无论是筛选社交对象，还是筛选社交语言，都是如此。比如，我小时候被妈妈带去看牙医，当着医生的面，妈妈总是笑容满面地说："我儿子最崇拜牙医了！"去学习书法时，妈妈又会告诉书法老师："我儿子从小就敬仰您这样的书法大师。"这就是社交的功利性，一切只是根据实际需要而已。

当我们明白了人们的这种普遍心理后，也可以利用这种功利性法则为自己社会交往的有效性增加砝码。

功利型的社交法则提倡我们在人际交往中，通过筛选交往对象来高效率地提升我们的社交价值。这种法则包括以下几个要素：

1. 有针对性地去结交，不要"来者不拒"。

2. 给自己限定时间，保持高度注意力。

3. 及时分享，通过交流，可以迅速判断对方是否是自己需要结交的人。

4. 在社交活动中，需要注重深度，对于有价值的人脉，尽可能从"一般关系"发展成"核心关系"。

5. 不要觉得自己被利用了，在功利型社交中，成为可以被利用的人，才有社交价值。

那么，如何判断我们的筛选是有效的呢？

1. 分析我们的问题是否得到了解决，合作是否顺利。

2. 彼此相处起来是否有足够的舒适感、愉悦感和认同感。

3. 交往中是否能够获得成长，包括物质和精神层面。

我们都追求健康、稳定的社交关系，这种关系必然是建立在交往双方都能提供一定价值的基础上，如果你发现对方只是一味索取，那么这种"价值失衡"的关系就不值得你耗费心血去维护。人际交往也需要"断舍离"，如同一棵树想要长得好，必须及时修剪枝叶一样。

064讲　曲线法则：看似没有目的的社交，能够给我们带来什么

前几年去新疆巴音布鲁克旅游时，让我印象最深的莫过于开都河的九曲十八弯。开都河全长近600公里，河道蜿蜒，犹如走笔龙蛇，这里是新疆最大的湿地。面对此壮阔之景，我不由感叹大自然的智慧：曲线往往比直线能够走得更长。

在我们的人际交往中，同样要学会走曲线，尤其是在纷繁复杂的社会关系中。曲线法则有两种。

第一种：利用陌生人

虽然在上一节里，我们说要带有一定的针对性和目标性去与人结交，但我相信，没有一个人会喜欢赤裸裸交易式的往来。我们要学会在看似漫无目的中，为今后铺路，用情感积累，代替唯利是图。

《穿Prada的女魔头》中有一个桥段：

女助理安迪因为误闯上司米兰达的私宅，遭到条件非常苛刻的惩罚——限她在4个小时内，弄到《哈里·波特》最新版的手稿，并且装订成册，送给米兰达的双胞胎女儿。安迪觉得自己几乎不可能完成这个任

务，已经准备放弃了，谁知她无意中瞥见一个媒体人的名字，突然启发了她。这个男人与她在一次行业聚会上有过一面之缘，安迪给这个人留下了很好的印象，于是，她抱着试一试的心态给这个男人打电话。阴差阳错间，男人竟然真的帮她弄到了手稿。安迪不由唏嘘："我突然觉得，一切都不是问题了！"

一开始，安迪并没有找这个男人帮忙，而是打电话给各大出版商，但对方全都一口拒绝了；她绝对不会想到，之前几乎没有交集的一个陌生人，会给自己带来那么大的惊喜。这就是曲线法则奏效了。虽然安迪与这个男人在聚会上没有太多交集，她也没有刻意在这个人面前表现自己，但她的优秀别人还是看在眼里，所以才会在安迪需要帮忙时，解了她的燃眉之急。

第二种：不要过于直接表达你的想法

如果你的朋友失恋了，你会怎么安慰他？很多人会使用这个常见句式："不就是失恋嘛，有什么大不了的？"

如果你也这样说的话，那么你的安慰将起不到任何作用。因为此时此刻，对方内心体验到的消极情绪都是真实的。处于这种状态中的人，需要的不是再次强调，不是强制性地阻隔情绪，也不是真的希望别人帮忙分析其中的道理，他们需要的，可能仅仅是陪伴。所以，如果你暂时没有想到更好的应对方式，那就什么都别说——让对方感知到你愿意分担他的情绪就行。

我曾经听过这样一个故事：

一个女孩与男孩相恋，可惜父母不同意，两人约好私奔，但是男孩临阵退缩，给女孩发了一条短信就消失了。女孩万念俱灰，不小心又被人偷了钱包，她漫无目的地走啊走，终于走到湖边，打算就这样结束自己糊涂

第 7 章
挖掘社交动机，让人际关系的价值最大化

的一生。谁知，当她一步步往湖心走的时候，一只手猛地伸过来把她往岸边拽。女孩自我了断的进程就此被打断了，救她的是个年纪与她差不多的女孩，两人浑身湿淋淋地回到了岸上。救人的姑娘也不问她为什么要寻死，却从自己包里摸出一罐啤酒，自顾自叹道："我本来打算自己喝的，但两个人一起分享，可能会更有味道吧。"

女孩懵懵懂懂地接过啤酒，打开喝了一口，感觉味道竟然出乎意料地好。另一个女孩就这样默默守着可能随时会再次跳湖的人，一起晒太阳。半罐啤酒下肚后，女孩把啤酒罐还了回去："谢谢你的啤酒，很好喝。"她不再满面愁容，反而变得明朗起来，似乎获得了新生。

我经常会想起这个故事，我觉得那个救人的女孩真是个非常出色的"心理医生"，她这种迂回的手法正是基于对他人的同情和接纳，而这也恰恰是我们在人际交往中所欠缺的。我们太习惯直白地表达自己的好奇和看法，问得太多，也指责得太多，殊不知，这样只会让对方产生防御心理。更何况，很多人还喜欢给陷入负面情绪的人贴上各种标签，比如"矫情""玻璃心""负能量"等，这种做法不仅不能让对方从情绪中走出来，反而会让彼此的关系越走越远。

065 讲 人际沟通中最重要的技能——共情力

冰天雪地之中，一个男人在寒风中艰难行走。途中，他遇到一个徒步者，于是两人默默地结伴而行。后来，他们在路边看到一个老者，他倒在雪地里，虚弱地哀求："求求你们，带我一起走吧，否则我肯定会被冻死的。"徒步者只是稍微放缓了前进的脚步,但最终还是远去了。男人内心十分焦灼,他仿佛从老者身上看到了未来的自己。他犹豫再三,还是走过去,把老人背了起来继续前进。不知走了多久,风雪越来越大,男人走得气喘吁吁,但浑身却热了起来。

男人走走停停,与老人一起,用彼此的体温互相取暖。不久,恢复了体力的老人告诉男人,他是这里的守林员,很感激男人的救命之恩,愿意带男人走出去。男人非常意外,于是紧跟着老人往前走。谁知,在一个岔路口,他们发现了徒步者的尸体,很明显,这个人已经体力透支被活活冻死了。

在人际交往中,我们常常会遭遇内心冲突,这种冲突会让我们自欺欺人地把问题和矛盾全都推给他人。不同性格的人,内心产生的防御策略也各不相同:有的人选择抗拒,有的人选择疏远,但这些都仅仅是代偿和逃避,对于消除冲突无济于事。于是,我们在一段关系中品尝到了焦虑、绝望和恐惧。

其实,我们并不是无路可走,"共情"可以融化我们内心的冰雪,就像那个选择背起老人的男子那样。

你有多久没法真切说出自己的真实感受和想法了?面对他人的指责,你是否感觉自己一句话也说不出来?当你发现,自己无法与他人好好说话时,问题的根源其实并不在于语言表达能力,而在于我们被内心的冲突束缚住了。那么共情为什么能帮助我们呢?关键就在于它帮助我们跳出狭隘的自我内心活动,去觉察另一个内在,感受对方的喜怒哀乐,就如同感知自己的内心活动一样。心理学家罗杰斯把共情看成一种不带个人评价的感知过程,暂时抛开自己的价值观,也因此抛开了内心的枷锁。

人与人之间的冲突,就在于每个人都活在自己的世界里。而一旦你设法探入别人的情感世界,你就会发现,原本如天堑一般大的隔阂会瞬间消失不见。

第 7 章
挖掘社交动机,让人际关系的价值最大化

小路曾经对于女上司恨得咬牙切齿。这个上司在时尚界大名鼎鼎,但私底下简直不近人情,小路觉得她是个被人盲目崇拜的时尚怪物。可是现在,她对上司的看法却改变了。

上周的时装秀结束后,在酒店的房间里,上司亲口告诉小路,她要与丈夫离婚了——又一次!她向小路哭诉:她已经经历了好几次失败的婚姻,现在的她已经折腾不起了。

小路看着坐在自己面前素面朝天的女人,她穿着浴袍,双眼红肿,带着哭腔自言自语:"最可怜的是我的孩子,她们要经历再一次的失望。"那一刻,小路不知所措了。她从上司的房间出来,经过走廊的镜子,停了下来。她看着镜中的自己,想起不久前因为工作太忙,与男朋友分手的事情。在那一刻,她对上司的憎恨忽然消失了。

她后来还在诋毁上司的员工面前,为上司打抱不平:"如果她是个男人,你们不会对她有任何看法,而只会觉得她是个强者。"

案例中,小路的这种从憎恨到理解的情感状态是如何变化的呢?答案是共情。她通过镜子里的自己,回忆起了曾经的情感创伤,在那一瞬间,对同样处在创伤中的女上司产生了共情。通过共情,消解了对上司的敌视,她发现在上司强硬的外表下,同样有着一颗柔软、脆弱的心。

让我们来练习一下,如何培养自己的共情能力。

假设你因为工作原因要加班,打电话通知了丈夫一声。丈夫没有多说什么就挂了电话,你也没有多想。可是回家后,发现丈夫眉头皱着,晚饭也没吃多少,你们开始了一段对话。

你:"你晚饭吃了什么?"
丈夫:"没胃口,反正家里也没啥吃的,你又要加班。"

此时,你觉察出了丈夫的不愉快,心里开始产生了冲突,有个声音在说:我累得要命,你还要给我脸色看,爱吃不吃!但你要马上克制自己的想法,转换方式进行沟通。

你:"我就猜到你一个人吃没劲,这不,我带了你最爱吃的小笼包哦。"

丈夫:"你最近总是加班,我一个人吃饭多没劲。"

你:"我知道,谢谢你体谅啦,我以后一定尽量不加班。"

丈夫:"算了,你也是为了工作嘛。我就是说说而已,吃饭吧。"

看,本来一触即发的危机,因为你的及时共情得以解除。共情法则需要我们做到以下几点:

1. 觉察到对方的情绪,以及内心真实的需求;

2. 如实表达自己的感受,表明自己的诚意;

3. 给对方足够的空间表达情绪,而不是咄咄逼人地与对方辩论对错。

如果你是一个共情能力强的人,那么在别人看来,你就是一个值得信任和交往的人。尤为重要的是,共情会让你在给他人带来温暖的同时,也使自己的内心变得足够宽容和冷静,也就能够避免很多不必要的冲突和麻烦。

066讲　别陷入"吸引力法则"的谬误

曾经有人提出一种"吸引力法则",说的是一个人的信念和态度会把相似的人和事吸引到身边,强调个人信念的力量,比如其早期倡导者阿特金森。然而，这种说法现在被认为是一种谬论。美国畅销书作家葛瑞·祖卡夫称："每种性格都会吸引到具有类似频率和强度的性格。愤怒的频率会吸引愤怒的频率，贪婪的频率会吸引贪婪的频率，等等。这就是吸引力法则……因此，愤怒者活在一个由愤怒者组成的世界，贪婪者活在一个由贪婪者组成的世界，充满爱心的人则活在一个充满爱心的世界。"这种说法看似有道理，但如果我们从社会交往的角度出发进行观察，就会发现这只是一种错觉。

想要成为一个真正充满吸引力的人，想要成为能够在沟通中有效控场的人，我们不应该仅仅停留在理论上，或者把希望寄托在不切实际的"信念"上。无论是情感型社交还是功利型社交，无论是与朋友、家人、合作伙伴，还是与陌生人之间的交往，都有许多实践方法值得我们学习。下面，我将结合自己多年的实证经验，分享给大家一些行之有效的方法。

法则1：用同理心对待他人。

要做到这一点，我们需要放下对自我价值肯定的渴望，站在对方的角度思考，感知对方的需求，而不是只想着自己的需求。

法则2：适当的肢体接触。

人与人之间温和的、善意的肢体接触，将会产生无法用语言表述的温暖，比如拍拍对方肩膀等，都可以让对方被你吸引。不过需要注意的是，异性之间除非是关系非常亲密的人，否则不要轻易触碰。触碰部位尽量以肩膀和背部这些非敏感部位为主。

法则3：无论你乐不乐意，都要保持微笑。

微笑可以让彼此放松下来，心生欢喜。

法则4：少插话，多聆听，勤点头。

要让对方感觉是受到尊重的，频繁插话只会让你显得没有教养。

法则5：注意仪表，适当修饰。

无论是男人还是女人，如果不修边幅，第一印象就会大打折扣，更遑论引起他人的好感了。所以，即使不是特意装扮自己，至少要做到礼节性的修饰，干净整洁。

法则6：学会表达感恩。

日本人有一个很值得学习的礼俗，那就是在被招待的第二天，再次致电或者短信表达感谢，这是非常好的表达方式，可以让对方对你印象深刻。所以，不要吝惜你的感恩之情。

法则7：学会和陌生人沟通。

我们不可能永远生活在熟人世界里，想要获得更多资源，就必须与我们不熟悉的人打交道。所以，试着从谈论你们共同身处的环境聊起，慢慢挖掘共同语言。

法则8：适当暴露些小缺点，会让你更可爱。

我们吸引他人的目的，是希望能够达成有效沟通。有很多"学霸""女神"或者"男神"级的人，他们缺少的不是吸引力，而是太过优秀让人望而却步。所以，不要让自己显得过于完美，有点小缺点反而显得很有亲和力。

法则9：清楚别人最需要的是什么。

我认识一个人，他其实没什么很特别的地方，但是在公司人缘特别好，原因就在于他很会帮同事做按摩。每天休息的时候，他就会花十几分钟的时间，帮人按按肩膀，揉揉背部。这比任何讨好的手段都管用，因为职场人士的肩膀都有毛病。

067讲 内向、不善交际的人怎样挖掘自己的社交价值

让我们先来看看内向的人都有哪些特征：

1. 表面上沉默寡言，但内心想法很多；

2. 不轻易开口求助于人，宁愿自己吃亏，也不想让别人小看自己；

3. 不善言辞，但喜欢用行动来证明自己；

4. 完美主义者，希望一切做到最好；

5. 即使内心受伤，也会默默忍受委屈和痛苦；

6. 做事专注；

7. 重感情，在乎别人的看法；

8. 轻易不交朋友，喜欢独处；

9. 说话声音小，容易脸红。

综合上述特征，我们会发现，《傲慢与偏见》里的达西先生几乎满足这里面的所有特征，他也确实是一个非常内向的男子。但有趣的是，在达西还没有出场的时候，整个小镇都流传着关于他的传言：黄金单身汉。当达西第一次出现在舞会时，全场都安静下来，虽然他一句话都没有说，但他浑身散发出的贵族气质让在场的所有人都肃然起敬。

然而，如果你以为达西先生只是单纯凭着自己的财富和贵族身份来获得好感的话，你就错了。其实，达西先生深谙一个社交方式——暗示法。这个方式对于内向者来说是非常实用的，毕竟让本就不擅长表达的人突然学会对着陌生人微笑、赞美、表达情感并不现实。那么，暗示法究竟是怎样的呢？

暗示，根据《心理学大词典》上的描述，是指"用含蓄、间接的方

式，对别人的心理和行为产生影响。暗示作用往往会使别人不自觉地按照一定的方式行动，或者不加批判地接受一定的意见或信念"。在人际交往中所说的暗示，主要指心理暗示，包括个体受到外界或他人的观念、情绪、态度等影响。暗示分"自暗示"与"他暗示"，我们说的暗示法主要也是从这两部分着手。

自我暗示

很多内向的人会对自己产生怀疑，"我该说些什么""同谁去说"。其实，瑞士心理学家荣格很早就提出，一个人不是完全的内向或者外向，这两种倾向在人格中是并存的。只是在社会交往中，会有所倾向。

对于内向的人，找到自己的社交动机很重要。不妨问问自己：你真的不愿交际吗？你的确是那么不善言谈吗？

许多内向的人，在遇到自己熟悉的朋友、熟悉的话题时，他们也会变得十分健谈。就像达西先生在好友宾利兄妹面前，甚至是言辞犀利的。所以，我们首先要对自己增加心理暗示：不要害怕在陌生人面前表达，关注点放在讨论的话题上，而非对面坐着的那个人。

情感暗示

内向的人往往自诩理智，他们也确实很少会做冲动的事情。但是在人际交往中，过分理性会让人显得缺乏亲和力，甚至枯燥乏味。所以，我们要善于通过旁敲侧击的方式来表达情感。达西先生第一次表白失败后，一直找不到重新接近伊丽莎白的机会，于是他想到通过介绍妹妹给伊丽莎白认识的方法，以此暗示他已经把伊丽莎白视为亲密朋友，而伊丽莎白也感受到了这种暗示。达西的妹妹很好地缓和了两者的关系，达西的"暗示"奏效了。

第 7 章
挖掘社交动机,让人际关系的价值最大化

  我的一个性格比较内向的朋友也很擅长用这种方式来凸显自己在社交中的存在感,而且通常很成功。他不善言辞,但为人周到。每次大伙儿一起聚餐,他总会根据各人不同的口味,替大家制定出满意度最高的菜谱;吃饭时有人被辣椒呛到,他总是默默地在第一时间递上一杯水;有朋友喝醉酒,也总是他亲自把人送到家。这些看似简单的举动,向我们传达了一个信息——他对于与我们维持友情是十分用心的。他虽然不像一些善于表达、幽默感十足的朋友那样能够调动气氛,但在我们的朋友圈里也非常受欢迎。

  不过,成功的心理暗示应该是以非常自然的方式传递信息,如果你正是一个内向的人,首先要做的是接纳和理解自己,补充心理能量的不足。只有这样,内向才不会成为你日常交往的烦恼和阻碍,你也才能够充满自信地与人交往。

第 8 章

如何与优秀的人做朋友

怎样知道你的社交圈是否足够优质呢?

有一个人际价值计算公式是这样的:从你身边的朋友中选出15个人,衡量每个人的社会层次、物质水平、思想和认知程度等,然后大致算出平均值,这就是你的实际价值。

这个公式不一定准确,但它至少从一个方面反映了人脉质量的重要性:你身边朋友的优秀程度决定了你个人的资本。

如果你发现你所在的圈子,人家不是抱怨生活,就是感慨命运不公,那么,你是时候做出改变了。你要做的是,找准人脉中关键性人物,把握最有用的优质人脉,对现有的人脉圈进行置换、升级。

在这个过程中,你可能会遇到不少阻碍,比你强的圈子未必愿意主动接纳你。因此,你需要有目的性地展开行动——在传递自我价值的同时,掌握一些高层次的社交策略。

068讲　人际交往中的"阶层固化"和社交偏见

在讨论如何融入优质的人脉圈之前，我想先给各位读者浇两瓢冷水。

第一瓢：人人都有社交偏见，人们会更加欣赏跟自己同阶层，或者比自己水平更高的人。

第二瓢：人人都在社交中的"鄙视链"里，没有个人资本，你就是被他人瞧不起的对象。不求上进、毫无社交价值的人，终归会落到"鄙视链"的最底层。

这两瓢水或许可以让你对人际交往中冷酷的法则有个客观而清醒的认识。

我们先说说这"第一瓢冷水"。

挥之不去的社交偏见

优秀的人大都更愿意与优秀的人交往，这是由人类趋利避害的生存法则决定的，同时也是由我们的潜意识对社交对象的选择所决定的。

那么，潜意识是如何选择社交对象的呢？答案是，会更欣赏社会地位高、看起来优秀的人。人类在社交中是会产生各种偏见的，我们的大脑倾向于对看起来更加光鲜亮丽的人感兴趣。

在爱荷华城的一家商场里，一场由社交偏见产生的戏码上演了。

一个胡子拉碴、衣衫褴褛的泥浆工人朝四周望了望，偷偷将一件商品藏进了自己的工装口袋里。这一切被不远处的一名顾客看在眼里。过了一会儿，一个西装革履、看上去文质彬彬的男士，也趁着大家不注意，将商品塞入自己的公文包，他的行为被另一位顾客看到了。

还是这一天，同样的情境在这座城市里大大小小的商场发生着。难道所有小偷都同时出动了？当然不是。其实，这只是两名社会心理学家在各大商场的支持下进行的一项实验。目的是研究旁观者对待社会层次差异极大的盗窃者时，是否会产生不同的态度。

"盗窃者"都是由心理学家安排的，他们在得手后便会走开，不过还是要保证目击者能够看到他们。之后，心理学家打扮成店员，故意接近目击者，并假装整理货架，为的是促使目击者向他揭发这起盗窃案件。

在进行了几十次相同的实验后，答案揭晓了。虽然目击者们看到的行为是相同的，但他们对待不同"盗窃者"的反应截然不同——"店员"接到的举报，大多数都是针对衣衫褴褛的工人的，仅有很少的人揭发了衣冠楚楚的"盗窃者"。更有意思的是，目击者们还会对这起盗窃事件进行不同程度的评价。针对衣着邋遢的"盗窃者"，他们通常极力渲染、夸大其词，带有浓烈的个人情感，有的甚至加入侮辱性词汇进行谩骂；而即使有极少数的人揭发衣着整洁的人，也通常表现得神情犹豫、欲言又止。

看到没有？真相就是这么残酷，我们习惯先简单地将人进行分类，再以刻板印象对他做出评价。同样，在社交对象的选择中，我们的潜意识并不是那么公正、客观的，它常常只是粗略地对自己接触到的人进行分类，然后再做出选择，"他看起来很优秀，值得交往"，或者"他一看就没什么水平，还是少接触为妙"。这种粗暴的分类往往根植于感性的认知，也就是我们所说的社交偏见。我们都愿意主观上将自己归为"优质类"人群,并不自觉地对那些不如自己优秀的人嗤之以鼻,仿佛这样就能彻底与他们的阶层撇开联系。

所以,想要融入更高层次的人脉圈,在你还未拥有相应的社交资本之前,确实是一件很不容易的事情。没人愿意花时间深刻地了解你的内在价值,人们大都匆忙地对你衡量一番,即使产生了偏见,对他们而言也无关紧要。

069讲 残酷的"鄙视链":多数人会看不起比自己差的人

第二瓢冷水来了。

在社会交往中,没人能真的做到对任何人一视同仁。我们每个人在人际交往中都会产生挥之不去的鄙视感。《南方都市报》曾在几年前发表过一篇关于"鄙视链"的文章,总结人们在日常生活中存在着的各种"瞧不起",即使小到看影片这种事情,人们也会相互瞧不起。比如,看英剧的瞧不上看美剧的,看美剧的瞧不上看日剧的,看日剧的瞧不上看韩剧的⋯⋯直到现在,"鄙视链"依然是个绕不出去的怪圈,而且愈演愈烈。

当然,这里所说的鄙视,并非针对道德品性,而是针对阶层、品位、优秀程度而言。这种充满"等级意味"的规则,看起来不近人情,但事实上真的存在,而且就在你我身边。

人们相互之间存在的鄙视就像条食物链。每个人都能在其中找到自己的位置,陷入鄙视或者被鄙视的链条。钱钟书先生在他的小说《围城》中,早就对这种现象做了诠释:"在大学里,理科学生瞧不起文科学生,外国语文系学生瞧不起中国文学系学生,中国文学系学生瞧不起哲学系学生,哲学系学生瞧不起社会学系学生,社会学系学生瞧不起教育系学生,教育系学生没有谁可以给他们瞧不起了,只能瞧不起本系的学生。"

为什么会存在"鄙视链"呢?除了我们大脑潜意识对于社交人群的"自动分类",更重要的是,我们要在人际交往中找到优越感。为了保持这种优越感,我们又不得不竭尽全力向上爬,试图挤进更高级、更优质的圈子,来获得更加充足的"底气"。人类社交圈的"弱肉强食法则"决定了大多数人都看不起缺乏社交价值的人。

我说了这么多关于人与人之间的鄙视和社交偏见,并不是想向你揭露人性的阴暗面。我只是想告诉你:这种存在于不同社交层次间的偏见,根深蒂固地存在于我们的心中。这跟品格无关,跟天性有关。人类的趋利性,让我们更希望与自己同层次或者更高层次的人交往。高端精英人群,确实很难愿意主动与普通人保持密切联系。

硬挤,是进入不了高端人脉圈的

人人都知道,人脉圈能够决定一个人的奋斗资本,我们要学会优化自己的圈子。但现实并没有想象中那么美好,那些比你更高端的人脉圈,你很难融入进去。

小说《包法利夫人》就讲述了一个野心勃勃的女主人公艾玛想要进入高端人脉圈却失败的故事。

出身平凡的艾玛有着一张美丽动人的脸,她渴望进入巴黎上流社会的圈子,却只能嫁给平庸的乡村医生。她当然不甘心,她想尽一切办法接近贵族圈,去参加伯爵的舞会,却惹得一身狼狈,没有人注意到她。从舞会回来后,她就一直郁郁寡欢,社会奢华的生活极大地刺激了她的神经。她期待着伯爵再次邀约——遗憾的是,伯爵仿佛根本就忘记了她。

为了讨好太太,包法利先生决定搬到更大的城镇。她终于有机会接触更多的人了,她向乡绅献殷勤,包养来自巴黎的才华横溢的大学生,她试着接触各类上层人士,使出浑身解数想要拥有向往的生活,却一次次被利用、被欺骗、被冷落,最终遍体鳞伤,踏上了一条不归路。

我们的社会并不缺少像包法利夫人一样的人,但大多数人费心钻研,却始终无法进入自己想进入的圈子。他们的资源配不上自己的野心,又不想沉下心来修炼,累积社交资本,最终只能挤得伤痕累累,悻悻而去。

人们常说,物以类聚,人以群分,不是没有道理的。不属于自己的圈子,硬是往里凑是没什么用的。人际关系是一个人真实自我的外在镜像。最好的人际关系模式只有一种,就是独立自主、强强联手,而不仅仅是一群人抱团取暖。所以,想要进入更厉害的圈子,苦练内功是第一步。

当然,比你厉害的圈子,未必完全进不去,世界上很多曾经平凡的人,都是有了贵人的相助才如鱼得水的。想要进入更加优秀的圈子,需要从两个方面入手:一是内在的自我沉淀,积累资本;二是外在的经营和维护,缺一不可。

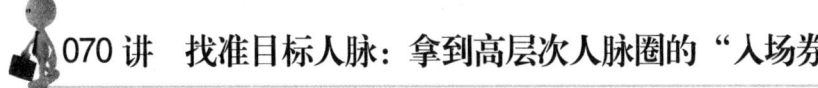

070讲　找准目标人脉:拿到高层次人脉圈的"入场券"

你拥有目标人脉圈的关键特质吗

优质人脉圈并不是一堵高不可攀的墙,只要你懂得一些社交技巧。我给你提出的第一点建议就是,找准突破口,也就是你的关键性社交目标。

在民国女作家中,萧红的模样并不算出彩,文采也算不上一流,却在文学史上有着一定的地位。这与鲁迅先生的引荐和帮助是分不开的。

1934年12月的一天，住在上海吕班路的木刻家黄新波的家门被敲响了，门外是一对衣衫褴褛的陌生人。这两个人是前几天从东北逃难而来的萧军和萧红，他们在鲁迅先生的介绍下，来黄新波家里借铁架床。此时的黄新波感到很惊讶：鲁迅先生是何等人物，这两个名不见经传的人，怎么能受到先生这样细心的照顾？

原来，为了进入文坛，当时毫无名气的萧军和萧红曾经怀着满心的忐忑给鲁迅写过信。鲁迅先生的圈子里都是什么样的人？胡适、章太炎、蔡元培、陈寅恪……随便一数都是大名鼎鼎的文豪，想挤进这样的圈子，其难度可想而知。萧军和萧红没有料到的是，鲁迅先生真的给他们回信了。在几次通信之后，鲁迅被他们的才华所打动，便开始暗暗帮助他们。后来由于战争，东北待不下去了，鲁迅便邀请二人到上海。

就这样，他们慢慢进入了鲁迅先生的圈子。鲁迅先生的宴会、文化沙龙上开始出现他们的身影。鲁迅不遗余力地帮助他们，把他们介绍给文坛上的"大咖"。他称赞萧红是"中国当代最有前途的女作家"，并费心费力地帮助萧红出版小说《生死场》。可以说，没有鲁迅帮助，就没有萧红后来的名震文坛。

那么，有着如此成就的鲁迅，为什么会愿意将两个初出茅庐的小作家请进自己的文学圈？因为从萧红和萧军写给他的信中，他看到了他们的才华。在鲁迅看来，这是两个跟他有着同样特质的人，是值得欣赏和认可的。

所有能进入某个圈子的，都是与这个圈子有着一定吻合度的人。能进入高端人脉圈的人，本身就有这个圈子的属性。

所以，想要进入你的目标人脉圈，先衡量一下自己与这个圈子的契合度：你拥有什么资本？这个资本能够给这个圈子带来什么？这个圈子里的人是否会认可你？人家凭什么帮你？

第 8 章
如何与优秀的人做朋友

怎样让优质人脉给自己带来价值

在功利型社交领域,有一个"风筝法则",说的是风筝在天上飞的时候,为了让自己取得胜利,要努力去搭扯上比自己飞得更快、更高的风筝,同时要果断地剪断阻碍自己、比自己速度慢、飞得低的风筝线。

这个说法看起来太过冷酷,但事实上,在所有行业中都存在着这样的法则。有没有必要剪断那些拖累自己的风筝线,暂且不论,不过,在个人奋斗的过程中,想办法"搭乘"一下能够得着的更高、更快的风筝,却是十分必要的。

我曾经的客户唐小哥从学生时代起就开始创业了,伴随着他创业历程的,是他的人脉拓展史。

唐小哥大学是信息技术专业的,现在是一家 IT 公司的创始人。在大四下学期,他就开始了自主创业。由于专业水平极强,他从其他公司接来很多软件制作的任务,很快就赚到了第一桶金。

趁着形势大好,毕业后的唐小哥干脆注册了自己的公司,一边招揽业务,一边做自己的软件开发项目。慢慢地,唐小哥发现,单凭自己一个人的力量已经无法应付这么大的业务量,于是他开招聘员工,并亲自进行培训。即便这样,随着业务量的逐渐增大和客户对技术更加严格的要求,唐小哥的公司遇到了瓶颈。他很快意识到,客户的需求是多样化的,他虽然专业水平一流,但毕竟技术面单一,他所招聘的职员,在他的培训和指导下,技术风格几乎也跟他如出一辙。

不能这样了!他必须寻求突破,以满足客户全方位的需求。

怎么办呢?一筹莫展之际,有朋友打趣道,他可以与 CISCO、IBM 等公司合作,让对方提供技术支持。虽然唐小哥觉得这简直就是痴人说梦,但他还是尝试着与这些大公司接触了一番。很显然,他们都不愿意与他进行合作。

"也对,这可是全球的巨头企业,他们怎么会把我这个刚起步的小公司放在眼里呢?"唐小哥垂头丧气地想。这时,他忽然想道:既然这样的巨头不肯与自己接触,那是不是可以寻求国内一些实力强大的企业来进行合作呢?

这时,他想起了自己的校友。他的毕业院校可是以信息技术为特色的著名大学,他的很多校友现在在IT界都十分有成就。"我这个学弟找他们帮帮忙,应该没什么问题吧?"唐小哥立刻翻开了校友录,主动和这些精英学长们联系。

这次的尝试很顺利,因为是校友,而且唐小哥的确天赋非凡,为人又坦诚、厚道,大家都愿意助他一臂之力。经过一段时间的努力,唐小哥结交了很多行业"大牛"。在他们指导和提携下,他不仅在专业领域的见解上有了不小的提升,而且在公司资本运作、业务接洽、项目拓展等方面的能力也更强了。

在一个学长的介绍下,他与业内一家以创新力著称的企业的负责人进行了联系。这家企业刚好正在构建他们谋划已久的新项目——云数据库。技术出身的唐小哥看重了他们的构想和创意,当即决定要与他们建立合作关系。他认为,这家企业就是他所寻找已久的最合适的合作对象,它可以给他提供更高、更远的发展平台。

经过一番谈判后,唐小哥与这家企业建立了长期的合作关系。在这家企业的支持下,唐小哥的技术实力大大增强,业务范围也不断拓展。半年之后,唐小哥的公司资本就得到了呈几何级数的增长,并且主动找他合作的客户越来越多。很快,他就成为业内小有名气的创始人。

经历过创业的人,大都深有感触:自己单枪匹马几乎不可能成功。没有贵人相助,没有可以借助的"巨人的肩膀",你可能会比其他人走更多的弯路。跟唐小哥一样,用巧妙的方式搭乘上更高更快的风筝,对于想要发挥人脉价值的人来说确实是一条不错的捷径。

哈佛大学的教授大卫·马克特兰德博士在对人际关系做了大量研究后发现,人们选择的"目标人脉圈"是决定其未来发展的关键因素。

什么是目标人脉圈?就是你所认同并愿意交往的、与自己具有相同属性的圈子。这个圈子和你的契合度最高,能够给你提供不少宝贵的资源。同时,你也有这个圈子所需的利用价值。

所以选择优秀的交往对象时,要有一定的指向性,多结交一些契合度高的人,你才不至于找不到突破口。

071 讲　怎样让比你厉害的人愿意"带你玩"

我不止一次地强调"等值交换"这个概念,是因为它确实非常重要,良好的人际关系是要建立在平等互换的基础上的。无论你现在是做什么的,无论你有没有引人注目的资本,一旦忽略这一点,就很容易在交往时做无用功。

即使你一无所有,但至少要让你的目标对象知道,你是愿意为对方做点儿什么的。

"我能够帮你,但我凭什么帮你"

我的高中同学微信群里,鲁小姐抱怨连连。

"她有什么了不起的?不就是帮我联系了一下出版社的编辑吗?弄得现在倒像是我欠她天大的人情似的。我跟你们讲哦,这人一发达啊,就目中无人了。我上次就让她帮我修改一下我的小说大纲,她都不大愿意。我找她替我的公众号出点主意,她就给了几句不切实际的建议敷衍了事,一点都不上心。哪怕她随手帮我转发一下公众号文章,我也不会这么生气。哎,想当年读书的时候,我们关系也还行,真不知道她怎么就这么不念旧情!"

说话的这个同学跟我不熟,只知道她是一名在家搞自由创作的网络写手,目前还没什么成就。她口中的这个"她",诨名苏小姐,倒是跟我关系不错。苏小姐是小有名气的作家,在文化行业人脉极广,平时找她帮忙拉拉关系的人不少。

鲁小姐大段大段地控诉之后,群里有人看不下去了,于是试探性地问:"你埋怨人家不帮你,那你又能为人家提供什么?"

"您别说笑话了好吗?她那么厉害,我的资源她能看得上?我想帮忙也没这个本事啊!"鲁小姐再次阴阳怪气地说。

我私底下问了问苏小姐是怎么回事儿。

苏小姐告诉我,鲁小姐摆明了想借助她的资源。她一开始还是比较热情地帮鲁小姐联系一些行内的朋友,但是鲁小姐好像忽然找到了捷径似的,把什么问题都交给她,又是让她帮忙联系出版商,又是让她帮忙修改稿件,又是让她帮忙转发公众号。苏小姐开始反感起来:"她甩过来几千字的大纲,我得花好几天去改。我实在是没这个工夫,况且,她总是在索取,从来没有表示过她自己的诚意。我倒没指望从她那儿得到什么,但是,她总不能表现得理所当然吧。我性格好,但不是冤大头。"

在人际交往中,每个人都希望被公平对待。我想,在这件事情里,苏小姐并不是想要索取回报,而是希望自己的付出得到对方应有的重视。我们回报曾经为我们付出的人,本质上就是想以这种方式告诉对方:"你为我所做的一切,我都铭记于心。我愿意以自己能力范围内的方式报答你。"

第 8 章
如何与优秀的人做朋友

就算实力不平等,关系一定要对等

鲁小姐和苏小姐的这次矛盾,让我想到了另一件事。

我有一个户外群,成员几乎都是一些行业内的老板和公司高层,只有一个例外——黄小猫。黄小猫是个刚毕业的实习生,出身平凡、学历一般,阴差阳错被朋友带进了这个户外群。一开始,没人把他放在眼里,因为他看起来十分稚嫩,也没什么经济实力,他最初的装备甚至都是找团队里的人借的,怎么看怎么跟这个团体格格不入。

现在呢?我们都尊敬地称这个小伙子为黄 sir。他是我们的领队,我们的头儿。

原来,黄小猫从学生时代起,就酷爱户外运动和自由旅行。他利用放假的时间,骑着自行车跑遍了大半个中国,而且最爱去那些荒无人烟的地方。虽然他才二十出头,但在户外旅行这方面可谓资深专家了。进入这个户外群后,他主动帮我们列出装备明细,制订远足计划、旅游攻略、活动预算分析等。他的攻略细致入微、面面俱到,每次我们组团进行户外活动,他都是我们的首席指导。他是如此令人省心,久而久之,大家都对他刮目相看。

由于他挣钱不多,所以我们总是主动给他提供各种户外装备、旅行机票、旅途酒店费用等,有时候私底下聚餐,也会叫上他。没人会让他掏钱,他也从来不主动请客。但是,所有人都不会因此对他有任何意见——他已经提供了我们最需要的。

可见,交往中的付出是否对等,不一定完全由经济、地位等实力来决定。实力再悬殊的朋友之间,也能够找到双方都认可的互动模式。这样的例子很多。我的助理告诉我,她刚毕业时与几个有钱的小姐妹保持密切的来往。由于她那时收入不高,大家在请客吃饭的事情上形成了一个默契:

那种花费很大的高端饭店、特色料理店等，总是那几个小姐妹请客；而去那种小饭店、大排档时，则让她花钱。那些小姐妹们当然不在意那点儿饭钱，她们完全可以承担全部花销，但她们很清楚：被请的人，总要在自己的能力范围内回请，来维持彼此的良好互动。否则，就会陷入一种关系不对等的模式中。

我们所说的等值交换，并不是一个冷冰冰的指标，也没有绝对的衡量法则。人们所追求的价值平等，有很大的程度是态度和行为方面的。付出者和索取者要建立一个彼此认可的互动模式。所以，就算你现在经济基础很薄弱，在与优质人脉进行交往时，也必须展示出自己的社交诚意，别只做一个索取者。

072 讲　如何用最低的成本，获得最优质的社交

如果你现在刚毕业，或者工作没多久，还没有能够霸气地展示出来的社交资本，怎么办呢？是不是意味着，你就只能待在你狭小的圈子里，等到有朝一日事业有成才能进一步向上拓展人脉呢？

当然不是。社交资本的衡量标准并不是死的，它不只包含了一个人的地位、财力、学历、社会影响力等硬性化指标，它还在很大程度上由我们个人品格、教养、情商、交际手段等"软实力"来决定。所以，如果你现在还没什么硬实力，那么在与他人交往的过程中，至少要让别人看到你的一个闪光点，让对方觉得你还是值得交往的。这个闪光点，就是你个人社交的价值点，它决定了你在交往对象那里能够获得怎样的认可度，决定了比你优秀的人是否会对你产生好感。

第 8 章
如何与优秀的人做朋友

哪怕暂时缺乏社交资本,也要让别人看到你的价值点

你可能研究了一百种方式,让别人注意自己、喜欢自己,为此你学习了大量社交技巧,十分懂得如何迎合别人的喜好。但时间长了你会发现,这一切对于暂时还缺乏人际竞争力的你来说,成本的确太高了。因为每个人的心理状态和社交感受都是不同的,你需要在不同的人身上花费不同的心思,而他们不一定会接受你苦心孤诣展示出来的好意。

这个世界上,最低成本的社交方式,其实就是两个字——"靠谱"。

在我创业的初期,曾经有不少人抛来橄榄枝,想要成为我的合伙人。他们中间有一些是我的老熟人,也有一些是打过多次交道的长期合作方。多方面评估之后,我选择了我现在的合伙人Z君。

其实当时我与Z君并不算熟,我们不过是几个月前通过朋友介绍,联手做过一个小项目。所以我的这个决定,让那些被我拒绝的老朋友感到很纳闷。他们都跟我私交甚笃,也通过各种方法向我表达诚意,又是请我吃饭,在饭桌上掏心掏肺地打温情牌,又是换着花样儿送我各种贵重的礼物,而我为什么偏偏选择了那个相识不久、了解不深的Z君?

我只好编了一个个他们能够接受的理由,请他们理解我的决定。

那么,真正的原因是什么呢?其实很简单,因为在其他人仗着关系好,一味地打感情牌的时候,只有Z君明确地告诉我,我们如果合作成功,应该如何做,如何发挥各自优势,如何实现盈利目标,他能带给团队什么资源,我可以得到怎样的实际支持,以及我们的合作会遇到哪些风险。他将这些连我自己都还拿不准的内容,结合可信的数据和严谨的分析,做成了一份条理清晰的计划书呈现给我。他的专业素养和用心程度令我惊叹,我当时就觉得,这个人就是我要找的合伙人。

事实上,在与Z君之前的合作中,我已经见识过了他的专业水平和个人素养。他当时因为亲人去世而不得已请假了，使得合作项目方案设定的进程放缓，我得知这个变故之后，表示可以将截止日期适当延后。令我想不到的是，Z君还是赶在截止日期之前将方案交给我了，并且这份方案的细致程度和最终效果远超乎我的意料。

多年后的今天，Z君成了我最亲密的合伙人和最信赖的同伴。他的靠谱程度让我无论遇到什么事情，都不会有一丝慌乱，因为我相信Z君一定会跟我一同承担责任。

那些曾被我拒绝过的老友们，后来也成了Z君的朋友。在见识了Z君的品格和素养之后，他们放下了心里的芥蒂，一致认为我当初的选择是对的。

降低你的社交风险值：每个人都在获得资源，同时也在规避风险

这是一个功利的时代，人际交往是一件十分现实的事情，我们都试图在交往中获取资源，同时也要规避风险。这个时候，一个人的靠谱程度就显得特别重要——就算我不一定能获得资源，至少与你交往我不会失去什么。对一个人最高的评价，莫过于"你值得信赖"。

所以，在培养自己的情商，掌握各种社交技巧之前，必须提高自己的专业素养，因为它直接体现了你的靠谱程度。什么叫专业素养？你是一个文员，那么就踏踏实实地做好自己分内的事，不要把该由你解决的难题留给你的同事和上司；你是一个助理，麻烦替领导多考虑一些，争取成为领导最省心的助手；你是一个演员，哪怕只是个跑龙套的，也别不当回事儿，你得让导演看到你的认真和专业。

别小看这些专业素养，只有这样，你才能让别人看到你能给他带去什么；也只有这样，在你一无所有的时候，高层次社交圈才有可能向你敞开大门。对于绝大多数社交资本不够雄厚的人来说，成为一个做事靠谱、社交风险低的人，是最有用的方式。

第 8 章
如何与优秀的人做朋友

073 讲　底气不够？想办法向有声望的人借势

你一定认识不少有成就的人。有些人可能只跟你有一面之缘，有些人可能与你只是泛泛之交，只是他们成就再高也似乎跟你没多大关系。你不好意思冒昧打电话问好，发个微信他们也未必有时间回复。你跟你的目标人脉之间，仿佛隔着千万道屏障。

如何与关系不太密切的目标人脉重新取得联系，这确实是个比较棘手的问题，不过也不是完全找不到突破口。

2007 年，阿根廷的一家名为"MBA en USA"的人际关系机构成立了，创始人叫伊格纳西奥。伊格纳西奥曾在美国一所著名的商学院留学，回到阿根廷之后，在一家著名的咨询公司工作，便在业余时间创建了这个机构。这个机构的目的，是帮助阿根廷的学生进入美国的顶尖商业院校进行深造，提供咨询和资金支持。

机构创立之初，只有伊格纳西奥一个人。一开始，他并不能让别人信服。在别人眼里，他跟所有默默无闻又野心勃勃的小青年一样，有着各种新鲜、大胆的想法，口才也十分了得，但由于根基尚浅，没有声望，始终缺乏底气。这让机构的发展遇到了极大的障碍。

怎么办呢？伊格纳西奥做了一个尝试：他在自己的宣传演讲中，故意把自己和之前认识的一些有名气、有威望的人联系在一起，包括他所在的咨询公司里的一些权威人士和行业专家，以及在阿根廷生活、工作过的一些小有成就的校友。无论关系深浅，哪怕对方压根儿都没注意过他，他都努力让他们和自己的话题产生联系。

没想到，这招另辟蹊径效果出奇得好。人们不再认为他的机构是口说无凭的噱头，他成了一名出色的演讲者和一名绝佳的说服者。渐渐地，他所创立的机构有了不小的起色。在两年的时间，"MBA en USA"已经有了10名董事，招募了400多名成员，投资人源源不断。伊格纳西奥的个人影响力和知名度大大提高，他几乎成了阿根廷想要去美国商学院留学的人们的首席指导官。这时的他，不再是"虚张声势"了，那些他曾经借过势的人，不仅没有觉得自己被利用了，还主动与他发生联系，成了他真正的人脉。美国的一些咨询公司的负责人，也主动找他进行合作。

伊格纳西奥可谓是掌控人际关系的高手，凭借着一点手段，他就从一个毫无名气的人，成为这个由咨询公司、商学院校友、学生构成的人际关系网的关键人物。

你可能会觉得，这种"满嘴跑火车"的话你也会说，但似乎除了让人觉得你"不靠谱"以外，并不会有别的效果。其实，伊格纳西奥的高明之处，就在于他把握了这个尺度——他没有跟那些确实毫无关联的人借势。无论是校友，还是咨询公司的知名人士，多少都跟他有点联系，他只不过是强化了这种联系，并且让这种联系更加实际了。

这让我想到我的一位编辑朋友——薇薇安，她也是一名借势高手。

三年前，薇薇安是一名入行不久的"菜鸟"。由于爱好书法，在一个北京书画展会上，经朋友介绍，认识了在中央美院进修的明小姐。

明小姐当时在一家世界五百强企业担任高级产品架构师，年薪百万；同时又被评为当代十大新锐画家之一，而且在文学界也颇有名气。薇薇安惊叹于明小姐多方面的成就。她觉得这是个好机会，她要尽量抓住这个机会，维持与明小姐的关系。

因为明小姐长期居住在上海，在美院进修时也没有出去游玩过。进修结束之后，薇薇安以东道主的身份带着明小姐逛了一天北京城。

俩人玩得十分开心。但是明小姐回上海之后，薇薇安却感觉她们的关系并没有实质性的进展。她每次在微信上向明小姐问好，对方都不太搭理她；朋友圈里，她积极地对明小姐的动态点赞和评论，对方几乎从来不回复。

这种单方面示好的状态，让薇薇安感到很沮丧。不过，她也很能理解明小姐：她那么忙，有那么多重要的人要来往，哪会注意到自己呢？直到有一次，薇薇安因为是否应该从现公司辞职的事情请教明小姐，明小姐回复她：不如自己创业，做文化共享平台。

这让薇薇安哭笑不得，她这才意识到两人到底差在哪里。地位、学历、财力等都不是关键，最主要的，是眼界和格局——当她在为如何找到一份稳定的工作而烦恼时，对方考虑的却是紧跟时代的步伐去创业。事实上，那时候的明小姐的确正在创业，她已经是一家高新技术公司的创始人兼CEO了，她主导的无线充电项目顺利拿到了B轮融资，并且与国外多家电子新技术研发机构达成了合作。薇薇安看着朋友圈里光鲜亮丽的明小姐，觉得自己这辈子都不可能进入她的圈子。

从那以后，薇薇安不再像以前那样，殷勤而急迫地向明小姐示好了。她只是偶尔礼节性地打个招呼而已。

事情在第二年有了转机。

当时，薇薇安是公司一个重点出版项目的策划人，这个项目在一开始就遇到了难题，合作方对薇薇安提供的方案提出诸多挑剔。在方案被否决十多次之后，薇薇安灵机一动，故意向对方透露，她和著名的文化人明小姐是好姐妹，明小姐也对这个项目提过一些意见。合作方在浏览了社交平台上薇薇安和明小姐的亲密合照之后，对薇薇安的话深信不疑。很快就放下了挑剔的姿态，不再过分干涉。并且表示，希望有机会的话，薇薇安能帮助自己和明小姐牵线。

出版项目进展得很顺利，市场反馈也非常好，成为了当年的现象级作品。在作品交流会上，薇薇安谦虚地告诉大家，其实这个作品的核心思路完全是在明小姐的指导下提出的。

不久后的一天，薇薇安的电话响了。电话那头是明小姐："薇薇安，你策划的这个作品，今年可是受到了极大的关注啊。不过你把成就都归功于我，实在是令我又惊又喜……"

薇薇安笑了，她知道，从现在开始，她和明小姐会成为真正的朋友。

之后，明小姐介绍薇薇安认识了很多行业"大牛"，并与薇薇安合作了不少文化项目。

从被冷落、忽略，到最后对方主动联系自己，薇薇安的"借势攻略"实在是高明。我想，各位读者也能从这件事上看到——那些跟你关系并不亲密的优秀之人，你完全可以借助他们的声势。当然，你也要展示出自己的实力和资本，这样，他们才能真的与你产生联系。

074讲 高段位社交策略：悉心谋划，打造优质人脉圈

人际关系学专家曾对500年以来的世界历史做过调查，他们发现，从政治、金融、文化、心理学等所有重要领域来看，几乎所有成功人物的成就——无论牛顿、弗洛伊德、洛克菲勒，还是比尔·盖茨、乔布斯、扎克伯格，甚至传说中的罗斯柴尔德家族，某种程度上除了罕见的天赋、超强的能力之外，他们的成就都离不开强大的人脉，离不开社交能力。

无论对于个人来说，还是一个团体而言，最珍贵的财富不是有多少资产，而是开拓了多少稳定、优质的人脉资源。

那么，怎样才能拥有对自己有用的人脉资源呢？其实，人际关系的拓

展和维系不需要花费过多的时间和精力，你只需要做个有心人，利用一些社交策略。

策略一：把握关键人物

台湾企业家王永庆在台湾地区是叱咤商界的风云人物，台湾人对他的发展史可谓如数家珍，在他的创业史中，人脉起了决定性作用。

20世纪50年代，台湾地区的塑胶工业在台湾地区政府的支持下开始发展。那时候的塑胶行业发展状况并不喜人，因为是新兴行业，面临着很多的困难，原料缺乏、资金短缺、市场定位不明、市场空间狭窄且封闭。整个塑胶行业就仿佛一片等待开垦的荒山——虽然很诱人，但地势严峻、险象丛生。

为了促进行业发展，台湾当局设立了"经济安全委员会"，由尹仲容负责制造行业的规划和运作，包括玻璃、纺织、水泥、塑胶等行业的原料供应和基础设施的制备等。尹仲容打算将塑胶原料项目交给民营企业，但在同台湾多家对这个塑胶原料项目感兴趣的商人进行谈判后，都没有找到合适的合作方。

这时，王永庆也想进入塑胶行业。但他对这个行业一无所知，对台湾当局的意图和规划也完全摸不着头脑，不知从哪里下手。就如同所有新进入陌生行业的创业者一样，王永庆感觉眼前一片迷茫，像一个没有工具的人，想要徒手开辟荒山。

这时，王永庆想到了一个曾经合作过的生意伙伴，叫赵廷箴，他们俩交情还不错。得知赵廷箴也想进入制造业，两人经过商谈，一拍即合，决定暂时放弃塑胶行业，而转向水泥项目。但是递交申请之后，才知道已经被别人抢先了，而且轮胎项目也有人接手了。两人感到很沮丧，觉得自己信息太闭塞了，才导致永远不能先人一步。

他们这才意识到，由于没有认识进入制造业的关键性人物，他们完全接触不到这个产业的关键情报和决策者，尽管他们规划得再好，也死在了第一步。想通之后，二人通过各方面的关系，想办法接触到了尹仲容身边的人，表示自己想要合作的意图。尹仲容正在为没有找到合适的塑胶行业合作方而头疼，了解二人的想法之后，迅速派助理将塑胶项目的发展规划介绍给了二人，并详细、深入地说明了这个行业的发展前景、背后潜在资源和优惠政策等。

这时，王赵二人才算真正掌握了关键性人脉和关键性信息，这让他们有了十足的底气，于是决定投资塑胶行业，这才有了后来的成功。

从王永庆的发展史来看，他与真正的决策者产生了联系，这是他成功踏出第一步的重要因素。对他来说，掌握着信息源和决策权的尹仲容才是最关键的人物，也是他进入新领域、新圈子的领路人。

策略二：用优质的合作，促成优质的关系

怎样获得比你更强的人的青睐？

这个社会很现实，没有一个总经理级别的人愿意和一个只知道玩游戏、毫无社会价值的人称兄道弟。他们的时间很宝贵，他们有更重要的人脉需要维护。所以，要想和他们产生联系，最好的办法就是达成某种合作。而产生合作的前提，就是让对方看出你的潜在价值，让对方认为你是他有用的人脉。

所以，在投入一段关系前，先扪心自问："我对别人有用吗？"如果你无法被人利用，就说明你们的合作关系的条件不存在。想要建立合作关系，就得专心打造自己，把自己打造成一个优秀的人，之后再想办法与你的目标人脉取得联系，寻找合作的机会。

策略三：恰到好处地抓取到对方的兴趣点

听说过"心流效应"吗？

我曾关注过一部口碑绝佳的美剧——《绝命毒师》，我很想知道这样吸引眼球的电视剧是怎么拍出来的，于是在网上找到了一些相关资料，里面提到《绝命毒师》的编剧在一次活动中，透露了他们是怎样来创作这样一部作品的。

编剧说，他们的目的就是要引起观众足够的兴趣，因此必须保证每5～10分钟就要有一个"爆发点"，这就要创作团队绞尽脑汁保证故事的吸引力。"其实，海报设计、前期宣传等都可以让观众选择收看我们的电视剧，可是如果我们的内容不能真正吸引住他们，收视率就无法稳定。"编剧坦言道。

对于编剧来说，除了内容要足够精彩，如何打好与观众的心理战也至关重要，他们采取了用密集的悬念来引起观众兴趣的方法，这其实也是一种互动，使之产生"心流效应"。如果一集45分钟的电视剧让观众感到时间过得很快，注意力能够达到前所未有的专注，那么编剧们就成功了。

心理学家米哈里·希斯赞特米哈伊将心流定义为：一种将个人精神力完全投注在某种活动上的感觉，心流产生的同时会让人有高度的兴奋及充实感。无论是品牌宣传、商务合作、公关运作还是我们的日常交往，心流无处不在，关键在于我们是否抓住了对方的关注点，是否足够了解对方的愿景，是否能够在合作、交往中把对方所关注的价值点描绘得足够具象、动人，这些都是决定你传输的信息对方是否感兴趣的筹码。

在与领导、老板、合作方等进行交流、谈判、合作时，也可以适当运用心流效应。在沟通中，心流的产生需要满足以下几种条件：有清楚明确的交流目标；能够立即让对方产生期望，并能及时获得反馈；参与者有控制感、主导感；交流过程中可以不断消解对方的不安和忧虑；参与的事情有一定的挑战性，但并不是无法克服。所以，你应该利用"心流效应"产生的条件，使用一定的沟通技巧，恰到好处地戳中对方的兴趣点，让他愿意参与你的合作。

同时，在传递信息的过程中，我们的语气要充满自信，让对方能够感知到一种积极、正面的情绪信号。这种信号能让对方感受到我们的专业和诚意，这对促成良好的沟通合作十分有效。

策略四：向比你强的人求助

对实力比你强的人，不妨试着向他们示弱。比如大胆地请求他们帮助："我遇到一个小问题，你能帮我吗？"

虽然这听起来有些难以理解，但据我的经验，这个方法十分见效。很多人虽然羡慕强者，但未必愿意主动示弱，嘴上不愿服软，也就难以找到与他们的联结点。其实越是能力强、成就大的人，走过的弯路越多，经验和人脉资源也越丰富。商业环境是开放而且包容的，并不是只有一个人才能生存的"丛林地带"。所以，能力越强的人，往往越愿意提拔新人。但是，这样的人一般不会主动开口去帮助别人，因为他们无法判断帮助你对他们是否有价值。在施与帮助之前，他们通常会先衡量对方的品格和升值潜力，比如性格、思维、诚信度、上进心等。所以，不妨主动开口向他们索取适当的帮助，提出你的问题。注意，你提出的问题必须是有一定技术含量、能勾起他们兴趣的。在提出问题之后，可以顺便说说你自己的看法和思路，以便让对方对你的思想和能力有一定的了解。

第 9 章

提升自我价值，与比你强的人进行"等值交换"

社交对象的选择，本质上就是一种价值上的筛选。在等值交换的规则里，一个人的实力，决定了他在别人心目中的可交往价值。尤其当你想要进入更高层次的社交圈，与更强的人打交道时，你必须全方位地提升自己的实力。

真正有效的交往，不是你认识多少厉害的人，而是多少厉害的人认可你。

因此，你需要从思维模式、认知层次、行为方式等多个方面着手，由里到外地提升自我价值，并抓住机会，向强者展示你的价值。

075 讲　从来没有完美的原生家庭

坐在我面前的这个男人，花了很长时间对我描述自己的父母带给他的痛苦。他双手揉搓着头发，面部紧绷，胸口仿佛有一股强大的推力，让他喃喃低语着："是他们毁了我！是他们毁了我！"从他的表述中，我听出一个男人充满紧张、焦虑的童年，他是一个渴望摆脱父母对其干涉和控制的人。他无法与人建立安全的亲密关系，因为他觉得那是一种折磨，会让他克制不住地想要毁掉这种关系。

近年来，"原生家庭"的概念被人不断提起，许多人一下子为自己的失败找到了原因，然后开始嘶吼着要父母为自己负责。

"我爸就是这么对别人的，要怪就怪他！"

"我妈脾气就是这么暴躁，我真的学不会温柔。"

"我家一点背景都没有，当然比不上别人。"

……

如果当一个人把一切问题全都抛给自己的原生家庭，那么他将永远跳不出"原生家庭"的魔咒，因为追根溯源，这个魔咒是被他自己在内心深处不断强化的，而其自身的价值也将被遏制，乃至无法解脱。

正如从来没有完美的人那样，你也不要希求能够投胎到一个完美的原生家庭中。一个出生在父亲是精神病、母亲是残疾人的家庭中的男孩，照样凭自己的本事让清华大学为他降60分；一个小时候被万千宠爱长大，一路高歌猛进读名校的孩子，最后有可能只能进入一所普通的学校。所以，你凭什么觉得自己可以把人生全都押在父母身上？"原生家庭"不能成为任何人停止进步的理由。

停在人生的"低配局"，别赖不够完美的原生家庭

社会从来不会因为你出生卑微而鄙视你，只要你足够强大；社会也不会因为你出生高贵而优待你，如果你自甘堕落。原生家庭只是决定了生命最初的质量，但这种状态不是一成不变的，资本和价值从来都是从险中求的，就看你有没有本事化腐朽为神奇。

我们跳出原生家庭藩篱的第一步，就是不要认为大人说的话都是对的，尤其是那些从来不会说"不"的人。我们从小被灌输"要听话""不要和人对着干"的理念，可是听话能够给你带来机会吗？如果你真的傻乎乎地没有自己的想法，在社交中只会人云亦云，那么除了得个"滥好人"的称号，什么也得不到。真正的成功人士都喜欢有思想的人，尤其是那些有个性的人，因为思想和个性就代表了价值，这才是他们最需要的东西。

其次，原生家庭的不完美处，恰恰是我们可以好好加以利用，从而得以实现人生逆袭的机会。

我曾经所在的公司，有两个女孩，同时被招进来，职务相同。后来其中一个女孩被提干做了副主任，另一个女孩虽然能力较强，但因为不敢

争、不敢抢，所以没有给领导留下太深的印象，只好继续做着普通职员的工作。

那个晋升的女孩其实家境远没有另一个女孩好，她的母亲很早就去世了，父亲一人抚养她。她7岁的时候就开始学着自己洗衣做饭，操持家里的事情。为了保护自己，她很擅长处理人际关系上的冲突。她也很清楚自己无论学历和能力都不如另一个女孩，于是她就充分利用从小养成的察言观色的能力，懂得怎样在领导面前出色地表现自己。她也擅长形象管理，始终以积极、高效、开朗的形象示人。领导们都觉得这个女孩不简单，是当主任的料，于是把她列入预备干部的人选之中。

就这样，在竞争残酷的公司里，她凭借对领导心思的精准把握，为自己争取到了一席之地。反观另一个女孩，从小生活安逸，是父母的掌上明珠，非常听话懂事。在公司里只知道埋头苦干，在领导面前也大大咧咧、不拘小节，给领导留下了"这个人工作能力可以，但只适合做普通职员"的印象。

076讲 挖掘自己的可利用价值：没人会无条件认可你

在等值交换的规则里，一个人的可利用价值决定了他被别人需要的程度，决定了他在别人心目中的地位，也就决定了他在社交中掌握多大的主动权。不只是家庭条件、发展平台不够好的人需要不断提升自己的价值，事实上，平台再好、关系再硬，也不代表能顺风顺水，因为越高端的平台，对于个人价值的评估也就越挑剔。

这一点，Facebook的创始人马克·扎克伯格的姐姐兰迪·扎克伯格应该感受颇深。

兰迪在 Facebook 的用户量快达到 500 万时加入了 Facebook 的总部。这是一家劲头正足的新兴企业，而且她还是老板的姐姐，照理来说，她的日子应该比任何人都好过。

兰迪本人也觉得如此。作为公司内极少数的非技术人员，她做的事情并不比技术人员少。她的职责涵盖了营销、业务开发、市场推广、商务合作等。她干劲十足，身兼数职，并且努力配合各部门的工作，随叫随到。这样的工作氛围让兰迪非常满意，但是很快她就遇到一个问题——在 Facebook 的总部美国硅谷，到处都是信息技术人员，营销和业务人员则属于"小众群体"，属于毫无存在感的配角。用兰迪的话来说就是："如果你不会编程，你必须喊破喉咙别人才能听见！"

同时，兰迪慢慢意识到，虽然扎克伯格这个姓氏给她带来了不少好处，但它同样也把她推向了一个很尴尬的境地，即使她工作非常努力，也很少有人认可她。许多人都认为她只不过是老板的姐姐，是靠"裙带关系"进公司的。甚至有人整整一年都将兰迪称呼为"马克的姐姐"。他们完全看不到兰迪的能力，即使很多人与她交朋友，也仅仅是为了让她在老板面前帮自己多说好话。

在 Facebook 的派对上，兰迪表现得很活跃，她经常拉着同事一起唱歌。她还自我调侃："我对 Facebook 公司文化作出的一个最大贡献，就是带领员工们翻唱'幻灭乐队'的歌。"她的活泼和张扬并没有给她带来好的名声，大家都觉得她毫无价值、只会玩乐。直到一位长者点醒她："你是想成为 Facebook 营销战略背后的智囊，还是马克的那个傻乎乎、只会唱歌的姐姐？"

兰迪这才真正醒悟了，"马克的姐姐"和"非技术人员"这两个标签，让她必须比其他人付出数倍的努力，才能不被别人质疑。

第9章
提升自我价值，与比你强的人进行"等值交换"

兰迪决心发挥自己的所长，认认真真地做一些事情，让那些只看重技术的家伙认可自己的能力。她先是加入销售团队，跟着营销经理学习，并成功地策划了一些网络社交活动。后来加入业务开发部门，负责与美国最大的有线系统公司康卡斯特的交易。接下来，她还和团队一起促成了与ABC（美国广播公司）、CNN（美国有线电视新闻网）等多家强势媒体机构的合作，并参与了与CNN合作进行的关于"奥巴马竞选"的事件营销，为Facebook铺向全球作了很大的贡献。在那次事件营销中，她甚至被CNN的活动负责人选为CNN在Facebook总部的播音员，与全球的观众进行互动。

兰迪的努力充分体现在她的各种业务成果上，同事们对她的看法也逐渐改变了，她不再只是"老板的姐姐"，而是和他们一起并肩作战的Facebook的业务拓展专家。

社交的关键，在于交往双方是否能通过交往满足彼此的需求。无论是与公司、客户、合作方进行交易，还是与同事、朋友、恋人交往，我们都不能停止对自己可利用价值的培养。你是一名理财师，对于客户来说，你的可利用价值就是你的金融知识和金融市场洞察能力；你是一名老师，对于学生而言，你的可利用价值就是你的学识和素养；你是一名设计师，对于公司和客户来说，你的可利用价值就是你的审美和技术水平。别人只有先看到了你的可利用价值点，才有可能与你发生更深层次的联系。

077讲　如何在强者面前出色地展示价值

提升自我价值有一个很关键的途径，就是与强者产生联系，并受到对方的关注，得到对方的提点，再不济，也能学习到对方的某些处事方式。

在现实生活中，我们最有可能打交道的"强者"，应该是老板——自己公司的老板或者是合作方的老板。但是，我想大部分员工面对老板，尤其是大老板，多少都会感到有些压力，产生紧张感。很多人都有类似的体验，终于有机会遇见传说中的"霸道总经理"了，既兴奋，又紧张。当"霸道总经理"和自己说话时，甭管平时多么聪明自信、伶牙俐齿，都会变得手足无措，口不择言。

我的一个朋友是一家房地产企业的中层管理，平时遇事冷静，雷厉风行，出了名的能力强。他有一次却告诉我，他在提案会上出了洋相，因为那一次这家企业的CEO也在场。当他打开PPT，打算按照预先设计的那样，用一种幽默风趣的方式开场进行演示时，结果还没说几句，就被CEO不耐烦地打断了："开门见山地说吧，我要直接看数据。"

结果，我那位朋友瞬间愣住了，好一会儿都没缓过来。等到接着演示PPT时，思维模糊、逻辑混乱，说了半天都没找到重点。演示结束，他发现自己手心里都是汗。

结果很显然，CEO一票否决了这个提案，我的朋友在现场狼狈不堪。要知道，他以前从未失过手。

"你怕你的老板吗？"就这个问题，我问过身边的很多朋友。绝大部分人告诉我："面对大公司的高层领导和老板时，都会惊慌失措，发挥失常。"也许在平常的工作中，这不算什么问题，但是这样一来，他们就会失去很多展示自己价值的机会。他们就算能力再强，一旦在给老板汇报工作时发挥失误，就很可能因为给大老板的印象不好而遭遇职场滑铁卢。

那么，怎样才能让大老板关注到自己的真实能力，并对自己满意呢？

我的第一个建议是：理解他们的思维方式

有一句话说得很好："要想钓到鱼，就要像鱼那样去思考。"很多人的

第9章
提升自我价值，与比你强的人进行"等值交换"

职业困境，都来自无法领会领导的思维方式，他们习惯于站在一个普通员工的角度看待问题，无法换位思考。虽然我们不在大老板的位置上，很难设身处地地去了解他们的思考方式，不过我们可以适当地分析一下他们的心理状态。身居高位者，或许并不像我们想象中的那么轻松。

有一项针对CEO级别的高层管理的性格调查显示，他们身上有以下关键特征：毫无耐心、强势、数据狂、自主意识强、冷酷。不管在生活中他们是怎样的人，一旦到了会议中，他们就会立刻展现出这些职业性格。

如果你有幸在会议中面向这些大老板汇报工作，你有可能会出现两种状态：一是深知机会难得，十分兴奋，希望"一战成名"，得到高层领导的认可和赞扬；二是惶恐无比，紧张不安，产生一种无助感。而大部分人，这两种状态同时存在。为什么会产生这两种心理状态呢？因为人天生就有两种最原始的欲望——渴望被关注和被理解。这两种欲望在这个特殊的场景下被瞬间激发出来，我们既希望被权威人士关注，得到他们的赞美，又希望被他们理解，施与同情和安慰。

你已经对自己的心理状态有了一定的了解，接下来，让我们分析一下，那些高高在上的CEO、大老板们，他们又有怎样的心理。

虽然在现代管理体制下，CEO的权力变得越来越大，可以任意聘用令他们满意的人，可以随意解雇令他们不满意的员工，但他们自己却很少有人能够长久地停留在那个位置上。他们看似人权在握，形势却常常危如累卵。《哈佛商业评论》报告显示，作为职业经理人而被大公司聘用的CEO上任之后，如果公司在一年内股价下跌，他被解雇的概率高达83%。美国博思艾伦咨询公司的报告显示，公司CEO的流动率正在逐年增长，早就突破了70%；CEO被解雇或者被排挤的事件经常发生，其发生率甚至在某一段时间内增长了318%。并且，这种现象出现在全球。

即使你面对的CEO是创始人，权力和地位不可动摇，他们也并不见得很好过。他们要操心很多令自己头疼的事情，如市场竞争、业务拓展、资源抢占、与政府搞好关系……

现在，你已经知道了。虽然这些大老板看起来那么冷静，但他们的内心很可能时时处在惶恐和无助中，丝毫不亚于正在台上演示PPT、汇报工作的你。

极大的权力欲、冷酷的大局观，以及巨大的心理压力，让他们产生了如下特征：

1. 害怕失去权力，所以随时展示自己的权力，这表现在他们的极强的自主意识上，他们通常更喜欢服从自己的人，而不是挑战权威的人。

2. 他们更喜欢考察员工，而不是给予员工帮助，他们很少具有对下层人员的同情心。

3. 他们崇尚力量，更欣赏行事果断、干练的员工。

4. 他们希望看到员工有很强的能力，因为这会让他们产生安全感。

5. 他们日理万机，所以更看重逻辑性、条理性。

6. 他们的时间很值钱，所以看起来没有耐心。

因为大老板的这些特征，你必须让他们看到你的特质是：自信、坦然，充满力量感；绝对服从安排，展示你的可信度；表现出你的专业性、逻辑性，让他们觉得你是一个做事有条理的员工；展示你的高效率，你必须在最短的时间内，以最清晰明了的方式汇报工作内容、项目提案等，千万别拖泥带水；始终记住，决策会议不是你的秀场，他们只希望听到最重要的数据和信息，所以，千万别描述你的思考过程，直接展示结论最有效。

另外，抓住一切向高层领导学习的机会，学习他们的社交技巧、主导会议的技巧、学习他们如何与下属进行交流、如何利用权力支配和影响他人、如何应对危机等。这对你的职业晋升和掌控社交场合很有帮助。

第9章
提升自我价值，与比你强的人进行"等值交换"

最重要的一点：让强者看到你的能力

身居高位的成功人士习惯关注怎样的人呢？最重要的一条就是，对方也必须是强者，如果不是，至少应该是"潜在的强者"。我说过，地位越高的人，越不会轻易施展同情心，他们更愿意看到你的能力。对于这样的人，打感情牌是没用的，再高明的社交技巧也是没用的，他们的观点是：别浪费时间，一切靠能力说话。

所以，要想更好地跟强者打交道，你必须也成为强者。我说的强者，并不是绝对意义上的强大，而是能力上的"能够胜任"，能够让对方看见你的关键价值点。比如，当我们评价一个人："他的策划案做得很好。"说得就是他在策划项目这件事上很有能力，在这件事情上，他就是强者。

提高自己的能力，提高自己的职业价值，才能真正提升社交价值。一个人的做事能力分为以下几个方面：

1. 知识能力，即你是否有相关的知识、信息储备量。这就要求你不断地学习，不断地积累行业相关知识、收集相关信息、拓展视野。

2. 业务能力，即你是否能在实际工作中展示你的工作水平，是对知识能力的实践和运用。

3. 解决危机的能力，即如何在实战过程中处理好综合性的事物，比如处理好在工作中和人际交往中遇到的一切问题，灵活应对突发情况。

如果你暂时还找不到提升自我价值的方式，不妨先从这三个方面入手。一定要记住，在自身能力没有达到一定水准之前，别急于向强者示好。如果你没有他们看重的个人价值，即使你想方设法地与他们产生了联系，他们一转身就会忘记你。

078讲　提高认知阶层，累积思维资本

所有的庸俗和浅薄，都是因为认知水平太低

当小沈的同学还在国内的大学里玩网游的时候，小沈已经游历了英国的好几所历史悠久的大学，正为自己的研究课题收集素材。有人向小沈的母亲取经："我儿子也打算出国读书，你说读哪所学校好啊？什么专业含金量最高？"小沈的母亲说："要出国？你千万别把上课太当回事儿，要多出去旅行，重要的是与人接触，我儿子一年有4个月都在游学。"那个取经的人彻底傻眼了，觉得小沈的母亲故意藏私，翻了个白眼就走了。

认知阶层，决定了我们究竟是对牛弹琴，还是高山流水遇知音。所以，如果你是低认知阶层的人，就会根本听不懂高层级的人在说些什么。

什么叫认知？简单来说，就是一个人对事物的看法。比如，一个苹果，在普通人眼里就是食物；在画家眼里可以成为绘画的道具；在牛顿眼里，就成了打开物理理论思路的一个契机。认知角度不同，决定了一个人思维的层次。

扎克伯格的妻子普莉希拉被称为"现实版的灰姑娘"。普莉希拉虽然长得并不美，但她却有着非凡的智慧和人格魅力，对扎克伯格产生了十分积极的影响。她帮助扎克伯格度过创业时的低谷期；她支持扎克伯格实现自己的理想；她关注教育、医疗、科技和慈善；她力求贡献自己的力量，使世界变得更美好。她对自己的外貌确实没有太高的要求，也不讲究吃穿用度，但她的思想、人生追求等无疑是高水平的。然而，对于普莉希拉，

第 9 章
提升自我价值，与比你强的人进行"等值交换"

网上总会有十分刺眼的评价，比如，"这个女人可真丑，扎克伯格是瞎了吗？""她又黑又胖，简直是最丑的'灰姑娘'！""她太幸运了，遇到一个不懂审美的富豪老公"。

看到类似的评价，我哭笑不得。对于扎克伯格和普莉希拉这种阶层的人，他们的关注点居然只停留在容貌上。没有高层次的认知作为依托，一个人原来可以如此肤浅。

心理学家马斯洛曾将人类需求像阶梯一样分为五种，从高到低分别是生理需求、安全需求、社交需求、尊重需求和自我实现需求。这就是著名的"马斯洛需求理论"。很显然，扎克伯格夫妇已经突破了最高的一种需求，他们夫妇俩甚至将所持的 Facebook 99% 的股权拿出来做慈善，为的就是促进人与人的平等。这种认知程度，远非那些只看重"颜值"的人能够理解的。

在人际交往中，认知阶层太低的人，很大程度上会被庸俗的人、事物同化。因此，保持清晰的思维、提高自己的认知水平就尤为重要。

我们说的格局，到底指的是什么

几年前的一个晚上，我接到一位老友的电话："我决定离开麦肯锡了，有一家创业公司刚拿到 A 轮融资，邀请我加入，给我股权，当合伙人。"

我有些震惊。他在麦肯锡已经做到高级咨询顾问，年薪一百多万元，再加上项目提成，收入十分可观。在这个时候离开无数人羡慕的岗位，放弃优厚的薪资，冒着风险去当一个创业者，在大多数人看来，他就是"瞎折腾"。

我没有给出我的意见，因为我知道，他打电话只是告诉我他的决定，而不是咨询建议。我要做的很简单，就是支持他的决定。

他告诉我，他要追求更大的个人价值。他不想只给别人做战略咨询，他想要把自己的能力彻底发挥出来。"也许很多人认为我是头脑发热，我在麦肯锡做战略咨询虽然能拿到不错的待遇，但我真的觉得，去创业才能体现我的价值。"

做出这个决定，他是顶着高压的，父母、女友，包括身边的一些朋友都极力劝阻他，他们都觉得他是"吃饱了撑的"，没有一个人能够理解他。我不想对这个选择作评价，谁都无法界定战略咨询顾问和创业者哪个更有价值，但我能肯定，决定放弃优厚稳定的待遇，去当一个前途未卜的"弄潮儿"，是因为他想要突破自己原来的格局。对于这样的人，不能以自己固有的人生观来作评价。

我们所说的格局，说白了就是认知高度。对于同样一个问题，所站的高度不同，角度就不同，得出的结论自然也不一样。我的这位朋友，曾经为无数家上市公司做过企业战略咨询，帮助它们提升业绩；也曾帮多家企业做资本控制，撑过资本寒冬。在风险和收益的评估上，他比这个世界上大部分人都更理性。但是他做出的这个职业上的选择，已经不单单取决于利益，更重要的是他的自我价值和人生理想，这是无法用数据来衡量的。他的认知高度，也是他的亲朋好友所无法达到的，这也是为什么他无法得到他们的理解。

这样的事情很多，仅在我的身边就发生过无数次。我之前提到过的那位明小姐，她曾经为了去中央美院进修，而辞掉了自己五百强企业高管的职务。谁都不知道她为什么要这么做，甚至很多朋友都笑话她感染了"文艺细菌"。对他们来说，即使拿个绘画大奖也没什么了不起的，因为艺术很难即时变现，而真正有价值的，是能够稳定到手的上百万薪资。明小姐没有做任何解释，她在美院潜心学习了一年之后，默不作声地开始创业了，谁都不知道她是什么时候找准的创业项目。

这些在大多数人看来"瞎折腾"的举动，其实都是建立在高层次认知上的，没有一个人真的是在胡乱折腾。

第 9 章
提升自我价值，与比你强的人进行"等值交换"

思辨之战：永远想得比别人深一点

迪弗洛在《贫穷的本质》一书中写道：将奋斗者置于外界的压力环境下，他们很可能会放弃正确的选择。他们充分认识自己潜力的能力会受到影响，也会跟风做出不理智的决定。

提高认知，是摆脱不理智思维模式的根本。那么，我们怎么实现从低级向高级的飞跃呢？从来没有什么一蹴而就的事情，我们能做的就是先离开我们的惯性思维，让僵化的思维多做一点转移、腾挪的"有氧运动"。

比如，说到空城计，在这场诸葛亮和司马懿的博弈之中，你看出了什么？司马懿太蠢，诸葛亮非常厉害，这是我们的惯有想法，你可能想过以后就放过去了。可是，你有没有再多想一点？司马懿真的蠢到没有想过先派遣斥候前往探路吗？他会不会是装糊涂，故意放过诸葛亮以保全自己不至于成为上司下一个目标呢？如果你考虑到了这一层，恭喜你，你的认知层级已经不再停留在初级阶段了。

我们大家都很熟悉一个故事：村里有个小孩子，很多人都觉得他傻，因为大人总喜欢在他面前，放一个一元硬币和一角硬币让他选择，男孩子总是选择一角硬币。这样的游戏经历了无数次，大人们总是在男孩子选择后哈哈大笑。后来，有人偷偷告诉男孩："你这样太傻了，你要选 1 元硬币啊。"男孩笑嘻嘻地说："正因为我一直选 1 角钱，大人们才会一直和我玩啊，我已经攒了快 50 元啦。"看到这里，你们肯定会感叹男孩的心机。但是，如果我们再多想一点就会看出，男孩还是傻的，因为他不应该把这个心里的秘密说出来。一旦游戏背后的潜规则被揭露，游戏就玩不下去了。整个社会交往就是一场游戏中的博弈，真正的高手是不会把底牌掀给你看的，其实在这场游戏中，真正坏的是那个"偷偷"告诉男孩该怎么做的人，你看出来了吗？

所以，社会交往哪有你想的那么简单？交际场中最不缺的就是满腹经纶的人，但最后脱颖而出的却是那些能够玩转社会资本的人，而非出售资源的人。在现实生活中，你以为聪明的人可能正在往陷阱里跳，而你以为蠢蛋一个的人，或许正在你的背后面带嘲讽地看着你。我们根本不可能预先知道每一个陷阱，也很难完全看穿旁人的心思，唯一能做的就是不断地对自己的认知进行反转思维训练，在别人还没有想到的时候，从不同的角度多想一点。就如同分众传媒创始人之一江南春所说的那样："我们在创业之初，把这个行业所有的规则都列出来，然后反着来做。"这句话透露出一个成功人士所追求的某种思维快感，他随时随地准备对自己的惯有思维进行否定和超越。

079 讲　丢掉"弱者逻辑"：别给自己的价值设限

我的咨询中心曾经招过一个实习生助理，他当时刚从国内一所名校毕业，但是过了实习期就离开了。当然这也在我的预料之中，因为在我们共事期间，发生了这样一件事：因为要参加一个心理讲座，我安排他尽快帮我翻译几篇合计大约2万字的专业论文，为讲座内容做准备。

两周之后，他将翻译稿交给我，我看了之后很生气。从这几篇稿子里，我完全看得出他敷衍的态度——错漏百出，"硬伤"满篇，有些基本的专业术语他都翻译错了。我知道，这并不是他能力不够，他在应聘时的笔试中可是表现出了过硬的翻译水准。

于是我找到他，问他到底是什么情况，是不是最近状态不好。结果他满腹委屈地回答道："林老师，您也知道现在翻译学术论文的价格吧？市

第9章
提升自我价值，与比你强的人进行"等值交换"

场上这种难度的至少要150元每千字了吧？"

他没有继续说下去，不过我很清楚他的潜台词："您给我这么点工资，还让我做这种高难度的工作，我能做成这样已经不错了。"

我并不是压榨员工的老板，超出工作范围的事情我很少让员工负责。但是，我在招聘助理的时候，很明确地强调了工作内容包括"著作翻译和整理"这一项，而我的助理居然在处理自己职能范围内的任务时还牢骚满腹，这令我哭笑不得。

冷静下来之后，我开始思考这个问题的产生原因。

我发现，老板和员工之间的这类矛盾是普遍存在的，而且是个类似于"鸡先生蛋还是蛋先生鸡"的两难问题。比如，某件事情没有完成好，老板责问时，员工会委屈而愤懑地腹诽："你就给我这么点工资，还想要我怎么样？"如果老板知道了，则会理直气壮地说："你就给我干这么点活，还想拿多少钱？"

双方常常僵持不下，默默地"互掐"。那么问题就来了：到底是员工应该先把事情做好展现自己的价值呢，还是老板应该先给员工期望的待遇？这仿佛是一个死结，谁都不肯退让，所以"怀才不遇的员工"总是会遇上"抠门的老板"，老板和员工各自心怀委屈。

这种老板和员工之间看似不可调和的矛盾，并不是单纯的工作与薪水之间的换算问题，归根结底，在于双方对员工的价值估量出现了偏差。世界上没有完全不抠门的老板，所有老板在用人时都会考虑成本问题。你得在衡量自身的职业价值时，千万别天真地认为工作与薪水之间可以"一分价钱一分货"地等价兑换。通常来说，公司对你的定价，会远远低于你对自己的期望值。

既然这样，那么作为员工，你应该怎样应对呢？以下是大多数人的选择：

A. 给多少钱就做多少事，做一天和尚撞一天钟，绝不当"给人做嫁衣"的傻瓜。

B. 埋头苦干，任劳任怨，希望老板总有一天会发现自己的价值。

这两种状态，情况会怎样呢？

选择 A 的，很显然，不是被淘汰，就是永远囿于现在的职位。

选择 B 的呢？少数人幸运地被老板看到了能力，给予重视，于是终于熬出了头，升职加薪；大多数人情况可能好不到哪里去，他们日复一日地默默付出，久而久之，牢骚满腹，最终加入"A 军团"。

其实，上面的两种选择，都陷入了不同的"弱者逻辑"中。

选择 A 的人，秉持着"你给我多少钱，我就做多少事"的原则，他们只顾着眼前的利益，过于看重职场中的公平、对等。这看起来是一种强势、不容侵犯的姿态，事实上还是把自己当成了弱者。在他们看来，老板就是剥削者，他们习惯怀揣着一种"受害者心态"，不容许自己做出一点牺牲。

这类人忽略了一点：薪水和能力之间，历来就不存在什么"公平交易"。你所谓的付出，是自己的劳动力，而老板的付出，则是用人成本；你在埋怨老板太抠门、不给你加薪，老板则在暗地里估算，能不能找到比你"性价比"更高的员工；你在为自己的付出与所得不成正比斤斤计较，不愿多出一点力，老板可能早就在考虑要不要换人了。

所以，当你产生"你就给我 5000 元，怎么可能让我做 8000 元的事情"的想法时，你就陷入了弱者逻辑。你把自己当成了交易中弱势方，并且给自己的价值设限了。如果你每做一件事情，都暗自衡量："给我这么多钱，到底值不值？有没有必要做得更好？"你就框定了自己的职务高度，也就限制了自己的发展。要知道，你的职业战场并不是你的这间办公室、这个工位，而是你的整个人生。

第9章
提升自我价值，与比你强的人进行"等值交换"

与掌权者进行价值互递和对等博弈

那么，选择 B 的人呢？他们积极肯干，也愿意通过努力实现自我价值，但他们没有找到传递价值的出口，也就成了职场中默默无闻的牺牲者。其实，职场中到处都是这样的人，他们不是思维上的弱者，而是机遇上的弱者。

对选择 B 的人来说，最重要的是让掌权者看到自己的价值。你要做的，是把自己的价值推销出去。怎么推销呢？最不会出错的方法就是，抓住一些参与核心项目的机会，把由自己负责的任务做出令人刮目相看的水准。这样，你才有资格与掌权者发生对等的价值互换和对等的博弈。

我认识的一名图书策划人，就曾经将一本公司预估会发行五万册左右的书，运作成了几十万册级别的畅销书。他看中了这个出版项目，并且在这个项目上花费了比以往多几倍的精力。

之后呢？他终于有可以和老板谈条件的资本了，他成了一名策划经理，工资翻倍。

其实，他选择的就是一种"强者逻辑"。这也是我十分推崇的一种。选择强者逻辑的人，他们能够冷静下来，沉淀实力，等待时机。他们不会被眼前的蝇头小利所捆绑，懂得适时牺牲，并为自己争取权益。

大多数人都会有陷入弱者逻辑的时候，总有那么一瞬间，"就给我这么点钱，还想让我给公司卖命"的想法会在我们的脑袋里一闪而过。这时，无论你现在还有没有遇到良好的机会，都最好放下计较利益得失的心态。因为一旦陷入这种心态，你就失去了升值空间，也就无法找到与强者进行价值互递和对等博弈的机会。

080 讲 解决内心冲突的能力，决定了人际层次的高下

电影《美丽心灵》讲述了博弈论创始人纳什的故事，但这种博弈不仅仅体现在经济学中，在人际关系中也无处不在，甚至充斥着我们的内心。我们无时无刻不身处博弈中、冲突中。

纳什与汉森是一开始就不对盘的两位天才，在开学冷餐会上，纳什就毫不客气地说，汉森的两篇论文毫无价值。只是，纳什也会默默地从窗户中，看着汉森与一群同学打得火热。有一次，同学们撺掇二人比赛下棋，精通棋艺的汉森赢了，纳什无法忍受失败，竟然一把将棋盘推翻。随着毕业的临近，两人的矛盾一触即发，因为谁最优秀，谁就能进著名的惠乐实验室，这是每一个学子梦寐以求的地方。纳什厚积薄发，找出了流传百年的经济学理论的漏洞，创立了自己的动态博弈论，得到了进惠乐实验室的机会。毕业庆祝会上，两位竞争者相遇了，全场安静了下来，大家都等着看好戏。谁知，汉森慢慢走过来，从旁边拿起一杯酒，在纳什面前站定，他笑着举起酒杯："博弈论！恭喜你，纳什！"两人碰杯，一笑泯恩仇。不得不说，汉森是一个胸襟宽广的人，这也为他后来帮助纳什埋下了伏笔。

长期的孤僻、压抑，让纳什早已得病而不自知，再加上巨大的工作压力，终于使他的精神病暴发了出来。这时人们才知道，他经常提及的室友、黑衣人都是他幻想出来的，室友反映出他内心对友情的渴望，而黑衣人则表现出他对权力、对成功甚至拯救世界的热情。这种内心的冲突他无法借助自己的力量加以调伏，最终演变成了精神疾病。

后来，纳什的病情得到控制，他试图回到母校普林斯顿，找一个可以

第9章
提升自我价值，与比你强的人进行"等值交换"

安身的地方。他再次坐在数学系主任的办公桌前，但这次接待他的，正是自己的老同学——汉森。纳什有点手足无措，他伤感地说："最后还是你赢了。"汉森摇摇头："我们都错了，没有人赢。"纳什提出了自己的要求，他觉得汉森肯定不会答应，谁知汉森考虑片刻，问道："你需不需要一个办公室？"这一刻，纳什的眼神变了，他没有想到汉森竟然会真的帮助自己，因为这样做，汉森是担着风险的，他也终于明白为什么汉森的人缘一直那么好，为什么最后接替自己导师位置的人是汉森。一直以来，逃避的人都是他，他从来不想坐下来和人们好好说话，甚至不想和周围的人建立任何联系。但是现在，他不可能指望虚幻的室友来拯救自己了。

人际交往中的冲突常常是内在冲突的外现，纳什对汉森的不客气正是源于他视汉森为强有力的对手，在他看来，自己才是最厉害的人，他的所有行为都是以这个想法为出发点。一旦威胁到了他的这条"底线"，他的内心就会翻起滔天巨浪。因此，虽然纳什的科研能力确实远远超过汉森，但他解决内心冲突的能力可能还只是处于小学生的水平，这让他无法融入集体，只能靠幻想来满足心理需求。

解决内心冲突的无能造成了我们的痛苦，任何外人都不必为这种痛苦背黑锅，我们要做的只是去解决自己与自己之间的矛盾，而不是自欺欺人地制造虚假的满足感，通过幻想来"享受"被爱、被需要的感觉。建立高级的人际关系的前提条件，在于我们有着高级的处理内心冲突的能力，这种能力可从以下几个方面来获得：

1. 卸下担子：压力都是自己给自己的，而大多数压力的源头都是我们太渴望拥有超强的能力。我们始终不愿相信，自己其实从来都不是超人。

2. 学会示弱：强者都不愿意把脆弱的一面示人，其实偶尔承认自己不是万能的，会让人感觉更有亲和力，更容易让人接近。

3. 摆脱标签：别把"你真能干""没有你不行"之类的话太当回事，

这其实只是一些由标签做成的牢笼而已。淡然对待这些恭维，实际产生的效果是人们会更把你当回事儿。

4. 拒绝反差：是时候改变外在的你和内在的你之间的冲突和分裂了，其实真实的你会更有力量。比如纳什，他看似构筑了一个坚强的自我堡垒，其实脆若朽木，最终他还是通过融入真实的群体中，使心灵得到了的救赎。

第10章

做高情商的人，构建高质量社交模式

人际关系学告诉我们：一个人的成就，20%取决于他的智商，80%取决于他的情商。每个人在日常交往中都会遇到各种问题，但情商高的人，更善于协调好自己和他人的关系，从根本上优化社交圈。

真正意义上的情商修炼，并不是让我们变得圆滑世故，而是从心理学角度入手，懂得管理自己的情绪、洞察他人的情绪，以恰到好处的方式进行沟通，灵活地进行危机应变等。

一个高情商的人，会大大增加人际交往中的舒适感和信任度，让人愿意主动接近，建立稳定、有价值的关系。

 **081 讲　如何挣脱低情商带来的"社交无力感"**

近几年，人们特别重视一种能力——情商。当我们在与某个人交往感到不愉快时，常常会觉得对方情商低。那么，对方什么样的表现会让我们觉得情商低？情商低的人，自己的感受又是怎样的呢？

老实说，一开始我并不觉得情商低是什么大不了的事，我赞成人们心理、人格、社交方式的多样性，这个世界上不善交际、沉默寡言的人大量存在，他们中的很多人，在各自的领域取得了相当出色的成就。

不过，我的咨询中心出现了不少认为自己因为情商低而烦恼的来访者，他们让我彻底改变了之前的看法。我意识到，情商太低，会对一个人的各个方面——不仅仅是社交方面，造成很大的影响。

其中，让我印象最深刻的是苏菲。

苏菲毕业于国内顶尖的外国语大学，在翻译界颇有名气。她来找我，是因为她遭受到了职业上的困扰：专业水平精湛的她，想转做同声传译，却仿佛隔着巨大的鸿沟。她外语能力很强，但对于某些需要进行情绪感知的东西却无能为力。

"从来没有人怀疑过我的专业性,我能把一份晦涩难懂的资料、一本枯燥无味的书,翻译出行业最佳的水准。面对电脑或者纸张,它们都是死的东西,我能够灵活驾驭。然而一旦与人发生面对面的交流,我就变得木讷、无法主动表达情感。我觉得我几乎连最简单的社交技能都不具备。这对我转做同声传译造成了极大的阻碍。因为同声传译除了需要拥有专业的翻译技巧,更重要的是感受表达者的情绪变化,并预估对方接下来要说的内容。这样,才能在短时间内以最恰当的语言表达出来。"

苏菲告诉我,她一直以来就知道自己缺乏社交能力,喝咖啡的时候不知道怎么和别人闲聊,即使绞尽脑汁想出来聊天内容,一出口就造成冷场;她经常会说不合时宜的话,明明是想表达好意,却总是令人误解、造成尴尬;工作中她尽量不与他人有太多的接触,因为同事们好像都不太喜欢她;她脾气也不怎么好,很容易为一点小事而耿耿于怀,把关系闹僵。她有着强烈的社交无力感。

"很多人都说我情商低,我也认为自己确实情商很低。我看了不少关于怎样提高情商的技巧,也尽量尝试去改变,却还是不知道怎样做。"苏菲告诉我。

在想要提高情商却失败之后,她很快就放弃了。她觉得无论怎样努力,都不会有人对她感兴趣,她认为自己天生缺乏社交魅力。不过她都习惯了,如果不是遇到职业上的瓶颈,她并不会想到要来找我咨询。

与苏菲一样,许多人在产生社交无力感之后,都会陷入这种"破罐子破摔"的状态。他们往往知道一切都是自己情商低导致的,但在做过一些努力之后,就会放弃。如果没有正确的引导和干预,他们可能一辈子都会处在这种模式中。

单从技巧层面提高情商,往往收效甚微。我有几名咨询者,在掌握各种表面化的情商提高技巧后,反而使得自我与本我出现冲突,陷入心理困境。所以，摆脱社交无力感，不要一味地模仿技巧，而要从心理学的角度入手进行分析——你的社交无力感从何而来？你是否真的情商低？

082 讲 当我们说一个人情商低时，我们指的是什么

绝大多数的人太关注如何提高情商，他们学习了太多技巧，却从来没有去想过：导致一个人情商低的最根本原因到底是什么？

很多情商低的人，常常能明显地意识到自己情商低，并且很自觉地给自己贴上一个"低情商"的标签，然后寻找各种关于如何提高情商的资料，却一不小心就走入死胡同。就像苏菲一样，她多次对我强调自己情商低，自己也私底下做过努力，却毫无进展。

于是，许多人会陷入这样一种死循环，"情商低—努力提升—不见成效—认可自己情商低的现状—放弃提高情商"。这种自我否定、自我放弃，会导致一个原本情商就不高的人，陷入更大的困境。

在我看来，任何脱离心理干预的纯粹技巧，都是无根浮萍、空中楼阁！在掌握如何提高情商的技巧之前，我们不妨先了解一个人情商低的心理层面的原因，这样才能对自己有一个正确的认知。

原因一：极端的内在交流，缺乏自我认同感

咨询中，我见过很多人说自己"情商低"，背后的原因其实是缺乏自我认同感。因为在交往中遇到了某种困难，或者有过不愉快的经历，让他们认为自己不受欢迎。他们的潜意识开始排斥与他人发生友好、亲密的联系；在交往中，哪怕发生一点矛盾，他们都会归咎于自己。

他们往往会产生这样的极端思维：

"我真的很差！我缺乏社交能力。"
"没有人喜欢我，我说什么都是错。"
"大家都讨厌我，我就是情商低。"
……

姑且先不论他们是否真的如自己所想的情商低下，但这样一来，他们会对自己的认同感大大降低，将大量的精力用来关注自己的"不够好"。无论事情的经过是怎样的，他们往往都会第一时间将事件的后果归罪于自己。这种情况下，他们没有余力分析导致事件发生的客观原因，也就无法正确地应对人际交往中的矛盾。

就像苏菲一样，她在叙述中不断地强调自己"不受欢迎""不会说话""缺乏社交能力"，这种自我剖析并不一定是错的，但她的问题在于过度关注自己的不足，陷入了一种极度负面的思维模式中。这会导致什么情况呢？她会认为所有人都不喜欢她，即使别人对她有好感，她也感受不到。

所以，当你认为自己情商低，先别急着自我否定。不妨先改变思维模式，丢掉"我就是情商低""我就是令人讨厌"的思想，变为正向思维——"我只是对人不够热情""并不是所有人都不喜欢我""我应该试着增强社交能力"。

相信我，改变一种心理应对方式，你会更加愿意参与社交，并关注在社交中的愉快感受。

原因二：隔离外界交流，缺乏社交技巧

在与苏菲进行进一步沟通之后，我了解到，她小时候就很笨拙，只有

在与家人——父母和姐姐在一起时，才会感到轻松，而离家后与其他人来往时就束手无策了。为什么会这样呢？原来，她小时候备受家人疼爱，她的任何要求，父母都尽量满足；每次发脾气，也都是父母和姐姐把她哄好。直到进了幼儿园，在一次与别的小朋友争抢玩具时，小朋友表现出了对她的厌恶，她感到"外界是不友好的"，从此便很难与外界进行情感交流，她在潜意识里也就不愿主动学习社交技巧。直到长大成人后，她发现社交对自我发展的价值，有意识地去培养社交能力，却始终不得其法。

了解情况后，我意识到，苏菲的情商低源自她不够成熟的家庭教育。心理学认为，情商的养成，几乎完全取决于后天的家庭和社交环境。苏菲家人对她的过度呵护、迎合，导致她无法感知外界情绪，无法主动与他人进行情感互动，缺乏同理心，也就很难用正确的方式与他人交流。

那么，苏菲的家人应该在苏菲小时候教会她什么呢？别人同她说话，要积极地应答；要主动体谅他人的难处，不要只考虑自己；学会控制情绪和欲望，克制愤怒，不能因为得不到想要的玩具而迁怒于人；学会与他人分享，要对别人的付出表示感谢，学会礼让……等到掌握这些最基本的社交原则之后，再教导她其他基本的社交礼仪。

提高情商，必须从心理层面入手

既然已经无法回到小时候了，苏菲只能通过增强改变意识，通过系统化的引导来提高情商。

情商的概念最初由心理学家彼得·萨罗维和约翰·梅耶提出的，他们认为，情商最核心的三种能力是：认知和管理情绪；自我激励；正确处理人际关系的能力。这三个能力是由内而外、层层递进的。首先你要能清楚地洞察自己和他人的情绪，并管理好自己的情绪，完成内在的自我激励，最后才能更好地处理与他人的关系。

在苏菲进行了严格的心理分析之后，配合制订了一套方案，其中包括"增强自我认知""感受心理变化""提高情绪控制能力""培养外界感知能力"等。提高情商，很重要的一点就在于自我心理认知。识别自己的情绪变化、心理状态，是了解别人、与外界产生积极联系的基础。对自己了解得越深刻，才能越深刻地去洞察别人。

所以，从自己内心入手，审视自己的心理变化，才是提高情商的最关键之处。在拥有了这些情商培养的核心力之后，提高人际交往的技巧，其实是水到渠成的事情。

083讲　情商高低，决定了你的社交竞争力

许多知名企业都十分重视对求职者情商的评估。有的企业，还会根据自己的经营类型、企业文化等为求职者量身定制一套情商评估测试题，要求求职者在规定的时间内答完。这些题目包括对求职者情绪、心理状态、交际能力、潜意识等的初步测试。虽然这种评估并非一定准确，但还是对求职者的"软实力"，以及未来是否能够适应企业文化，都有重要的参考价值。

可见，情商确实能够决定一个人很多方面的能力。

不过，在日常生活中，情商更大地影响了我们在社交中的表现，决定了我们的社交竞争力。我就遇到过不少不太懂得察言观色的人，他们在人际交往中，确实处处碰壁。

"你真的不能感受到我的厌烦情绪吗"

晚上十点，一位许久没有联系的朋友在微信上给我发来一条消息。

第10章
做高情商的人，构建高质量社交模式

"在吗？"

我有些警惕。我习惯别人开门见山，这种试探性的询问会让我一瞬间产生各种疑问，我皱了皱眉，回复道："在的，这么晚找我有什么事？"

"也没什么重要的事情，就是心里有点烦，想找人聊聊天。看到你朋友圈的动态，知道你还没睡。你不是能做咨询嘛，刚好，我想找你开解开解。"

接下来的一个小时里，她不断地抱怨着夫妻不和、婆媳矛盾、亲子关系中的问题，以及重返职场后遇到的各种人际交往上的麻烦等。她没有问我是否乐意、有没有时间听她抱怨，自顾自地唠叨个不停。

一开始，我碍于情面，还时不时地帮她分析分析，给出一些意见。慢慢地，我发现她丝毫没有停下来的意思。我忍住困意，偶尔敷衍式地答复几句，并多次不耐烦地暗示她该结束对话了。

她完全没有感受到我的不耐烦，越来越"畅快"地抱怨着。我开始对她感到厌恶了——我确实是做咨询服务的，但并不是"垃圾桶"，何况微信交流也不适合运用在咨询中。

我直截了当地对她说："不好意思，我明天还有很多工作要做，必须休息了。"

之后我又礼貌地加了一句："如果还有疑问的话，有时间可以到我的咨询中心来，咱们面对面聊聊，可能效果会更好。"

结果，对方完全误会了我的意思："哎呀，我忘了您是大忙人。我不过是信任您才跟您说这么多的，打扰到您了。不过我看您平时大半夜还发朋友圈呢，今天这么早就要睡了？"

我正在琢磨该怎么不伤和气地回复她。她很快扔过来一句："还有，找您做咨询是要收费的吧？真不好意思。那我是不是要把刚刚的咨询费转给您啊？"

我惊愕得冒出一阵冷汗，哭笑不得。她在我的印象里只是为人不够圆

滑而已,并不是什么尖酸刻薄的人。但像她这样完全不懂社交规则的人,原来是这么不让人喜欢的。

我也彻底意识到了她一切烦恼的根源——家庭不和睦、职场受挫,不过都是因为情商低。

从刚刚的对话里,她完全展现了情商低的所有特点:无法控制自己的情绪,抱怨不停;无法感知他人的情绪;不懂表达技巧;在不够冷静的情况下妄下判断;缺乏同理心。

看到没有?一个人如果情商太低,就像我的这位朋友一样,不遵守社交礼仪,没有社交分寸感,会让人感到不快。这样的人,能够把一切关系弄得一团糟。我们都认识这类人:他们缺乏社交魅力,让人讨厌;他们似乎永远不知道什么时候应该结束谈话,如果别人不主动提出停止对话,他们会一直滔滔不绝;他们习惯以自我为中心,对别人的心理状态、利益得失不会表现出丝毫兴趣,而且完全不顾别人试探性地转移话题。这样的人,连最基本的社交法则都没有掌握,更谈不上社交竞争力。

我们说的情商,并不是八面玲珑、投机取巧

很多人都会过分解读情商二字,认为情商高的人,是善于在人际交往中耍手段、投机取巧的人。事实上,这完全是对情商的误解。

心理学家将在社交中过于圆滑的人,分为两类:交际花和变色龙。

交际花,指的是为了迎合他人,获得声望,宁愿牺牲个人的利益和真实感受多的人。他们私下的形象与他表现在别人面前的完全不同。这样的人,外在表现和内在需求不统一,过分地迎合和讨好他人,会造成人格失调。并且,这类人由于缺乏自主意识,就算再殷勤,也未必会获得别人的认可。

变色龙,指的是为了赢得别人的好感、为自己谋利,故意按照他人的意愿行事。这样的习惯于"说一套,做一套",久而久之,人们会觉得他

第10章
做高情商的人，构建高质量社交模式

们缺乏信赖。这类八面玲珑的人，为了获得社会认同，十分擅长戴上不同的面具以契合不同的场合。他们就像伍迪·艾伦在大银幕上扮演的泽里格，不断地模仿他的谈话对象，为的就是和不同的人打成一片。当然，这类人也比较适合一些需要使用社交手段的职业，如演员、谈判专家、律师、销售、政客、外交官等。但是在日常交流中，过于追求别人的认可而忽略真实的自我，只会陷入心理失控。

那么，真正的高情商之人是怎样的呢？我们说过，情商主要包括以下几方面的内容：

1. 正确地识别、评价和表达自己的情绪能力。
2. 识别他人情绪的能力。
3. 调解人际关系的能力。

在这几个条件的主导下，一个高情商的人，不仅能让自己的情绪得到合理的释放，心理状态趋于稳定，而且能适当地感知、回应别人的情绪。这样的人，必然会让身边的人感到相处得很舒服。

也就是说，真正的高情商之人，既不会一味地迎合他人，也不会为了获得他人的认可而伪装自己。他们懂得在尊重自己真实意愿的同时，用恰当的方式回应他人，达到一种社交平衡。

084讲 情绪自控力：优质的社交圈不接纳管不住情绪的人

两种不同的智力模式共同主导着我们的行为——理性智力和情绪智力。理性智力让我们更好地学习知识，进行逻辑分析，对事物进行客观判断等；情绪智力则让我们更好地与他人进行情感交流，与外界产生情感联结。新的心理学研究还表明，情绪智力能够让我们主动开启心理防御机制，更好地应对可能存在的危机。

理性与情绪并不是对立、冲突的，一个人想要让自己的行为得当，就必须找到两者的平衡点。太理智则会显得冷漠、机械；太情绪化则会引起各种冲突和矛盾，使得人际交往陷入不必要的麻烦。

情绪失控带来的人际危机

前些天，一个做人力资源的朋友小茄对我说："林老师，我今天跟一个同事吵架了。我把她骂了！"

小茄告诉我，这个同事是公司的一名资深员工，能力不错，也有后台，所以平时总是趾高气扬的，公司很多人都看不惯她。小茄平时跟她也没什么太深的职务往来，也就是在茶水间碰到了打声招呼，倒也相安无事。

半个月前，这名同事向人力资源部申请加薪，这方面刚好是由小茄负责的。不过，员工的薪资调整必须由部门经理、人事总监、常务副总、总经理等逐一审批，最后下达给财务，由于耗时长，所以直到工资下发，这名同事的工资也没有变动。

发工资后的第二天早上，这名同事一见到小茄就语气很冲地质问她："我工资咋回事？我不是早就跟你申请了吗，你怎么还没给我报上去？"

小茄先是耐心地解释了一遍工资审批流程。告诉她是怎么和领导沟通的，让她再等等。没想到同事还是不依不饶："这事儿我可是跟老总说过的，他都同意了，你凭什么压着不给我上报？"说着还翻出了跟老总的微信聊天记录，把手机甩给小茄。

小茄有点生气了，语气生硬地对她说："那我也没办法，人事总监和常务副总没批。你有本事直接越过他们，找总经理去批吧。"

"你什么意思？"

第 10 章
做高情商的人，构建高质量社交模式

"我没什么意思。我是说，您既然着急，那您自己去越级上报吧。"

"你别给我夹枪带棒的！我的申请表审批得太慢，我问问怎么了？我一直怀疑你把申请表压着没上报……"

"我都跟你解释过了！你神经病吧！"小茹实在忍不住了，指着同事脱口而出。

由于当时办公室里很多人都在场，那名同事被骂得满脸通红，直接回到座位上哭了起来。

小茹对我说："其实一骂完我就后悔了。我是人事，竟然会这么冲动！"于是她强迫自己冷静下来，趁午休时间，跑到同事的办公室向她道歉。结果同事完全不接受道歉，无比愤懑地对她说："我就是神经病，我被人在大庭广众之下骂，我活该！你不用道歉，我应该跟你道歉。"

小茹束手无策，愣愣地站在同事办公桌前，不知道说什么才好。

虽然后来小茹因为自己的冲动接受了人事总监的批评，这件事情也过去了，但那位同事直到下班，也还是没有原谅她。

小茹问我："林老师，您说，我们的关系还能缓和吗？毕竟以后低头不见抬头见的。"

我告诉她，一瞬间的情绪失控，很可能造成永远也无法挽回的后果。所以，即使她们以后在表面上和好了，对方心中存下的仇恨和敌意，也有可能永远不会消失。

心理学上有一种说法，叫"受害者心理"。情绪容易失控的人，通常都有这种受害者心理，总觉得事情的不顺利一定是由别人造成的。他们总是觉得自己是最无辜的，将一切责任推卸给别人，而不去解决问题。这是一种消极的应对方式，其本质是一种逃避心理。

在小茹的案例中，那名质问她的同事就抱着典型的受害者心理，她认为自己的加薪申请批不下来是由于小茹在捣鬼。在这种负面情绪的控制下，她失去了理智的判断，并且不理会对方的解释。

而小茄呢？面对情绪失控的人，她也报之以失控的情绪——一段紧张、敌对的关系就这样形成了。

情绪不是关键，关键是：你的情绪给外界带来了什么影响

恐惧、愤怒、委屈、忧伤，是每个人再正常不过的心理状态，所有的负面情绪都有其存在的道理，譬如焦虑是为了提醒我们可能出现的危机，愤怒是让我们在受到不公平的对待时，为自己争取权益。小茄的愤怒，其实就是一种心理防御机制，是一种常见的攻击反应。它事实上是帮助我们向外界控诉：你冒犯到我了，我现在很不高兴！

所以，情绪本身并不是错误的，关键在于，我们因为冲动而爆发的情绪是否会给他人带来伤害？是否导致事态朝不好的方向发展？是否会让沟通不畅？是否会给人际关系造成不可逆转的负面影响？

假如情绪的发作会带来这些不良影响，那你就要学会控制了。无论是深呼吸也好，还是克制自己延迟几秒再发作也好，都是一些值得运用的方法。

1. 转移法：当愤怒突然爆发时，最明智的选择是，迅速离开现场，避免接下来的场面失控。

2. 暗示法：当你动怒时，可以自我暗示和默念："不要发火，发火只会让事情变得更坏。""对方现在失控了，所以才不能理解我，我不能跟他一样无理取闹"。好，你已经开始控制住自己了，三分钟之后，我想你就能冷静下来了。

3. 延时法：怒气往往来自某种瞬间的"刺激"，也许是别人的一句讥讽，也许是别人的某种行为，甚至可能是对别人的一个误解。给自己一点思考，你可能会发现完全不值一提。

085讲 情绪感知力：别踩到"雷区"

一个朋友对我说，他真希望自己在二十岁的时候能够像现在这样冷静、稳重些，不至于走那么多的弯路，得罪那么多朋友。

我回答他："没有那些错误的经历，也不会成就现在的你。"

的确，没有什么事情是伸手就能拿到的，尤其是人生经验。情商的培养也是一样的，是一种人生阅历的沉淀。不过，只要你做个有心人，还是能少走一些弯路的。

情商培养中，十分关键的一步，就是如何感知他人的情绪。

要知道这一点，首先必须弄清楚情绪的产生机制。一般来说，如果客观事物符合一个人的需求和意愿，就会产生积极的情绪，比如高兴、愉悦、感动等，反之，则会产生消极情绪。情绪往往通过一个人的面部表情、姿态、表达内容、语调等表现出来。

根据以上理论，如果要感知他人的情绪，要从两个方面进行判断：一是要分析客观事实，他人的需求和意愿，是否得到了满足；二是要分析对方的"微反应"，他的表情、姿态、语气等是否暗藏着情绪。

分析客观事实

在分析事实时，很简单的一点就是，转换角度和立场——如果你是对方，你希望别人怎么做？

举个例子，如果你是品牌部的策划主管，你的员工这几天加班加点地赶出一份文案交给你，你会怎么办？

先不说文案本身的质量，因为任何一件刚刚完成的东西，都免不了存在各种问题，如果要挑毛病，每个人都能挑出一大堆。但是，我们想象一下：如果是你，辛辛苦苦做出来的东西，交给别人之后，希望得到怎样的回应呢？列出一大堆需要修改的问题，或者言辞犀利地批判一顿吗？

你肯定是希望在被认可的同时，得到一些实际性的建议。

所以，出色的管理者都很善于洞察和引导员工的情绪，也就是我们所说的，善于运用同理心。你知道他最近很辛苦，你看到了他的努力。即使他的任务完成得并不完美，你也不应该冷冰冰地批评他。比较适合的做法是：首先肯定对方确实完成得很不错，但你自己也有一点小想法，看看能不能结合起来再修改一下。

站在对方的立场上去思考对方的需求，才能理解并引导对方的情绪。很多领导者就是忽略了这一点，导致员工们怨声载道，工作效率自然也无法提高。先赞美和认同对方，再给出合理的意见，而不是一开始就把问题找出来，以否定的姿态告诉对方各种问题。这就是高情商的表现。

感知对方的潜意识，及时作出必要的回应

许多时候，人们会刻意隐藏自己不满的情绪，这会对我们的判断造成阻碍。不过，再高明的人也无法完全掩盖情绪，对方的真实需求、隐藏的情绪，都会通过潜意识在外界的投射下表达出来。当然，"微表情""微反应"等作为单独的心理学学科，所囊括的内容和技巧就太多了。在这里，我们只做最表面的分析，因为掌握这些技巧，对于提高情商也就完全足够了。

第一，理解"言外之意"，看看对方的语态和语速。

从对方说话的语气、速度等可以判断出对方所表达的情绪。比如，一起吃饭的时候，对方问你："你确定要吃这家吗？"

虽然这是个问句，听上去并没有很大的情绪，但我们还是能够判断出

对方真实的意愿——他可能对这家餐厅不太满意。

接着,你可以略微从侧面分析一下他不喜欢的原因:餐厅环境不好吗?人太多了很吵?他以前来吃过,觉得不好吃?你可以从观察和简单的询问中得到最恰当的答案,也就能迅速找到契合对方需求的餐厅了。

瞧,就这么一件看似很小的事,就能体现一个人的理解力、洞察力、分析力,也就能看出一个人的情商高低。

第二,注意表情和脸色。

最简单的识别他人情绪的方法就是分析一个人的表情。这里包括对方的眼神和脸部肌肉的改变。懂得分析表情,再加上对方的语气、动作,就能很好地判断他人的情绪。

比如,你在说了一句玩笑话,对方面部表情顿时僵硬,脸色冷了下来,而且用冷漠或者嘲讽的语气回应你。这个时候,对方很明显就是在生气。你应该立刻停止你的不合时宜的玩笑,并且想办法道歉或者用别的方式弥补。而如果你在开玩笑的时候,对方嘴巴一噘,给了你一个白眼,旋即不由自主地笑了一下,就说明他没有生气,只是有点儿不好意思,感到害羞。

再比如,你和朋友去逛街,当对方试好衣服走出来,笑着让你看看合不合适时,她很可能已经对这件衣服很满意了,只是想让你夸赞她。所以,即使你觉得衣服并不适合她,也不要一开口就说:"感觉不太好看。"

你可以这样回答:"你的身材穿这件衣服还是很不错的。不过,我觉得你还可以再试试其他的,没准儿会挑到更满意的。"

结合场景和气氛进行分析

人的情绪表达,会根据场景的不同发生变化。有一些特定的场景,会约束一个人的情绪变化,这就需要你有更加敏锐的洞察力。你要把周围环境、气氛、参与者等考虑进来,才能更好地判断对方的情绪和意图。

比如，两个人单独在一起时，如果你的某句话、某个行为让对方不太高兴，他可能会无所顾忌地表达出来。如狠狠地皱眉、白眼，甚至直接训斥。

但如果是一大群人在一起，在这个场景中，即使你的行为遭到了别人的反感，迫于场景限制，对方也会克制自己的情绪。这时，如果有人对你使眼色，或者说一句摸不着头脑的话，其实就是在暗示你该注意点儿自己的行为了。

086讲　人际表达力：用有效沟通促成有效社交

许多人因为太急着表达自己的诉求，反而会使人际关系陷入僵局。这种沟通，就是无效沟通。

"我只是想倾诉，却被别人说太矫情。"

"我感到很愤怒，却不知道怎么告诉他，我怕我一开口就成了指责。"

"我总是不知道怎样安慰人，每次有朋友向我倾诉，我都束手无策，不知道说什么好。"

……

在情商培养里，沟通能力占的比重很大。在咨询中心，也经常会遇到一些来访者咨询关于沟通方面的问题。结合这些问题，我找到了"不会沟通"的核心所在——不会沟通，很大程度上在于不懂得怎样正确地表达情绪。

在提高情商这一点上，沟通的原则很简单，那就是正确表达自己的情绪。高情商的人不一定会说一些聪明、圆滑、幽默的话，但至少不会踩到

第10章
做高情商的人，构建高质量社交模式

以下的"禁区"：

"我都已经道歉了，你还想怎样"

道歉的本质，不在于干巴巴地说一声"对不起"，而是应该建立在对自己错误行为产生清醒的认知上。人们往往认为一句道歉，就能将自己的责任和负罪感撇开，而对方就必须原谅。事实上，在沟通中，对方也有一定的情绪感知力，他能分辨出你的歉意是出自真心，为了缓解矛盾，还是一句不耐烦的敷衍。

所以，在道歉之前，先认真感受、分析自己的情绪状态，并了解到自己对对方的伤害之后，再向对方发自内心地进行道歉。

"你太让我失望了"

表达不满有很多种方式，而否定对方，是最坏的一种。这种"以偏概全""非黑即白"式的主观臆断，在引爆自己情绪的同时，还会将对方推入负面情绪的深渊。毕竟，一次失误不代表对方整个人都是失败的，表达不满情绪，应该从客观问题上进行分析。

换一种表达方式。比如：

"我希望你下次工作能够认真点，别出现这样明显的错误。"

"如果你还是对自己的家庭责任满不在乎的话，我想，是时候考虑一下我们的关系了。"

"我们应该就这个问题好好交流一下，老实说，我真的感到很生气。"

即使是指责，也应该具体到某件事、某种行为，而不能全盘否定对方。

"我不想跟你争"

这句话表面上是想避免争论，其实是一种变相的"软暴力"。这种表达方式,其实是在告诉对方"我不想跟你沟通,因为你对我一点都不理解"。

这种拒绝沟通、利用对方内疚感的方式,通常只会让双方的关系更远。

非暴力沟通公式:正确表达自己的情绪

《非暴力沟通》一书,给我们提供了下面的表达公式。这些公式能够让我们以更平静、得体的方式表达情绪。

1. 陈述客观事实:对方做了怎样的事情;

2. 描述感受:带给你怎样的感受;

3. 表达期望:你希望对方怎样做。

比如,你的恋人答应周末带你去旅游,结果因为要处理积压的工作而爽约了。你可以这样说:

"我已经做好了准备,还因此推掉了好几场聚会,结果我们计划好的旅游还是没有去成(陈述客观事实)。这出乎我的意料,也令我感到很不开心(描述感受)。我希望你以后能够履行自己的承诺,还有,定期完成你的工作,我不希望这样的事情还有下一次(表达期望)。"

这种非暴力表达技巧,能够以最清晰的方式,准确地表达你的情绪和诉求,比单纯的发泄情绪或者指责对方有效得多。

087 讲 人际吸引力:没有莫名其妙的吸引,没有无缘无故的魅力

乔瓦尼·维里奥托是一个以"骗婚"闻名全球的人物。他魅力非凡,异性缘极好,甚至能够同时娶好几个老婆。拒不完全统计,他至少与一百个女人结过婚!事实上,他的谋生方式就是与富婆结婚。最后,这个骇人

听闻的"爱情骗子"被他其中一个结婚对象——加德纳,以重婚罪告上了法庭。

一个人有如此大的魅力,能够让无数女人对他痴迷,而且他并不是什么商业巨鳄,没有什么金钱和地位,这简直是太不可思议了!那么,他到底有什么神奇的魔法呢?

从对他的审判中,我们可以看出一些端倪。加德纳坦言,正是维里奥托的某种令人信服的特质吸引了她,她称为"诚挚的特质"。比如,每当她说话时,维里奥托总是以温柔的眼神望着她,微笑着倾听。即使他在说谎时,也会以诚恳的姿态,深情地盯着她的眼睛。

当然,这并不是教大家如何向这个"爱情骗子"学习。不过,我们确实能从他身上得到一些启示,毕竟工具的主导者是人,带着善意的目的,就能促进我们更加有效地进行人际交往。

用眼神进行暗示

心理学上十分重视眼神对于一个人的情绪感染力。通常,人们感到悲伤时,目光会下垂;感到厌恶时,会移开目光,或者翻白眼;感到心虚、羞耻、愧疚时,则会垂下或者移开视线。因此,情绪专家们将是否能坦诚地直视一个人的眼睛,视为判断一个人是否可信的重要依据。

所以,懂得怎样运用自己的眼神也是增强个人魅力的诀窍。在与他人交谈时,不要东张西望、左右四顾,或者眼神飘忽不定,因为这都会让与你交谈的人感到你心神不宁,立场不坚定。

所有厉害的外交家、谈判专家,都善于利用坚定的眼神表达自己的立场和决心,并传递给对方这样一种信息:请相信我,我是值得信赖的。我们在与人攀谈时,也应该适当运用这一点。

还有一个小建议。如果你觉得完全盯着对方的眼睛,会感觉咄咄逼人，或者不自在，可以试着盯着对方两眼的中间，也就是眉心处。这样，你的眼神会更加柔和，也不会因为"寸步不移"的目光而感到拘谨了。

闭上嘴！去听

在交流中，我们不能自顾自地说话，而必须考虑到交流对象的感受，否则，我们说的话不仅达不到效果，还会让对方感到厌烦。所以，无论你的倾诉欲望有多强烈，都请停止这种单向对话模式。如果你只是将对方作为倾诉对象，而罔顾他的表达需求，那么交流就会变成你的演说。

所有接触的销售员，都是倾听高手。那些动不动就拉着你说一大堆"宣传词"的销售员，绝对都是没有受过良好训练的。销售员的首要任务，是了解客户的需求，再根据客户的需求，找到与自己产品的契合点，有的放矢地打动对方。杰出的管理人员也大都是善于倾听的人，他们擅长在倾听中挖掘别人的背景和诉求，这对他们提高领导力有很大的帮助。

真正有效的交往，是双方良好的互动。在交流中，请学会将发言权交给对方，由两个人共同主导对话。

除了上面说的两点，提高社交吸引力还应该注意以下几点：

1. 自我表达：清晰、果断地表达自己的观点，不拖泥带水、支支吾吾。

2. 同理心：体会他人的感受，从他人的角度看待问题。

3. 关怀：诚恳地表示对他人的关心。

4. 社交认知：掌握社交中的基本规则，别做不合时宜的事。

第11章

突破困局：
在任何场合把握主导权

在拓展社交圈的同时，麻烦也会随之而来。你会发现，人际交往并不完全是友善、和谐的，每个人都在进行心理博弈，你总会毫无防备地被逼入死角，陷入社交困境，产生人际危机。

并且，这些危机通常并非以敌我分明的对峙局面呈现，而是暗潮涌动，让你在不知不觉中失去主导权。

人际危机的出现通常不是毫无缘由的，它们反映了人们模糊、扭曲的社交意识，如漠视底线、侵犯界限、过度迎合、被迫妥协等，如果不能看清这些问题，你将会在社交中不断地失策。

不要再被感性思维主导了！开启冷静、客观的视角，理性地判断每一段关系，拒绝成为社交中的牺牲者。

088讲　人际关系中的"防御体系"：请不要触及我的底线

小心对方得寸进尺的要求

心理学者张德芬曾说："个体与个体之间，常常是彼此吞噬的关系。"对这句话，我的一位来访者小姿深有感触。

下面是小姿和她邻居的对话：

邻居：你这个周末没什么事吧？

小姿：应该没有吧，还不是跟以前一样。

邻居：那你这周六上午能帮我照看一下我们家小孩吗？我周六有个重要的客户会面。

小姿：周六还要见客户？真是辛苦。好吧，大概到几点结束？

邻居：没办法，客户大老远从外地过来的！就从早上九点到下午一点吧。

小姿：要这么久啊！

邻居：也不是很久啊。我已经准备好了零食和玩具，我们家孩子你还不知道？很听话的！你就过来我家帮忙照看一下就行了。

小姿（勉为其难地）：那好吧，那你要尽量早点回来哦。

邻居：可能要陪客户吃个饭，最晚三点能到家吧。

小姿：什么？三点？你刚刚不是说到一点吗？

邻居：我说的是一点结束谈判，我肯定还要陪客户吃饭嘛！你刚刚不是答应了吗？

小姿：那……行吧。那你下次能请个保姆吗？毕竟我带孩子也不专业……

邻居：也就这一次嘛，这不是刚好遇到紧急情况嘛。真是多谢你了，我周六出门之前把钥匙送过来……

小姿告诉我，那天，邻居直到下午五点才回到家，她虽然心里很不满，但也不好说什么，因为她已经被那个调皮捣蛋的三岁小孩折腾得一点精力都没有了。

这样的对话是不是很眼熟？我想大家或多或少都遇到过这种既不情愿、却又无法拒绝的请求。让我们来分析一下这个邻居提出请求的方式，从这个提问方式，也可以看出对方是个老练的"请求高手"。

首先，提问者很清楚，自己的请求别人不一定愿意，所以他采用了封闭式的提问法，而不是开放式地问"你周末有安排吗？"因为封闭式的提问法，更容易引导对方做出他自己想要的回答。

接下来，他刻意地对自己的请求打了折扣——明明计划三点才能到家，却误导对方说是一点，这是为了尽快得到对方的应允。而对方只要松口了，他就抓住了对方的漏洞："你刚刚不是答应了吗？"这样，对方也就不好意思拒绝他接下来更过分的要求了。

小姿的邻居采用的这种请求法,利用了心理学上的"登门槛效应"。

20世纪60年代的一天,在加利福尼亚的帕洛阿尔托市,一名大学生来到一个社区,挨家挨户地按门铃,向家庭主妇们提出一个小小的要求——请求她们在自己家窗户上挂一个写着"安全驾驶"小牌子。家庭妇女们觉得这是个无害的小要求,都欣然同意了。

两周以后,另一个大学生再次来到这些家庭主妇的家门口,请求这些主妇们在自家门前的草坪上放上一块标识牌,并请求能够放上两个星期。这一次,主妇们感到有些犹豫,因为这个请求比上次荒唐多了。为什么说荒唐?瞧,原本绿茵茵的草坪,被巨大的标识牌遮挡了一半,而且牌子上的"安全驾驶"几个血红的大字歪歪扭扭,格外刺眼,将房子的墙壁衬托得难看极了!不过,大多数主妇思考再三还是答应了。

与此同时,实验组还安排了一个对照组,让第一个大学生去那些之前从未拜访过的家庭直接提出第二个要求。结果,几乎所有人都拒绝了他。

这个实验的意义在于揭示了某些请求者的心理。很多时候,他们是被我们纵容出来的,因为我们在答应别人的小要求之后,就很难拒绝后面更大、更不客气的要求了。就像小姿的邻居一样,他要求小姿为自己照看孩子的时间从一开始的一点延长到三点,最后甚至到五点,小姿虽然心不甘情不愿,但已经答应了,也就只能忍气吞声地帮忙。这种情况被心理学家形象地比喻为"登门槛":一个人如果先把一只脚踏过了你家的门槛,你就很难拒绝他进入你的家门。

设立"防御体系":其实,合理拒绝并不会破坏关系

拒绝"登门槛"式的请求,最关键的一点就是给自己设立一条"警戒线":如果你一开始就不允许他接近你的门槛,他就完全找不到进入你家门的机会。

我常常劝身边的女性朋友注意给自己设立交际的底线，因为一旦松懈，一些不怀好意的人就会乘虚而入。在职场上，男性领导利用职务之便侵犯女性的案例屡见不鲜。为什么？因为太多女性不懂得为自己设立底线，不懂得强调自己的原则。如果领导偶尔开一些不太雅观的玩笑，你觉得没关系；有意无意地摸一下你的手，你感到无伤大雅；故意借机和你发生私人联系，你不知道怎样拒绝……那么下一次，你就有可能真的被占便宜。

相比无底线的接受和给予，坦然地亮出自己的底线更合适。曲意逢迎并不一定会换来好的结果，相反，只会招致更多的冒犯。给自己构建一个防御体系，你不够强硬，别人自然就会找机会触碰你的原则和底线。

我的一名作家朋友曾讲过一件关于借钱的事。有朋友打电话找他借钱，他坦然拒绝了："对不起，我虽然有钱，但是不会外借。"他向这位借钱朋友解释道，他曾经借钱给朋友，后来因此闹得很不愉快，所以他从那时候开始就立下规矩，不到万不得已，绝不跟朋友发生金钱往来。

朋友理解他的决定，也表示尊重他的原则。

其实，一开始这位作家对于金钱也没有概念，别人要借钱他总是毫不犹豫地拿出来。但是每次他找对方要钱的时候，对方就装糊涂，故意拖欠。从这件事上，他懂得了一个道理：失去了原则和底线，就容易变得被动。于是，他开始建立各种人际交往中的"防御系统"，其中一条就是不和朋友发生金钱往来。

那么，当他如此"不近人情"之后，他的人际关系会不会出问题呢？一开始，他也有这样的疑虑。不过，在设立了交际原则之后，他的生活一下就简单起来，再也不会因为利益往来而与朋友发生冲突了。并且久而久之，大家都理解了他的原则，也就没人触及他的底线了。

我们总是担心自己的拒绝会让朋友疏远自己，事实往往相反——许多麻烦的人际关系，恰恰出现在那些"没原则""拎不清"的人身上。当你为自己设立合理的交往原则之后，你会发现，别人非但不会不喜欢你，反而会更加欣赏你的清醒和果断，你不会因为看似冷漠无情的原则而失去一个值得交往的朋友。

此外，你也可以利用你的底线来为自己筛选朋友、员工等。

比如，有一个以"金刚手段"闻名于商场的企业老板，在对待员工的渎职上，丝毫不手软，无论员工是他的什么人，只要触到了他的底线，他必定以原则为第一标准。比如，他就曾经因为一支圆珠笔而开除了一名高级经理，因为这名经理经常将圆珠笔、A4纸等作为私人用品带回家。

这名老板认为：既然一个人在这种小事上都能为自己谋取私利，以后难免不会为了自身利益出卖公司。对于身居高位的人来说，人格比实力更重要。

089讲　摆正位置：社交目的不同，关系会失控

社交目的不对等，"人脉收支"不平衡

在社交中，我们经常会遇到一个问题，即投入和产出不成正比。虽然我们在衡量社交价值时，不能以绝对功利的心态对待，但经营人脉毕竟不是一场"重在参与"的游戏，无论是情感型社交还是功利型社交，我们总会要追求收益，所以免不了会思考两个问题：我的付出，对方看得到吗？我付出了这么多，我得到了什么？

这里，我们必须再次提出社交的本质——价值的互换。然而，社交中

的价值互换又不能等同于商品交易，无法将交往双方的价值进行明码标价，更何况，其中还包括无法量化的情感型价值。那么，如何让这种互换达到一种彼此认可的平衡呢？这就要求交往双方形成一个默契，也就是共同的社交目的——彼此心知肚明，交往是为了什么。

不过，人际交往不可能跟纯粹商务合作一样，一开始就亮出自己的意图。这就让我们面临着一个问题：人与人的交往目的，很难完全对等。就比如，加入同一个社交群，有人是为了找到可以一起玩乐的朋友，而有的人则是为了推销自己的产品；有人找你聊天，是为了排遣无聊，有人则是为了让你帮自己的忙；有的人一开始是知心好友，最后却变成了利益之交。即使同一段关系，在交往双方的眼中，价值也不完全相同。有可能，你认为对方是至交，对方只是拿你当普通朋友。遇到这些问题，都说明社交关系失控、社交方向错了。

了解对方的社交意图，洞察每段关系的真实性质

"交往了这么久，我居然看错了他，没想到他是那么自私的一个人。"

"我把他当兄弟，他却只跟我谈利益。"

"她每天跟我问好，家长里短地聊天，我以为她想跟我做朋友，原来只是卖产品……"

"我的上司对我特别照顾，可我慢慢发现，她喜欢压榨我的私人时间来帮她做一些事情。"

"我对我那个小姐妹特别好，对她的事情比我自己的事情还上心，但我总感觉她没有把我当好姐妹，上次她来到我所在的城市，居然没有告诉我！"

"为什么我对这段关系付出再多，也得不到对方的重视？"

……

第11章
突破困局：在任何场合把握主导权

为什么会遇到这些问题呢？归根结底就是因为交往双方的社交目的不一致。

当在一段关系中，你发现自己似乎很难得到相应的收益，你付出了很多也得不到对方的回应，那么你就应该考量一下彼此的社交性质了。有可能，你们的社交目的一开始就完全不同。洞察对方的社交意图，能够让你避免在一段关系里走入死胡同，单方面地投入而得不到回报，甚至被对方利用。

曾经有个人向我诉苦："明明我对他掏心掏肺、肝胆相照，为什么却总感觉对方是在利用我？"

诉苦的这个人叫Leo。Leo在一家只有十几个人的贸易公司当部门经理，工作期间，他跟这家公司的其中一个合伙人成为了好朋友。老板对Leo特别信任，能跟老板成为朋友，也让Leo觉得很光彩，他尽力维系着与老板的关系，总是真心地为老板着想：公司里有什么事儿，他都尽自己的所能帮他解决；每次老板应酬完，都是他专门开车过来送老板回家。总之，Leo早就把老板当成了好哥们。

后来，老板又创办了一家外贸公司。公司筹建期间，他经常让Leo帮助自己：找办公楼、办理手续、招聘员工、整理日常事务、写一些报告……他几乎让Leo负责了一切琐碎的事情，但是并没有明确表示让Leo加入自己的新公司。Leo既忙于自己所在公司的事务，又不得不处理老板新公司的事情，搞得他无暇分身，焦头烂额。

不过，Leo觉得既然是朋友，多花点工夫也是应该的。直到有一天，Leo由于太过疲惫，工作上出现疏忽，而遭到了原公司另一个合伙人的斥责。他本以为老板会向另一个合伙人解释这一切，帮自己说说情，但老板什么都没有说。

Leo发现老板根本没有帮他的意思，这让他感到很失望："我为他那样付出，我原本以为他也会用心对我，没想到他完全坐视不理。当另一个老板批评我时，我从他的眼神里看出了冷漠，我忽然觉得，他可能并没有拿我当朋友。"

听完 Leo 的叙述，我知道他的问题出在哪里了：他的确是把老板当成好朋友，想要与对方做一对纯粹的、两肋插刀的哥们，而很显然，对方只是把他看作一名普通的下属、一个可以在事业上利用的帮手。这种不对等的关系，让 Leo 无法接受。

其实，老板又有什么错呢？你不能要求与你交往的每个人都抱着一颗与你一样的诚挚的心。尤其在职场上，上司和下属本来就很难成为好朋友。Leo 的问题在于，他错误地估量了上司与他交往的意图，天真地认为上司对他无比信任，私底下也联系得很密切，就是把他当朋友了。

如果你不能厘清每段关系中交往双方的目的，不能摆正自己的位置，就会经常出现类似的情况。久而久之，你可能会觉得人性过于冷漠，认为想要获得值得信赖的关系是如此艰难。你甚至会怀疑自己看人的眼光："我总是看错人，他并不是我理想中的朋友。"事实上，对方并不一定真的像你想象中那样自私和冷漠，问题的根本在于，这段关系只是你一厢情愿，对方与你的社交目的并不对等。

090 讲　强调界限：对不起，我跟你没那么熟

在本书关于"亲密关系"的那一章中，我提到过人际界限这个观点。在这里，我必须再次把这个话题拿出来说一说，因为在对"中国式人际交往"研究这么多年以来，我发现一个十分突出的问题：模糊的界限，不只

存在于亲密关系中，几乎所有的关系都存在这个问题。事实上，人际关系中的危机很大程度上都是由界限模糊造成的。

你的好意，有可能是自以为是的干涉

C 君是我的大学同学，他大学毕业之后去了英国留学和工作，不久前才回国发展。我组织了个饭局，为他接风洗尘。

席间，几个同学拉着 C 君问长问短。得知 C 君这些年一直保持独身，大感惊讶：

"哥们儿，你绝对没说实话。我猜你至少交过好几个女朋友了吧？都是洋妞吗？"

"还是早点结婚吧，千万别搞国外那一套，什么独身啊，丁克啊……"

"是啊，大伙儿现在几乎都成家了，在这点上你可太落后了。"

连我也忍不住接了一句："再不结婚可就老了！"

听到我们的责问和催促，C 君的表情明显有些尴尬，我察觉气氛不太对劲，于是赶紧转移了话题。

席散送 C 君回家的路上，我试探性地问他刚刚为什么感觉不太愉快，他沉默了一会儿，说："也许在你们看来，我对私人问题比较敏感。我的确不太愿意别人干涉我的生活，即使只是礼节性的询问和建议，这也是这么多年在国外养成的习惯。我跟你讲一下我刚到英国的经历吧！"

C 君刚到英国的时候，寄宿在利物浦的一户居民家中。房东叫贝内特，是一对中年夫妇，他们有个 19 岁的儿子，叫格雷特。为了保证 C 君能顺利攻读学位，贝内特夫妇对 C 君特别照顾，细致地安排好他的起居、饮食等，甚至连他换下来的衣物，也是贝内特太太帮忙清洗。他课余时间，则认真辅导格雷特的功课，作为对贝内特一家的回报。几个月时间里，他和这一家人关系日笃。

有一次，格雷特带自己的女朋友玛姬回家，C君第一次知道格雷特竟然有女朋友。他自认为和格雷特已经好到无话不说，于是质问格雷特，交女朋友这件事情为什么瞒着他。格雷特感到很不解："我有女朋友，这是我自己的事情，我没有故意瞒着你。"

当C君得知玛姬居然是一名商场售货员，就更想不通了——格雷特可是利物浦大学的高才生。他不止一次地建议格雷特考虑清楚与玛姬的关系，格雷特则表现得很反感："玛姬没什么不好的。而且，这是我个人的事情，我自己能做决定。"

C君感到很郁闷，他觉得自己完全出于好意，而对方居然毫不领情。他只好把自己的想法告诉贝内特先生。于是出现了以下对话：

C君：贝内特先生，老实说，您对玛姬的印象怎么样？

贝内特先生：她很漂亮，也很开朗。

C君：对，她是个好女孩。不过，我不知道格雷特有没有跟您说过她的职业……她是一名售货员。

贝内特先生：我想这不是什么大不了的事。你看到了，她跟格雷特感情很好。

C君：贝内特先生，我想您误会我的意思了，我并没有看不起玛姬。我是觉得格雷特年龄还小，他可能对感情方面的事情无法做出理智的判断。

贝内特先生（皱着眉）：但是这跟您有什么关系呢？

C君：我只是出于好意，您知道的，我把格雷特当弟弟。

贝内特先生：那么请收起您的好意吧。我不会插手格雷特的这件事情，我希望你也能尊重他的个人意愿。事实上，我们都没有权利干涉他。

C君碰了一鼻子灰，他本来试图以这种方式来表示对格雷特的关心，

第 11 章
突破困局：在任何场合把握主导权

没想到反而惹得对方不愉快。从这件事情上，C 君第一次知道了什么是界限。虽然贝内特一家对他的生活照顾得无微不至，甚至帮他清洗衣物，但他们从来不询问他私人的事情；同样，即使他与格雷特关系再好，也不应该对对方的感情指手画脚。

听完 C 君的故事，我陷入了沉思：人际界限这个概念，我早就清楚，但我在方才的宴席中，也与别人一样，成了 C 君感情生活的干涉者。连我这种"专业人士"都犯这样的错误，那其他人呢？

西方社会普遍十分重视人际界限这个概念，具有很强的界限感。即使关系再密切，自己始终是独立的个体，不管是家人、朋友，还是同事、领导，可以相互关心，但绝不能过分干涉。与之相反，中国社会的一大特性是"熟人社会"——同学、同事、朋友、领导、亲戚等构成了我们的人脉圈，为了维系这个圈子，很多人试图以各种方法拉近关系，却不知不觉中忽略了人与人之间的界限。

比如，许多人都很讨厌过年，因为过年的时候，总免不了要与一个特殊的关系群周旋——亲戚。这时，"七大姑八大姨"们攒了一整年的唠叨终于有了"用武之地"，"工资多少啊？""年终奖到手了吧？""有没有对象啊？""早点生孩子！"……

这个时候，你可能会感到很不舒服。让你感到不舒服的原因很简单：你的心理界限被侵犯了。

其实，亲戚并不是中国独有的关系。即使在北美这样讲究"独立小家庭"的社会环境中，圣诞节、感恩节等重大节日中也少不了家族聚会、互赠礼物等。这样一个人类社会普遍存在的关系群体，在我们国家却让一些年轻人产生抵触情绪，根本原因就在于中国社会对于个人界限的忽视。

当下的中国社会，在人际界限方面的确乱象丛生，在这样的社交环境下，想要真正维持个人界限似乎不太现实，但我始终认为，清晰的人际界限对于维系良好的社交关系十分重要。但在人际交往中，不妨给自己设立一些适当的原则，这样可以避免很多麻烦。

停止"指导"和"建议"

在交往中，可以对别人给予尺度适当的帮助，但是不要指指点点、评头论足，更不要对一些私人问题劈头盖脸地给予"指导"和"建议"。

这个交往原则适用于所有关系，甚至能避免绝大部分的冲突。不妨回忆一下，许多沟通中的冲突，是否都是由于沟通中的某一方说了一些越界的、没有资格的话？

我有位朋友就习惯对于别人的生活提建议。去其他朋友家做客，他对装修指指点点："壁纸太花哨了，还是简约一点更好。""沙发就不应该买这种'L'形的，看着太厚重，又占客厅面积，而且一点都不时尚。"朋友的孩子周末要上三个特长班，他又发表建议："别让孩子压力太大了，报太多班对孩子成长不利。"吃饭的时候，他又说："别让孩子吃太多肉，对发育不好。"

结果一天下来，主人家时不时地感到尴尬，以后再也不敢邀请他了。

注意玩笑的尺度

三五好友聚在一起，谈天说地，免不了会开几个玩笑，讲几个段子。这时，总有些人打着"咱们谁跟谁"的旗号，拿"开个玩笑而已，何必当真"作挡箭牌，肆无忌惮地开一些不合时宜的玩笑，你若与他较真，他则一脸无辜地说："不就是开个玩笑嘛！"

这时，如果你选择一忍再忍或者一笑而过，那么他们只会变本加厉。

所以，如果再遇到这种情况，不妨摆出自己的界限，告诉对方：

"对不起，即使我们再熟，你也不能开这样的玩笑。"

另外,也请管住自己的嘴,无论气氛多么轻松、场面多么热闹,也别口不择言,以免自己的玩笑触到别人的痛点。

"我不想谈论这个私人的话题"

"好久没联系,最近怎么样?谈恋爱没有?"

——"还没有呢。"

"怎么还不谈恋爱啊?要求别太高了。"

——"没遇到合适的。"

"找到条件差不多的就赶紧结婚吧,年龄大了对生孩子可不好。"

——"暂时还没考虑生孩子的问题,不过谢谢你的提醒。"

"你爸妈不着急吗?"

——"我觉得你好像比较着急。"

这段对话,令我们忍俊不禁,又心生无奈。在朋友圈里,总有一些不太熟悉的人,与你保持着可有可无的联系,偶尔会表现得十分关心你。遇到这样的人,你只需要用一句话来回应:"对不起,我不想谈论这个话题。"

同样,当你关心一个人的时候,先衡量一下与对方的关系——是亲密朋友,还是泛泛之交。你可以选择很多沟通方法使关系更亲密,而干涉私人问题是最愚蠢的一种。

有效社交
如何建立更有价值的人际关系

091 讲　拒绝迎合：拥有好的人缘，不代表拥有好的人脉

看似美好的"社交地狱"

《黑镜》第三季中有一集，向我们讲述了这样一个故事。

在这一集的情境中，虚构出了一个"好评即正义"的荒诞社会：人与人的互动依赖于社交网站上的一个五分制的"个人评分系统"，就像购物网站上的"商家评分"一样。个人的价值完全取决于社交网站上的得分，分数越高，占有的社会资源也就越多。为了得到他人的认可，获得更高的分数，每个人都试图以最完美的形象去吸引别人。

为了得到高分，爬到更高级的社交阶层，女主角蕾西用心地经营着自己的社交账号，随时随地都想尽办法讨好别人。每天早上出门前，对着镜子练习微笑的弧度；出门后遇到的每一个人，无论认不认识，一定要满脸堆笑地问好；拿出手机，给接触到的每一个人——甜品店的店员、只有数面之缘的邻居和素昧平生的陌生人打高分，以获得同样的高分评价；在电梯里遇到同一个社区的主妇，即使毫无印象，也装作熟人一样寒暄、赞美，然后相互"好评"。

为了获得更高的评分，蕾西寻找到一个捷径——攀附自己的童年好友娜奥米。她打算抓住给娜奥米当伴娘的机会，进入娜奥米的高分社交圈。故事的结局既出人意料，又在情理之中：蕾西由于在赶往婚礼的途中太过心急而连连失误，在一天之内，遭遇到了无数的"差评"，苦心经营的分数一路暴跌至 2.0 以下，最后由于评分太低而被抓进了监狱。

第11章
突破困局：在任何场合把握主导权

在这个故事里，每个人都诚惶诚恐地生活着，想方设法地讨好他人。这样能获得真心实意的认可吗？未必。比如，故事里的一个黑人小哥，在评分低于3.0之后，每天主动为办公室里的同事们免费提供果汁，以求得好评。大家回应他的是什么呢？白眼和讽刺！

有趣的是，蕾西为了讨好这个黑人小哥，给了他5.0的评分，对方却冷冰冰地"回报"了她一个2.0的评分。看，不是所有的讨好，别人都会领情并心怀感激。

《黑镜》系列故事擅长将人物置于极端的环境下，以凸显人性，讽刺社会制度。在这个关于社交的故事中，虽然情境夸张，但的确向我们揭露了许多现实生活中存在的社交规则，其中包括一点：失去自我式地讨好他人，未必会获得认可。

拒绝"好人卡"，明确职能界限

职场中，有不少人为了获得好的人缘，而放弃自己的职能界限。他们为了得到领导、同事和客户的认可，不得不做一些不属于自己职能范围内的事情，对他人的要求永远无法拒绝，是人们眼中的"便利贴"。大家对他们评价一般都是"性格好""好说话"。然而，由于忙于处理各种非核心类的工作，他们的存在感往往很低，很容易成为升职加薪都无望的小人物。

很多公司都有这样的人，他们是办公室出了名的"多项全能"，收集资料、整理报表、写文案、制作PPT，似乎样样在行。每当同事需要他的时候，他们总是有求必应，全力援助。久而久之，他们是同事们身边最好用、人缘最好的"贴心小帮手"。

他们辛辛苦苦地压榨个人精力、放弃职能界限换来的"好人缘"又有什么用呢？美国康奈尔大学的一项调查中，分析了职场人员的"随和度"

特征后发现：性格随和、有求必应的员工，薪酬反而比"带刺儿"、个性突出的员工低18%。

是不是很不可思议？

那么，无私地付出换来的好人缘，至少能给我们带来良好的人脉资源吧——如果这么想，那你就太天真了！

我听过这样一个故事，故事的主角是美国的一名作家。这名作家居住的街道上，有一个卖百吉饼的摊位，摊主是一位看上去很贫苦的老妇人。出于同情，他每次经过百吉饼摊都会丢下25美分的硬币，但是从来不拿饼。就这样一直坚持了十几年。有一天，他跟往常一样经过百吉饼摊，照例丢下25美分，结果被老妇人叫住了。

你以为老妇人会感谢他，或者问他为什么给了钱却不要饼？

老妇人很不愉快地责备了一句："先生，您难道不知道吗？百吉饼已经涨到50美分一个了！"

所以，帮助和付出一定要有个限度。当你长期不求回报地帮助一个人，对方会觉得理所当然。你一旦停止付出，别人甚至还会心生怨怼——"他有多久没有帮助过我了？"

如果你习惯性帮助所有人，那么别人对你的好感度会更打折扣——"他对所有人都一样。"

保持你的个性，随性的人并不讨喜

"你是一个好人"，并不等同于"你值得交往"，所以，别太在意别人的评价，更别指望故意迎合他人以获得社交资本。社交法则告诉我们：大多数人会更欣赏个性突出、有主见、有特色、有棱角的人。

如果你比较内向，就没必要为了获得他人认可而逼自己开朗；你不喜欢参加社交活动，就没必要硬着头皮参加每一个饭局；有人说你敏感，也别在意,敏感就敏感。只要不是过分地忽视社交规则,或者表现一些令人反感的行为,保持个性没什么不好的。

我公司有一个设计师,能力很强,但为人冷淡。他不喜欢参加活动,并且信奉"下班大过天",在下班时间,天大的事儿也别想找他。一开始,大家觉得这个人太奇怪,不好接触,但时间一长,大家默认了他的规矩,也就不再龃龉了。他偶尔"大发善心"加个班,或者做点儿不属于自己分内的事,大伙儿还会对他感激涕零。时间一长,大家都觉得他其实是个外冷内热的人,反而觉得他的"棱角"格外有魅力。

别为了迎合他人而故意扭曲自己的性格。我在前面的确说过要修炼情商,但情商高并不意味着放弃自我,相反,很多高情商的人都是个性十足的。你亮出了自己的规则,别人就知道怎么配合你。如果你是一个谨慎、挑剔的人,别人自然会把工作做得更细;如果你思想比较保守,别人自然不会在你面前大肆开玩笑。

092 讲 危机应变:没有被动的处境,只有不懂周旋的人

当米雪儿认出蹲在她面前、帮自己试鞋的营业员正是同学子君时,好戏正式拉开序幕。

子君一直是米雪儿嫉妒的对象,因为前者一直是养尊处优的阔太太,出入高档商圈浑身名牌,谁知竟也有离婚沦落到做鞋店营业员的一天。米雪儿无法克制内心的幸灾乐祸,立刻给子君拍了照片上传到自己的微信朋友圈,并指手画脚道:"我也是照顾你的生意嘛,你帮我再推荐几双鞋,我经常要参加宴会呢。"

这是电视剧《我的前半生》中经典的一幕。面对如此强势、傲慢而又无礼的米雪儿，如果你是子君，会怎么做呢？

A. 继续讨好，以求对方同情自己的处境，不再为难自己。即使对方再无礼，也忍气吞声。

B. 以牙还牙，恶语相向，从气势上盖过她，输掉什么也不能输掉自尊和骨气。

不怀好意的人始终存在，他们往往会让我们在社交中陷入困境。对付这些外表强势的家伙，我们就不能用常规手段。你也不要奢望能用善意的倾听、沟通来让他们变得通情达理，因为你已经成了他们发泄情绪的对象，早已无路可逃。在这种时候，该怎么既不当软柿子，又能化矛盾于无形呢？让我们继续看子君是怎么与米雪儿周旋的。

子君（莞尔一笑）："那你一定要试一下这双意大利限量款的皮鞋，每个号都只有一双哦。"她手脚麻利地帮米雪儿系好鞋带。

米雪儿："是呀，还真挺漂亮的。"

子君（又拿出一双鞋）："这双你也一定要试一下，我们米雪儿可不像其他人，只试不买，对吧。"

米雪儿（表情僵硬地）："那当然……钱其实真的不是问题……"

（这时，子君迅速用手机对着米雪儿拍了一张照片）

米雪儿："哎哎，你干嘛？"

子君："帮你拍照传朋友圈啊，我要告诉他们，米雪儿多么有眼光，一买就两双限量版皮鞋，太照顾我生意了。"

米雪儿（紧张地）："那一共多少钱啊？"

子君："这双7800元，那双9800元，其实对你来说一点都不贵，对吧？"

米雪儿："那是自然的，嗯，不过我喜欢这双，就拿一双吧。"

子君:"哦,这样啊,你不是经常要参加宴会么,以后一定要多来啊,我这边有新品了会马上告诉你的哦。"

米雪儿讪讪地点头,此时只想赶快刷卡离开。

打磨情绪利器,摆平强势群体

上面这一幕之所以经典,就在于女主角子君应对不怀好意之人时,行为上的出人意料。从前的子君,面对对自己不利的人是怎样的呢——大喊大叫、张牙舞爪!

自从丈夫出轨后,经历了离婚、争夺抚养权等一系列风波的子君已经不再如以往那样天真,也不像以前那样冲动了。这场博弈中,她之所以赢得如此漂亮,主要在于她能在这种被动场面下保持冷静,从而精准地找出对方的弱点。

这个社会永远不缺对你龇牙咧嘴、蛮不讲理、恃强凌弱的人,他们会逮住任何机会对你的内心发起猛烈冲击。当讲理、求情、讨好、反击等通通不管用时,面对强势的恶意,你首先要做的,是冷静下来,调动强势的积极情绪对他们进行猛烈回击。

每种情绪都有其价值,只要掌握了方法,即使是负面情绪,一样可以成为我们反击强势人群的有力武器。我们可以通过以下步骤,来加以实践。

第一步:调节情绪。

情绪爆发或者忍气吞声都不是最有效的方法,聪明人都懂得怎么调节情绪,只有把情绪稳定在冷静状态,才能进行接下来的理智判断。

第二步:判断类型。

强势人群一般分为精英型和无赖型,精英型人群往往都是情绪管理专家,与他们打交道我们要做的就是凭本事与他们对话;米雪儿就属于无赖型,干的都是仗势欺人、捧高踩低的勾当,我们的情绪利器主要就是用来对付这种人。

第三步：顺水推舟。

无赖型强势人群有一个基本特性：外强中干。这种人的内心都是怯懦的，所以我们不能顺从本能加以反击。这类自恋又自大的人，他们最希望看到的就是你的惊慌失措、俯首称臣，那么我们就要根据所处情境，选择最恰当的情绪来做铺垫。最关键的，还是要把所有的注意力和矛盾焦点都转回到他们自己身上。

反感与失控在所难免，这个过程往往发生得很快，或许你做得到冷静，但很快又会被内心各种负面情绪冲昏头脑，而正是这些情绪带给你的压力把你压垮。可是有一个事实不容忽略：面对自己挑起的冲突，对方同样也并没有经过慎重考虑，留给他们的时间也很少。因此，谁能跳出冲突本身，谁才会是赢家。所以，我们要做的始终都是把注意力集中到发生的事情上，不要总想着怎么反驳对方。

记住：你们不是在进行公平辩论，在恃强凌弱的游戏里，从来都不存在绅士。当你能够把情绪打磨成利器时，它就不再能左右你，而是在人际关系的战场上，为你开疆拓土，让你时刻掌握主导权。

第12章

高效运作：
彻底升级人际资本

你可能花费了很大的精力去拓展人脉圈，但这些人脉却未必能给你带来实际性的帮助。这是因为，你囿于自己狭隘的人际经营模式，对人际资源的概念还停留在表面。

现有的人脉圈，可能会让你感到很舒适，因为"人际趋同效应"使你愿意和自己相似的人在一起。然而，这种结构固化的人脉模式，恰恰是让你进入无效社交的重要原因。

从现在开始，打破固有的社交概念，丢掉漫无目的的人际拓展模式。掌握高效社交理念，增强自己在人际交往中的影响力，有条理、有目的、有策略性地运作人际资本。

高效社交的目的是：让你的人际资源不只是毫无意义的摆设，而能切实地为你所用。

093讲　单一的人际结构，会将你困在"社交牢笼"

罗宾·邓巴是牛津大学研究认知与进化的人类学家，他根据自己对灵长类动物研究的结果提出了著名的"邓巴定律"：人类智力将允许人类拥有稳定社交网络的人数最多不超过150人。他认为，人的大脑新皮层大小有限，提供的认知能力只能使一个人维持与大约150个人的稳定人际关系。

这就导致了一个问题：怎样充分发挥我们有限的社交能力，让极限值是150人的人脉圈发挥最大的价值呢？

我认为首先必须对自己的人脉圈进行调整，衡量自己的人脉结构，看看人脉的类型是否多样化。

我见过的许多人，都有一个问题，那就是人脉结构太过于单一。我的朋友小G最近遇到了职业上的困扰，在做了几年程序员之后，她想转行做公关、营销、宣传、品牌推广之类的与人打交道的工作，向我征求意见。

我问她："你觉得你的交际能力怎样？"

她告诉我："我觉得我的人际交往能力还不错，我所接触的人都对我印象不错。而且，我要做的并不是直接跟人打交道的推销一类业务，我想做的是如何把产品推向大众,如何与媒体建立良好的长期合作关系,我觉得,我的交际能力应付这些方面应该够了。"

我没有直接对她是否适合这些工作进行评论,不过我明确地告诉她,衡量人际交往能力,并不只是看"是否受欢迎"这么简单,而是看对自己所在社交圈的掌控能力。

以我对小 G 的了解,她确实有很多很好的朋友,但这些朋友对她进入公关行业并没有实际帮助。她性格温和,也很活泼,很容易和同龄人打成一片,但她在和高层领导打交道时,总是不够自信,显得怯怯的;虽然她和不少人关系很好,但我发现,她的朋友几乎都是互联网圈的人;虽然她有机会认识一些位高权重的人,但她从来不会想办法去维护。

在我的引导下,小 G 对自己的社交能力有了大致的认识,她决定重新考虑是否应该转行做公关。

其实,小 G 只是我们大多数人的一个缩影。很多人虽然善于结识新朋友,但不懂得维护和拓展。他们永远在自己所在的小圈子里兜兜转转,以为这个圈子就是整个世界。衡量一个人的人际交往能力,不是看他朋友圈的人数,而是看他经常和怎样的人打交道。如果一个人的朋友虽然数量不多,但分布在社会各行各业中,并且一旦需要帮助,这些人或多或少都能帮得上忙,那么,我们就认为这个人的社交能力强,他能将自己的圈子发挥出最大的价值。相反,如果一个人有很多关系不错的朋友,但这些人只存在于他所在的行业内,不是他的同事,就是他的客户,那么说明他的社交结构单一,社交范围狭窄。

我们的生活中有很多这样的人,他们的社交圈里除了同学就是同事,并且年龄层、行业都很单一。这会导致他们出现认知上的局限,对超出自己行业和阶层的事物都不了解。由于他们获得信息的渠道太少,他们的视野也会变得狭隘。这样的朋友圈,虽然看起来繁荣,互动也频繁,但真正

第12章
高效运作：彻底升级人际资本

遇到事情，却常常得不到切实的帮助。

人脉结构单一，再高级的圈子也会产生信息闭塞

看似高级的社交圈，一旦陷入单一的结构模式，也会带来不可预测的灾难。

电影《保姆日记》中，斯嘉丽饰演的安妮是一名出身于普通工人家庭的纽约大学毕业生，为了研究她的人类学课题，在机缘巧合之下，她成了一名纽约上东区的保姆。上东区遍布着美国顶尖的富人，她的雇主×太太就是这些富人中的一位。

我们要说的，正是这位×太太。×先生忙于挣钱，而×太太则是一名全职主妇，只不过她几乎从来不待在家里。×太太的生活很忙碌，购物、美容，以及参加各种社交活动。她是一位典型的社交名媛，生活奢侈至极，每天疲于应付各种社交活动，连自己的孩子都无暇照看。

×太太如此积极地参加社交，却并没能给她带来什么实际的帮助。后来，因为×先生出轨，她瞬间感觉天都要塌了，彻底失去了生活的目标。

在所有的婚姻危机里，最手足无措的往往是家庭主妇。当然，我并不是否认主妇们的社会地位，而是，这类家庭主妇们除了缺少经济来源以外，往往都有一个共同的弱点——社交圈太狭窄。看看×太太吧，她虽然每天忙于社交，周游于各种晚宴、舞会、亲子社团、社区活动等，但与她打交道的，几乎都是跟她一样的高级时尚区住宅里的主妇。

我觉得"×太太"这个名字起得特别好，因为她姓什么并不重要，在纽约上东区，这样的太太到处都是，她只不过是一个代表。这些富贵太太们，每天交流的内容就是时尚、美容、八卦，以及怎样看好自己的丈夫，如何监视自家的保姆……即使偶尔陪伴丈夫出席舞会，也不过是作为丈夫的附属。她们虽然处在上流社会，但圈子里都是跟自己一样的人，结构非

常单一；她们的社交圈虽然热闹，但聊的都是一些"小圈子"话题，信息渠道十分封闭。在这样的环境下，一旦婚姻出现变故，她们自然会惊慌失措——她们的社交圈完全是由婚姻带来的。失去婚姻，她们连仅存的"主妇社交圈"也没有了。

因此，别只在自己的小圈子里打转，你必须想办法突破，去看看圈子外面的世界，有目的性地跟其他行业、其他层次的人打交道。

整理一下你现有的人脉，看看你所认识的人是否都与你十分相像，你们的背景是否都很类似？你们对于许多事情的看法是否连观点都很一致？如果你对这些问题的回答都是肯定的，那你就要小心了，因为你已经被单一、狭窄的人脉圈困住了。

另外，人脉圈是否单一，还要看你选择的人脉是否尽可能覆盖到所有的年龄层。如果你的朋友涵盖二十岁、三十岁、四十岁，甚至五十岁以上的年龄段，意味着你不仅善于向长者吸取经验，也善于向年轻人吸取活力。年长的人，能够给你一些指导和提携；年轻的人，能够让你尽快了解最新鲜的社会动态和社会发展趋势，这都有助于拓展你的信息渠道，提高你的职场竞争力。如果八零后只跟八零后打交道，九零后只认同九零后的价值观，那么就会产生信息隔阂和认知固化，这对提高个人价值和拓展人脉圈都没有什么好处。

094 讲 别太信赖"强联系"，核心人脉有可能带来更大的风险

我们在本书中提到过，社会学家马克·格兰诺维特曾经进行过一个关于如何找到工作的实验，他发现，在找工作的过程中，那些"弱联系"往

第 12 章
高效运作：彻底升级人际资本

往能发挥更大的作用。这个研究，让越来越多的人更加注重对"弱联系"价值的挖掘。

"弱联系"的作用，对一个企业也有至关重要的作用。英国的一位经济学家对于"弱联系"在创业、经营中的影响也进行了研究。他们对一些MBA们所创办公司的人员构成进行了统计，并对各个公司团队的创新能力进行了评估。这些评估包括近期推出了多少新产品，是否有更新的营销手段，取得了多少专利，等等。在使用创新评估模型后发现，组织成员都是由关系较弱的人构成的公司，其创新能力更强；而由熟人参与构建的公司或者团队，往往会缺乏一定的创新价值。"弱联系"团队的创新能力几乎是"强联系"团队的1.3倍。

在对一些创业者进行采访后，我们也发现了"弱联系"的作用。"是哪些人影响了你，让你决定创业？""是哪些人带给了你这么好的想法？"在这一类问题上，许多创业者的回答都是客户、供应商、商业伙伴等，有的甚至是被媒体或者专家所启发的。"弱联系"通常会给创业者带来好想法，并且比例高达62%。只有极少数的人，是被自己的家人和亲朋好友所影响的。

调查表明，创业者在创业过程中的信息渠道如果主要由"弱联系"构成，其创新指数比由熟人建立信息网络的要高出1.38倍，其生命力也更为旺盛。而从社交结构上来看，创业者的社交网络越多样化，其创新能力就越强。

然而，中国的企业家大都太过信赖"强联系"人脉，他们往往习惯于家族管理模式，或者好友合伙创业。这一类企业在创新能力、商业思维上，比起由"弱联系"团队创立的企业，显然处于弱势地位。并且，在决策和管理上容易遇到更多麻烦。

"强联系"有可能将你带入陷阱

人们很难拒绝"强联系"的诱惑。不仅中国传统企业的管理者如此，西方许多著名的投资者，甚至是斯坦福 MBA 也有可能陷入"强联系"的陷阱中。在我们心目中，风险投资这个行业的人应该是比较理性、冷静的人，即使是他们，也经常会犯"被熟人所诱导"的错误。这些错误往往让他们付出十分惨痛的代价。

2012 年 6 月，哈佛大学商学院的研究人员发表了一篇名为《友谊的代价》的文章，这篇文章考察了 3510 个风险投资者，以及他们将近三十年间 11895 个投资项目。其中，有些人在投资中会选择与自己能力相当的人合作，这些合作伙伴大多都是泛泛之交，有的是曾经的商业伙伴，有的是通过商业交流会认识的，不过，这类选择只占少数，大多数人会选择熟人进行合作，如老同学、老同事、亲戚、朋友等。

找这些熟人合作，信任度似乎不用怀疑，那么，成果如何呢？

研究发现，习惯找熟人合作的投资者，其投资成功率会大大减少；而单纯依靠能力进行评估，或者从恰当的商业性渠道寻找的搭档，反而能增加成功率。

为什么会产生这种现象呢？熟人的力量是怎样成为障碍的？

原因有很多，而我认为，主要有四点：

第一，在合作方的选择上，人们往往会由于跟熟人关系亲密，而难以对他实际的能力进行理性的评估，在"旗鼓相当的泛泛之交"和"实力悬殊的熟人"之间，投资人往往会选择后者。这一点不仅在投资合作中会遇到，在企业管理中也十分常见。大多数私人企业都有因为"裙带关系"而进入管理层的人，有一些小公司，高层领导几乎全部由亲戚担任。这样的公司，会陷入一种职能混乱、职场界限不清的境地，很难与现代管理模式的公司进行竞争。

第二,在合作中,熟人大都来自同一个人脉圈,他们的资源模式、信息渠道原本就相同,熟人之间进行合作,很容易产生资源缺乏,并形成"信息孤岛"。

第三,熟人合作,更容易使人失去原则。生物学家费尔曼曾提出,自然界的一切群体都具有情感性,当一个群体的聚集是一种情感的聚集,如朋友关系、同事关系、夫妻关系等,这些情感因素往往会让人失去一定的原则。这样一来,很容易出现以权谋私的现象。

这三点很好理解,接下来,我们重点介绍第四个原因。

第四个原因:"强联系"更容易产生思维盲点

在合作中,往往涉及群体决策。在群体(大于两个人)决策中,人的智慧是可以叠加的吗?并不一定。人们在单独思考的时候,往往能够凭借以往的经验,得出睿智而成熟的结论;但一群人一起思考,则很有可能会出现相反的现象:人越多,思维越迟钝。这就是群体心理学上的一个现象——群体盲思。

群体盲思是指团体在决策过程中,由于成员都希望自己的观点与群体的意见一致,因而使整个团体缺乏多角度思考,不能进行客观分析的决策过程。尽管部分成员并不完全赞同团体的最终决定,但通常也没有人会提出异议,这样即使有人产生一些新的观点或创意,也会被埋没。

这种现象有可能会导致合作团体出现很不明智的决定,而参与者却完全意识不到。在美国的历史上就出现过因群体盲思而导致的严重后果。1961年,美国政府下令让1500多人组成的雇佣军袭击古巴,却彻底失败了,导致90多人被击毙,1000多人被俘虏。这就是震惊全球的"猪猡湾惨败事件"。这虽然是一场极小规模的战争,但是在战争史上却留下了很重要的一笔。因为这次事件，导致美国政府历史上第一次支付战争赔款，美国也因此大为难堪，成为世界媒体嘲讽的对象。

为什么一向在世界战场上"无往不利"的美军在此次行动中会一败涂地呢？对于美国而言，袭击古巴就像探囊取物，他们完全想不到自己会失败，更何况，他们有如此精湛的智囊团。分析总结下来，其中一个重要的原因就是群体盲思，导致美国中央情报局乃至刚上任不久的肯尼迪总统都出现了严重的判断失误。他们太相信自己的团队，在情报分析方面陷入了死角，对于很多很明显的疏漏都没有察觉。

在错误的合作结构中，比如，合作对象都是亲戚、朋友、老同事、老同学等时，群体盲思现象出现的可能性更大。因为在这种情况下，群体成员之间的亲密度、信任度、信息契合度等都会大大增加，而且很容易受情感的影响，使团体中的所有人都产生同样的选择，参与者很难调动自己的创新力，人们会懒于思索。这个现象也可以解释我们一开始的结论——为什么"弱联系"团队比"强联系"团队创新能力强。

如果管理者能够适当调整自己的智囊团结构，结果则可能会不同。

最典型的就是罗斯福，他任职总统期间，在他的总统秘书处、办公厅和私人顾问等智囊机构里，从来没有人工作时间能超过两年。他规定，在白宫工作的人，到了规定的时间就必须换人，因为他认为，亲密关系会影响他的思维和决断，智囊机构如果长期保持稳定的成员，那么也很容易陷入认知固化。定期进行职务调动，能够在很大程度上使顾问和参谋团保持迅捷、多角度的思维。

现在，你已经了解了"强联系"合作存在的种种问题。那么我们看看，那些创业者或者投资人，他们是怎样因为选择合作伙伴失误而导致失败的。答案很简单，他们习惯选择熟人。但真相往往就是这么残酷，研究表明，如果选一个老同事合伙，投资成功的可能性会降低18%，选择亲戚或者好朋友，成功的可能性则更低。

所以，不管是合作也好，交朋友也罢，千万别太依赖于亲朋好友这些"强联系"人脉了。尤其找人合作或者创业时，不妨多调动自己的"弱联系"人脉，这样才能更好地拓展自己的信息渠道，增加资源类型，让人脉圈多样化、多层化。

095 讲　策略性地累积人际资源，实现朋友圈的"自动升级"

我们已经知道，单纯依靠"强联系"，价值有限。这就要求我们运用一定的人际策略，有意识地在人际关系上投入一定的努力，展开有价值的人际交往活动。尤其是如果你马上要开展新的事业，又真实地感受到目前拥有的人脉不够用，那么我建议从现在开始，走出自己的舒适圈，在拓展人脉圈这件事情上，做点儿以往不愿意做的事情。

给人际关系分层

累积人际资本，并不只是交朋友，而是与有价值的人取得关联。许多在你生命里出现过的贵人，在很关键的时候拉了你一把，却未必是你的朋友。因此，在发展人际关系这件事情上，不必太依赖于"深度关系"。

有效的人际关系网基本是由以下几个层次的人构成的。

最关键的人：这一部分属于你的核心人脉，他们与你的关系相对稳定，你已经不需要花太多的努力就能与他们发生深度交往。比如，家人、较亲密的同事、最好的朋友、老同学等。

最需要的人：这部分大都是与你的职业发展有关联的人，如领导、同事、客户、合伙人等。

具有潜在价值的人：这部分人可能是在以后会对你有用的人，属于你的"弱联系"人脉，比如其他部门的领导、其他部门的同事、客户公司的领导、不定期打交道的合作方和一些潜在的合作对象等。但你千万不要忽视他们的价值，他们很有可能会在将来给你带来重大的影响。

有意识地发展人际关系

你可以列出一张清单，上面是你认为对你会有帮助或者你想要结识的人，接下来，你可以对清单进行分析，想办法找出背景更深、资源更厚、对你事业帮助更大的人，然后与他们展开联系。

我认识的一个人就是运用这个方法来找到职业发展上的重要人脉的。他是美术专业出身，做了几年设计师之后想要改行做互联网运营，尽管他没有任何相关的背景，也没有行业经验。他首先列出了自己需要结识的人，然后想办法与对方取得联系，并请求自己的朋友尽可能地介绍与互联网行业相关的人与自己认识。在查看了别人在社交平台上发布的一些东西之后，就能初步确定与对方的交谈内容，使对方对自己感兴趣。而且，他还尽量为结交到的人提供资料，并利用自己的专业，免费为对方提供帮助，比如，设计LOGO、制作海报、提供审美思路等，让对方从与他的交往中获取价值。虽然他目前的职位并不高，但在很短的时间内，他就在互联网领域发展了不少重要的人际关系，这对他的职业生涯进入新的轨道起到了不小的作用。

和不喜欢的人打交道

人际关系中一个很大的障碍是，你会自然而然地与同样的一群人交往，只关注你的核心人脉。跟他们在一起，你可能会感到很舒适、轻松，

第12章
高效运作：彻底升级人际资本

你们三观相合、逻辑相似、信任度极高。由于信息和认知的一致性，你们的交往会很愉快，但久而久之，就会变成"井底之蛙"。所以，想要获得更加丰富的人际资源，最重要的，是走出"舒适圈"。你需要付出额外的努力，认识和接受一些新朋友，即使这些人你并不喜欢。

在人际拓展领域，有一个很有名的"六度分隔理论"，这个理论相信大家都知道，就是你和任何一个陌生人之间所间隔的人不会超过6个人。

六度分隔理论让许多人认为人际拓展不再是难事，但现实生活中也没几个人能正确运用。为什么呢？因为大多数人并不喜欢主动和陌生人接触，尤其是对于那些好感度不高的陌生人，我们会下意识地排斥。比如，一个自主意识过于强烈的人遇到另一个性格强势的人，就会针锋相对，产生抵触情绪，"屏蔽"对方。然而，真正想让人际关系发挥价值，仅凭个人喜好选择人脉是不够的，这样很容易陷入单一的人际结构模式。

人际资本的累积要有战略意识和进攻意识，要逼迫自己突破"舒适圈"。所以，在对对方的品格有一定认识的前提下，不妨试着和不喜欢的人打交道。那些看起来冷漠、无趣、张扬、强势的人，或许并没有你想象中那么难以接触。尝试与这些你曾经不喜欢的人打交道，有可能会给你不一样的启发。

想办法与高层次人士取得关联

想要在职业上取得发展，一定要尝试与一些实力派、高层次人士联系。尤其是你想要创业时，先掂量掂量自己朋友圈的质量。

什么样的人是我们说的实力派、高层次人士呢？比如，某些金融机构的实权人物，他们能够为你提供金钱上的助力；再比如，某个领域的权威人士，他们有丰富的实战经验，能够为你引路。如果能够得到他们的提携，可能比你个人奋斗半辈子还要强。

怎样与那些层次较高的人士取得联系呢？如果你认为很难与这些人建立关系，不妨退一步，找到与他们发生联系的中间人。比如，我们在本书中提到的台湾企业家王永庆，他在创业之初，就是先找到尹仲容身边的人，通过这个人与尹仲容发生间接联系，最后才展开了直接的合作，也才能够成功地进军塑胶行业。

另外，其实你并不需要执着于与对方发生深度的交流和合作，因为在你还没具备足够的实力之前这不现实。你只需要让对方给你一点指导和引荐，就有可能大不一样。比如，你可以寻找一个比较小众的领域，找到这个领域的意见领袖，并多与他互动联系，提出一些有建设性的看法，让他注意到你。

有一个关于互联网行业的微信公众号的主人就讲了这样一件事：他是互联网技术领域的权威人士，但是由于圈子里的人都是搞技术的，所以还算比较小众。他有一个粉丝，每次他发布新的文章，都在第一时间内发表评论，而且评论得十分认真，观点独到、新颖，措辞还很幽默。他发表了三百多篇原创文章，每一篇下面都有这个粉丝的精彩留言，就这样，他成功地吸引了这个公众号主人的注意。公众号的主人主动加了这个粉丝的微信号，聊得还不错，后来还帮助这个粉丝介绍了一份很棒的工作。

看，一个聪明又肯努力花心思传递自我价值的人，机遇总会比别人更多。

096讲　抢占中心位置，高效运作人际资本

如何才能让这些小圈子成为自己真正的人际资源呢？你需要展开一些必要的行动，增强自己社交中的影响力。

第 12 章
高效运作：彻底升级人际资本

影响力并不只是社会地位较高的人才能拥有的，它也存在于人际关系中的中心位置。研究表明，无论是功利型社交，还是情感型社交，找准中心位置都很重要。什么叫中心位置？比如，你拥有某些特殊的信息资源或者掌握某些核心权力，能够为你的社交圈提供必要的帮助，你就能够处于这个圈子的中心位置。

那么，怎样判断自己是否处于中心位置呢？中心位置的一大特点就是掌握了信息流，别人可以通过你获得一定的建议。所以，你可以用以下方法对自己在人脉圈的位置进行评估：

1. 别人是否会在关键的事情上向你咨询建议；
2. 是否有很多人要求你为他们提供必要的帮助；
3. 你是否在信息流中处于关键位置，信息的传播是否要通过你。

现在，你已经大致知道自己的位置了。也许你会发现，你在你的圈子里似乎可有可无。那么，怎样增强你的存在感呢？

利用自己的优势，体现自己的专业性

每个人都有一定的优势，所以，你要做的是挖掘自己的优势点，让别人知道你在某方面很专业，向他们展现你独一无二的价值。比如，我认识的一位文化圈内的朋友，他对行业动态十分敏感，总能够抓住一手信息，所以我们在对某些行业信息把握不确定的时候，都会找他咨询，在这个方面，他绝对是我们这个圈子内处于中心位置的人。

有意识地强化自己的位置

当你掌握了某种权力或者资源的时候，别轻易把它们分摊出去，因为这就是你的核心价值所在。比如，亨利·基辛格在成为尼克松总统的国家安全顾问后，他规定外交政策方面的信息只能通过自己传播，这就让他掌

握了信息传播中最关键的位置。另外,他没有任用老的外交分析专家,而是聘用了一批年轻的无党派外交策略分析家为他工作。新的班底与尼克松总统比较疏远,所有的决策和信息都要通过基辛格来传递,这就使基辛格成为国家安全委员会与白宫之间最关键的人物。

在物理位置上选择中心点

如果你可以自由选择办公位置,你会选择办公室的哪个位置?许多人都会选择靠角落的位置,因为这里安静、私密,能够带给人安全感。不过,如果下次还有机会,我建议你选择靠近核心权力的办公位置——如离老板的办公室最近的座位。虽然这个位置一般不够私密,而且人来人往,比较嘈杂,但它可以让你获得最关键的信息资源。

我的一位朋友刚通过实习期,就成了一名金融分析师,这可是他们公司第一名在这么短时间内就获得这个资格的人。而他认为,这与他进公司时选择坐在总经理办公室外面有一定的关系。在他入职之前,这个办公位置一直空着,因为空间较小,而且与总经理办公室仅仅隔着玻璃窗,完全没有隐私可言。他在选择这个位置时并没有多想,不过没过多久,他就为自己的选择窃喜。由于在这个位置上,他能够知道公司决策上的最新动态,并且与总经理的许多来访者产生了联系。很多人也通过他了解一些信息,甚至委托他帮忙传递消息。由于掌握了信息资源,并且了解总经理的许多关键性策略,这对他职业发展产生了极大的帮助。

充分考虑掌权者的心思和利益,与权力的核心发生联系

中国古代,所有深受皇帝喜爱和信赖的大臣,都懂得一项特殊技能——揣摩上意。在人际交往中,尤其在职场交际中,懂得让掌权者对你产生信任,你之后的职业生涯会顺利很多。在掌权者的支持下,你很容易

第 12 章
高效运作：彻底升级人际资本

就能找准这个圈子的中心位置。

我之前受聘于一家大型传媒公司期间，董事会会定期对高级职员的工作能力进行评估，并考虑对方的去留。很有意思的是，由于董事会成员绝大多数并不接触公司的直接运作者，所以他们所谓的"工作能力评估"，除了业务数据以外，很大程度上还包含了"人际交往能力评估"。我就亲眼见过一名业务较出色的高级职员，因为"为人不恭顺"的理由被劝退，由于他凡事只考虑个人业绩，从来不替上司着想，他的直接领导和大多数董事会成员都对他没有好感。

很多人自认为对领导、老板很了解，但事实上那只是他们自我感觉良好而已。一个有效的办法是，定期以恰当的方法询问掌权者：哪些品格是他们最为看重的，他们怎样评价你和你做的事情。通过寻求建议，不仅能让你了解领导的思维方式、个人喜好，还能够让你和领导们建立一种很好的关系——请教他人，本身就是一种十分有效的恭维。

抢占连接点

连接点指的是连接两个不同圈子的关键位置。在人际关系的选择上，我们都会被"趋同效应"所影响——大多数人愿意选择与自己性质相似的圈子。这是一种很自然的倾向，因为相似的群体成员进行交往时会更加舒适。这也造成了一个现象，就是不同群体之间很难产生联系。比如，搞技术的群体和搞艺术的群体，就很少发生交流。这时，如果你能够想办法让不同的群体间建立有价值的联系，你就会成为这些群体互通时的核心。

音子是一名实习生，在一家日企旗下的电子产品公司担任市场部的策划专员。她在国内读完电子工程本科之后，又在日本获得了工商管理硕士学位。在这个论资排辈的公司，虽然职位不高，但由于她的"双重属性"，她成了市场部和产品部的桥梁——她是唯一一个懂得电子工程技术的市场推广人员。

由于处在这样一个特殊的位置上,市场部的同事会向她咨询一些关于产品的专业意见,产品部的人在与市场部进行衔接时也习惯性地通过她联络,她成了协助两个部门进行沟通的最关键之人。并且,因为她精通日语,她还被邀请在高层电话会议上协助翻译。

这种不一样的职业经历,让音子拥有了比其他员工丰富得多的行业资源和信息,连一些高级管理人员偶尔都会向她咨询一些建议。

因为拥有不同群体的特质,音子成了两个圈子关联的核心人物。我们也可以尝试寻找自己的某些特质,作为走出自己的小圈子、融入更大圈子的突破口。当然,这就要求我们拥有多方面的专业技能,或者掌握多方面的信息渠道。比如,我认识的一名钢琴演奏家,他同时又擅长写作,经常在一些主流刊物上发表短篇小说。我们都笑称他是"弹钢琴的人中最会写小说的,写小说的人中最会弹钢琴的",他将他的音乐圈子和文学圈子联系了起来,他成了这两个圈子中关键的人物。通过他,我也认识了不少音乐界的朋友。

一旦你成为某个圈子或者某几个圈子的中心人物,拥有群体性的利用价值,你的人际资本就会呈几何级的增长,你的"弱联系"资源将会给你带来意想不到的价值。